河南省哲学社会科学规划项目基金和
河南师范大学出版基金资助

ZHIDU GONGZHENG YU
REN DE QUANMIAN FAZHAN

制度公正与人的全面发展

宋增伟 著

人民出版社

序

人们过着一种制度的生活，这种生活过得如何，正常不正常，良好不良好，反映出人在这种生活中的道德质量。从人类历史来看，人的制度生活质量有一个由低级到高级的发展过程。现实生活中制度与人如何才能达到共生共荣的美妙境界，是多少年来几乎所有的理论家一直探索追究的理论难题。现实生活中制度与人本身各自都是一个开放复杂的巨系统，都是一个无法穷尽的不知终点的巨课题，而且这些系统随着人类实践的变化而不断更新，这更加剧了研究的难度，所以，许多理论家由于种种原因，或者是方法上或者是时代的局限，更由于地域、学识等诸多限制，而陷入了形而上学构造或乌托邦梦幻。

人的发展是在一定的社会制度环境中并在其制约下实现的，制度的发展构成了人的发展的背景。人的发展通过自身的行为、关系表现出来，人的行为、关系构成了制度调控的主要内容。从根本的意义上说，人是社会关系的产物，人发展什么、怎样发展、发展程度如何，根本上是由生产力决定的，而直接的则是由社会关系即社会制度决定的。制度公正是一个制度哲学问题，而制度哲学就是关注制度的内在本性、价值取向及其应然规范，就是对制度的好坏、善恶的评价，对制度是否正当的价值判断，就是对现实的各种制度进行反思和追问。其基本的问题是：何种制度安排最有效地制约人的缺陷？何种制度设计最有效地实现私利公益的目标？何种制度设计最有利于抑恶扬善？何种制度安排最有利于人的全面发展？

《制度公正与人的全面发展》一书是宋增伟在他的博士论文基础上修改、完善和扩充而成的。我与增伟师生几年，他基础理论扎实、厚实，学习刻苦，成绩优良，不仅有较为深厚的理论功底和相当的学术造诣，而且对现实问题有浓厚的兴趣。正因为如此，他毅然选择了难度较大的制度公正作为博士论文的选题。本书以制度公正问题为研究对象，运用马克思主义唯物史观和制度分析方法，以人的发展为研究视角，透视制度公正的基本理论、基本功能、价值标准、实现条件及终极目标，对制度与人之间的关系进行重新解读和论证，通过对现实制度反思和理性诉求，为我国的制度设计提供理论支撑，为社会经济可持续发展和构建和谐社会寻找理论基础，因而具有较强的理论意义和实践意义。

中国的制度建设是一项长期复杂的系统工程。随着我国改革开放的逐步深入，社会转型过程的加快，特别是各种思想文化价值观的碰撞，需要我们重新审视和认识人类自身，如何利用一种公正的制度和规则来约束人、塑造人、完善人，从而达到协调矛盾、私利公益、抑恶扬善是作者的主要研究方向。作者认为制度公正的基本功能是有效制约人的恶行和机会主义行为，实现私利公益的目标，调节人的善恶行为，提升人的道德水平，最终实现人的全面发展。在历史发展的过程中，人的发展与制度公正是相互依赖、相互作用的伴生过程，制度公正的终极目标是人的全面发展，制度公正是实现人的全面发展的有效途径。这些观点或见解具有一定的学术价值和实践意义。

该书重点分析了制度公正对人的全面发展的积极作用，但对制度公正的历史发展进程以及制度公正促进人的全面发展的具体路径的研究和论述尚显薄弱，这有待于今后进一步深化研究。

山东大学　张锡恩

2007年3月15日

目 录

导　论

一、现实背景与理论依据

（一）现实背景

人存在和发展的重要社会条件之一是建立适应一定生产力发展水平的制度。为寻求并构建适合于自身生存和发展的制度体系，人类进行了不懈的探索。这个探索的过程目前仍在进行中，而制度本身也从理想到现实的试错过程中被不断地矫正着。对于制度的追问和评价一直是人们关心的重大课题，各门学科都进行了探寻和研究。自古以来，人类就一直没有停止过对美好社会制度的向往，并一次又一次地编织着理想社会的蓝图。“理想国”、“乌托邦”、“新大西岛”、“太阳城”、“基督城”、“大洋国”、“法郎吉”社会等，都是一个又一个充满阳光的理想处所。从历史发展来看，随着一种较为稳定的社会共同体的形成，公正问题也就相应地产生了，即任何一个社会都面临着如何在社会成员之间合理分配各种社会效用价值的问题，每一个社会都有人探寻一种理想制度来解决这个问题。唐代兴认为:“人类生存的公正问题,既是一个严肃的伦理问题,又是错综复杂的政治问题,更是一个极为普遍的人本要求问题。人类生存和社会生活的普遍公正,其首要的条件是制度公正”①。制度是否公正是其他所有社会规则是否公正的前提,一种理想的社会制度应该能够体现公正的原则;但是,任何现实制度都不可能完全符合道德理想。因为,任何现实制度不是按照公正的道德理想人为地设计出来的,而是各种力量交互影响、各种利益相对平衡的结果。它不仅受制于具体的社会历史条件,如经济基础、政治资源和文化环境等,也同样受制于人(尤其是人的理性和德性)的发展水平的制约,制度公正的起源、功能、原则、特点以及最终如何实现都与人的发展密切相关。

另外,不同制度对人的发展的影响和制约是十分明显的。制度对人的反作用表现在:或者促进人的发展,或者限制人的发展。现实生活中存在的“老实人吃亏”现象,这就是历史上被许多哲学家如康德、黑格尔关注的“德福背离”问题,就是说“有道德的人往往是不幸的,而不道德的人常常是幸运的”②。中国历史上所追求的“善有善报,恶有恶报”仅仅停留在道德和宗教层面,究竟如何在实际生活中做到德福一致,仅仅靠道德诉求是远远不够的,中国几千年来高扬道德,并没有实现理想道德目标,甚至在高呼道德的旗帜下出现许多“两面人”。道德是理想的,而制度是现实的;道德是扬善的,而

① 唐代兴:《公正伦理与制度道德》,人民出版社2003年版,第18页。
② 黑格尔:《精神现象学》,商务印书馆1987年版,第141页。

制度是抑恶的。制度对于人来说，有善恶之分、有好坏之别，正如邓小平所说："制度好可以使坏人无法任意横行，制度不好可以使好人无法充分做好事，甚至会走向反面。"①实践证明，好制度造就好人。现实生活中，为什么同样的制度和规则在一个国家畅行无阻，而在另一个国家可能寸步难行，这是人的问题；为什么同样的人，在一个国家是守法良民而到另一个国家可能就成了违法刁民，这是制度问题。我们要提出的问题是：是制度重要还是人重要？是制度决定人还是人决定制度？我们应该相信制度还是应该相信人？制度和人之间究竟有着什么样的内在联系？这是本书所要着力解决的问题。

制度与人是人类社会发展历史过程中相伴始终的一对矛盾，是一个良性互动的伴生过程。从人的发展视角来看制度公正，就为人们提供了一个不同的视角，同时也把对制度公正的研究置于更为现实的基础之上。人对于制度和制度建设有本源意义，制度建设是在与人的幽暗面或者人的缺陷作斗争。因此，回答"为何进行制度建设"和"建设什么样的制度"等制度建设的基本问题的客观根据只能是人所具有的一切特征和属性。通过深入研究发现，不但任何社会思想体系都以一定的人的本质理论为基石，而且每一种社会形态的制度的架构、机制的运行、文化的变迁、价值的选择和理想的建构等社会活动最深刻的根源和背后的根本依托都是一定的人学理论。人类社会自进入文明社会以来，从来没有停止过对人的探索，并且总是把对人的探索的成果尽力转化为治世规则和制度。从

① 《邓小平文选》第2卷，人民出版社1994年版，第333页。

根本上说,能产生社会功效的制度必定是源于人并符合人的发展的;反之,则一定是违背人的发展的。

人是十分复杂的,怎样认识人,能否正确揭示人的本质特征,是否按人的发展规律提出治世规则和制度,不仅是一个重大的理论问题,更是一个重大的实践问题。由于复杂的原因,过去我国学术界对社会历史问题不敢或忽视了从这个角度进行深入研究。在当代社会剧烈转型过程中,人们发现社会发展中的重大现实问题研究到最后不但都触及这个理论硬核,而且这些问题的解决也依赖于这个硬核的突破,人们再也无法回避它了。因此,分析和考察已有的人学理论,建构当代社会发展所需要的新的人学理论是当代思想家们所面对的首要的基本的问题。对人的研究,最基础的应当是制度层面。从制度层面研究人有着十分特殊的意义,这是因为制度构成了一个人来到世上就必须生活于其中的最基本的生存环境,每个人的幸福和痛苦、快乐和悲伤、前途和命运等,都与之息息相关,对于这样一种对人的生存发展有着如此巨大影响的对象,人学研究倘若拒之于自身思想视线之外,将必然是一个重大的理论遗漏。

(二)理论依据

本书的理论依据是马克思主义的唯物史观和人学理论。唯物史观认为:人和制度分属生产力和生产关系系统,生产力决定生产关系是通过人的中介作用来实现的,人在生产关系(制度)的选择中具有主动地位。马克思主义人学理论认为:人既是社会与社会历史的剧作者,又是社会与社会历史的剧中人。制度环境是人的发展环境的重要组成部分,它既以现实的存在规定和作用着人的发展,也以历史的存在规定和作用着人的发展。马克思毕生所追求的就是要建立一个合乎人的自由而全面发展的环境,这就是自由人联合体。

1. 人和制度分属生产力和生产关系系统

生产关系在现实中的种种表现就是各种制度,包括所有制、分配制度、管理制度等。制度就其本质而言是人的社会关系的总和,而生产关系是社会关系的一个方面,所以,用制度来代替生产关系,应该说是涵盖了生产关系的所有内容。“而生产力在对象性活动中有效地获取物质能量和信息推动社会发展的能力,是标志人的自由实现和人类解放程度的哲学范畴”。① 从哲学意义上分析,人是生产力构成要素中唯一的主体性的要素,因而也是生产力中的主导要素。其主导地位具体体现在:生产力中人的要素使可能的生产力向直接的、现实的生产力转化。劳动对象与劳动资料是生产力构成中的被动要素,没有劳动者的参与,只能是可能的生产力,只有注入了活的劳动之后,劳动力才能与劳动对象、劳动资料相结合,形成现实的、直接的生产力;生产力构成中,经过人类劳动加工的劳动对象与以生产工具为主干的劳动资料都离不开人。人的创造性、主动性贯穿于“物”的发明、改进、创新的全过程,尤其是生产力中的科学技术,它是人的主体性的集中表现。西方人力资本理论表明,高质量的人力资本能激活其他

---

① 龚廷泰:《生产力理论的主体性特征》,《江海学刊》1999 年第 6 期,第 94—98 页。

资本,使社会财富甚至能以指数化的增长方式快速增长:人力资本将逐渐取代物质资本而成为主要生产要素,对人类社会的进步和发展起主导作用。[①] 实践也向我们表明,在人类迈向生产力现代化的进程中,实现人自身的现代化是至关重要的环节。所以用人来代替生产力系统,虽不够全面(不能包含生产力系统中物的要素),却突出地显现了知识经济时代人在生产力系统中的地位急剧上升的时代特征。也就是说,人类社会越发展,生产力对生产关系的决定作用越倾向于生产力中人的要素对生产关系的决定作用。

2. 生产力决定生产关系是通过人的中介作用来实现的

世界上不存在离开人的生产力和生产关系。生产力与生产关系的相互作用是通过人来实现的,通过人们对现实物质条件及人们对它的认识、价值判断、利益关系以及群众基础、操作难度等因素的相互作用来实现的。人的活动是有目的的,是能够进行选择的,是随时可以对目标和计划做出调整的。人这个桥梁中介的不同,会使生产力对生产关系的决定关系呈现出不同的形式。人们置身其中的物质生活条件,决定了人们的思想观念、行为方式、思维水平等,而人们若对现实条件认识不足或是对已经变化了的生产力的意义尚不理解,自然也就不知道需要什么样的生产关系才能与之相适应,即使人们意识到了生产力的发展,但若改变生产关系的价值不大,或改变生产关系会影响自身利益,也不会去改变现有的

① [美]加里·S.贝克尔:《人力资本》,梁小民译,北京大学出版社1987年版,第61页。

生产关系。换言之，即使上面这些都没问题，但只有少数人的觉悟而没有广大群众的理解和支持，特别是当改革生产关系会产生眼前利益与长远利益的矛盾时，就只能等待群众愿意接受时才能进行，因为生产关系的变革是群众的事业，制度设计要与大多数人的现实状况相适应。因此，离开人的要素和人的状况，生产力与生产关系相互作用的原理就难以解释。生产力虽然得到了发展，但只有等到人的社会实践的发展使人的状况有所提高，使生产关系的变革成为大多数人的发展要求，生产力的决定作用才能体现出来。这也就是说，生产力对生产关系的决定作用最终要靠人来实现、完成，这个实现的过程不仅是通过人作为中介，而且也是为了人和人的发展需要。所以说，生产力对生产关系的决定作用不是自然而然的，在现实中往往表现为人的发展对制度设计的决定作用。

社会发展与自然发展一个重大的不同，就是“在社会历史领域内进行活动的，是具有意识的、经过思虑或凭激情行动的、追求某种目的的人；任何事情的发生都不是没有自觉的意图，没有预期的目的的……人们总是通过每一个人追求他自己的、自觉预期的目的来创造他们的历史，而这许多按不同方向活动的愿望及其对外部世界的各种各样作用的合力，就是历史。”①社会发展一方面是客观运动的过程，另一方面是人的理性有目的的参与和干预过程。人与社会的关系是一种“对象性关系”②。人表现出强烈的自主倾向，要向社会历史

① 《马克思恩格斯选集》第4卷，人民出版社1995年版，第247—248页。

② 《马克思恩格斯全集》第42卷，人民出版社1979年版，第168页。

施加自己的逻辑和意志，要对自己的生存走向负责。社会发展是一个自然历史过程，但在马克思看来，这是人参与之下的自然历史过程。作为社会主体的人在不断地干预着社会、干预着历史。社会发展既是“生产力的历史，从而也是个人本身力量发展的历史。”①因为人类活动有两个方面：“一个方面——人改造自然，另一方面，是人改造人”②。因此，人的本质与本性应该从现实的人和从人的实践活动进行考察。“人的本质不是单个人所固有的抽象物。在其现实性上，它是一切社会关系的总和。”③人是由人组成的社会的中心，保持着对社会文明建构的发言权。“社会发展的终极原因在于经济的变动，但经济的变动每一步骤不一定必然导致社会的对应性的变化。在很大程度上，它是一个在社会历史演进的大框架下设计、操作、人自我努力的过程。”④

3. 人的主观能动性突出表现为人对生产关系（制度）选择的主动地位

马克思主义认为，制度属于历史的范畴，是社会经济关系的产物。每个时代的社会制度都和当时的生产力和生产方式相结合，是一定程度的生产力和一定的生产方式的产物。实际上生产力并不是一个神秘的力量，它决定生产关系，但不能制造生产关系，制造生产关系的是人。马克思曾经嘲笑蒲鲁

① 《马克思恩格斯选集》第1卷，人民出版社1995年版，第124页。
② 《马克思恩格斯选集》第1卷，人民出版社1995年版，第88页。
③ 《马克思恩格斯选集》第1卷，人民出版社1995年版，第56页。
④ 秦德君：《政治制度设计》，上海社会科学院出版社2000年版，第27页。

东只知道人们是在一定的生产关系范围内制造呢绒、麻布和丝织品，却不明白"一定的社会关系同麻布、亚麻等一样，也是人们生产出来的"①。社会经济形态的发展，归根到底是由生产力与生产关系相互作用而决定的。社会生产力的发展与变迁是一切社会变迁包括制度变迁的终极原因。"根据唯物主义观点，历史中的决定性因素，归根结蒂是直接生活的生产和再生产……一定历史时代和一定地区内的人们生活于其下的社会制度，受着两种生产的制约：一方面受劳动的发展阶段的制约；另一方面受家庭的发展阶段的制约。劳动越不发展，劳动产品的数量、从而社会的财富越受限制。社会制度就越在较大程度上受血族关系的支配。"②就是说，人类社会经济结构处于基础地位，政治、法律等上层建筑立于其上，只有在经济提供了相对坚实的基础之后，人类对制度才会拥有较大的自由。但是，马克思主义经典作家在坚持经济决定论的前提下，从来不否认人在历史发展的具体历史过程中应该具备的巨大作用。认为正是"在社会发展"中，"产生了这样一种需要"，把人们的行为方式"用一个共同的规则概括起来"③，从而推动社会的发展。秦德君认为："在制度'发生学'的终极层次上，制度是社会经济关系的产物。在制度'自觉供给'、满足社会政治生活需求的层次上，制度是决定于社会供求关系被设计、创制的产物。因此，对于一个社会来说，制度

① 《马克思恩格斯选集》第1卷，人民出版社1995年版，第141页。
② 《马克思恩格斯选集》第4卷，人民出版社1995年版，第2页。
③ 《马克思恩格斯全集》第18卷，人民出版社1964年版，第309页。

既是一个生长的问题,也是一个选择与创制的问题。”[①]如果说当人类还处于“狭隘地域性”历史的时候,制度主要是在各民族内部生长的话,那么,自从人类历史步入了“世界历史性”时期之后,制度的选择与创制,就愈益具有重要的意义了。[②]

传统教科书在论述生产力怎样决定生产关系时存在明显不足,只讲其然,不讲其所以然,只涉及决定的性质,不涉及决定的方式。例如,上海市高校《马克思主义哲学基本原理》编写组编写的同名教材(第5版)上说:“生产力是主要方面,起着决定作用”,“生产力决定生产关系,主要表现为:生产力的状况决定生产关系的性质,有什么样的生产力,就会有什么样的生产关系,生产力的状况是生产关系形成的前提和物质基础”。“生产力的发展决定了生产关系迟早要发生变革”。[③]生产力决定生产关系不是机械的、一一对应的,有什么样的生产力不一定要有特定形式的生产关系与之相对应,生产力的每一变化也不可能使生产关系随之发生变化,如果一一对应,就不存在生产关系不适合生产力发展状况的问题了,社会历史的进程也就只能是唯一的,没有多样性了。另外,这些提法也很难解释一些社会现象,例如,生产力落后的国家何以能够

---

① 秦德君:《政治制度设计》,上海社会科学院出版社2000年版,第136—137页。

② 关于“狭隘地域性”和“世界历史性”的概念与分析,参见《马克思恩格斯选集》第1卷,人民出版社1972年版,第39—40页。

③ 上海市高校编写组:《马克思主义哲学基本原理》,上海人民出版社1988年版,第252—253页。

建立较为先进的生产关系？中国和印度在解放和独立前处境差不多，为什么中国走上了社会主义道路，印度却实行了资本主义制度？为什么生产力水平差不多的国家在制度设计上有那么多的不同？生产力决定生产关系只是从变化的总趋势和必然性上来说的，究竟生产关系怎样变化，向何处发展，是人的选择在起作用，而且适应生产力发展的生产关系并不是唯一的，例如奴隶社会有中国的专制和希腊的城邦民主制相异，封建社会有中国的皇权统治和西欧的政教合一的不同；资本主义社会有美国、法国的共和制与英国、日本的君主立宪制之分，这些差别离开人的选择是无法解释的，人的选择不是任意选择，不能脱离当时的物质生活条件，但是这并不排除人的主动性和创造性，因为可供选择的对象并不是生产力直接给出的，不是现成的，更重要的是创造。在选择和创造的过程中，许多因素如历史文化传统、民族意识、心理预期、思维方式、宗教影响等就会相继起作用，从而影响最终的生产关系（制度安排）的选定。这充分体现了人的主观能动性在制度安排和选择中的作用，也体现了实践唯物主义而非机械决定论的影响，是对唯物史观更为科学的演绎和补充。

过去我们在利用唯物史观方法时，过分强调经济基础的作用，叫做“经济基础决定论”，忽视了上层建筑的反作用。其实上层建筑并不是消极被动地由经济基础决定的，人类在制度选择和制度设计过程中是有主观能动性的，什么制度好，什么制度不好取决于人的主观选择，例如，同样是资本主义经济基础的各资本主义国家，其政体就大不一样，有二元君主制，如明治维新后的日本；有议会君主制，如英国、荷兰等；有议会共和国，如意大利、新加坡等；有总统制如美国；有委员会制如瑞士；甚至也出现过极端专制的独裁政体，如法西斯德国。再如，同样是社会主义经济基础的国家也会存在各不相同的政体形式。如苏联的苏维埃制，中国的人民代表大会制，朝鲜的人民议会制，南斯拉夫的代表团制。因此，不同的社会制度和不同的政体的出现，并不是必然的存在，而是历史实践活动的主体能动选择的产物。那种排斥选择论的绝对决定论是无法解释社会制度的多变性和多样性的。近些年来出现的许多概念如制度设计、制度选择、制度创新等都说明了人的主观能动性的作用已经被越来越多的人认识到。

4. 马克思的人学基本理论

在马克思主义人学视野中，人既是社会与社会历史的剧作者，又是社会与社会历史的剧中人，作为社会历史的剧中人或社会历史的演员，人必须以自己创造并生活于其中的社会与历史作为自己活动的舞台。马克思指出："历史的每一阶段都遇到一定的物质结果，一定的生产力总和，人对自然以及个人之间历史地形成的关系，都遇到前一代传给后一代的大量生产力、资金和环境，尽管一方面这些生产力、资金和环境为新的一代所改变，但另一方面，它们也预先规定新的一代本身的生活条件，使它得到一定的发展和具有特殊的性质……人创造环境，同样，环境也创造人。每个个人和每一代所遇到的现成的东西：生产力、资金和社会交往形式的总和，是哲学家们想象为'实体'和'人的本质'的东西的现实基础"①。这

① 《马克思恩格斯选集》第1卷，人民出版社1995年版，第92—93页。

些历史的积淀,包括以物质形态与精神形态存在的成果,是对特定历史时代的人们活动的规定,也是特定历史阶段的人的存在和发展的现实基础。

制度环境是人的发展环境的重要组成部分,它既以现实的存在作用和规定着人的发展,也以历史的存在作用和规定着人的发展。一定历史阶段的人,首先生活在历史上生成的制度环境之中,以一定的制度安排作为自己活动的出发点。人一出生就必须接受既定的制度安排的不可选择性,就如人无法选择自己的出生一样,特定历史阶段的制度安排是人的发展的基础和前提条件,制度安排正是在这一意义上对人的发展发生作用。“人在改变自己所生活于其中的那个丑陋生活世界的同时,改变自身的丑陋性;人在使不太完美的生活世界变得比较完美的同时,亦使自己变得比较完美”。[①] 而马克思毕生致力于的就是要建设一个合乎人的自由而全面发展的环境,这就是自由人联合体。马克思对那种割裂环境与人、不深入探究社会成员堕落的深刻社会根源,而是简单地罪责于社会成员的做法,深恶痛绝。马克思曾说过一段令人警醒的话:“既然人是从感性世界和感性世界中的经验中汲取自己的一切知识、感觉等等,那就必须这样安排周围的世界,使人在其中能认识和领会真正合乎人性的东西,使他能认识到自己是人。既然正确理解的利益是整个道德的基础,那就必须使个别人的私人利益符合于全人类的利益。既然从唯物主义意义上来说人是不自由的,就是说,既然人不是由于有逃避某

① 高兆明:《制度公正论》,上海文艺出版社 2001 年版,第 35—36 页。

种事物的消极力量，而是由于有表现本身的真正个性的积极力量才得到自由，那就不应当惩罚个别人的犯罪行为，而应当消灭犯罪行为的反社会的根源，并使每个人都有必要的社会活动场所来显露他的重要的生命力。既然人的性格是由环境造成的，那就必须使环境成为合乎人性的环境。既然人天生就是社会的生物，那他就只有在社会中才能发展自己的真正的天性，而对于他的天性的力量的判断，也不应当以单个个人的力量为准绳，而应当以整个社会的力量为准绳。”①

二、理论意义与现实意义

（一）理论意义

其一，目前学界对制度的研究主要是从经济学、政治学、社会学的角度进行，如制度经济学从经济学的角度，认为能够提高效率的制度就是公正的制度；社会学认为能够协调个人与社会关系的制度就是公正的制度；伦理学认为符合道德伦理的制度就是公正制度；马克思主义政治学认为制度公正是生产力与生产关系、经济基础与上层建筑之间矛盾的产物，是适合生产力发展要求并为经济基础服务的产物。国内学术界

---

① 《马克思恩格斯全集》第2卷，人民出版社1957年版，第166—167页。拉法格也曾讲过：“为了使人变好，需要改变他们生活的环境。人自己创造了自己的社会环境，但是它又是环境的作品。当你改变环境时，你同时也在改变人的风俗、习惯、激情和感情。”《拉法格文选》上卷，人民出版社1985年版，第364页。

对制度公正问题的研究尚不多见，通过文献检索收集到的文章只有几十篇，至于著作更是少见，其研究的角度也侧重于某一个方面，如高兆明的专著《制度公正论——社会转型期道德失范研究》，主要是从道德和伦理的视角进行研究；唐代兴的专著《公正伦理与制度道德》，主要从制度伦理的角度研究了制度与道德的关系问题。本书将从政治哲学和制度哲学的角度进行历史分析和理论分析，在分析过程中借用制度经济学和社会公正的理论和方法进行研究。制度公正是一个制度哲学问题，而制度哲学就是关注制度的内在本性、价值取向及其应然规范。对制度的内在本性的终极追问是制度哲学的本体论；对制度的价值的终极追问则是制度哲学的价值论，就是对制度的好坏、善恶、对错的评价，对制度是否正当的价值判断，就是对现实的各种制度进行反思和追问，它所要追问的不是制度的具体目标，而是由制度的内在本性决定的制度的终极价值。其基本的问题是：何种制度安排最有效地制约人的缺陷？何种制度设计最有效地实现私利公益的目标？何种制度设计最有利于抑恶扬善？何种制度安排最有利于人的全面发展？

其二，人类社会的制度问题一直在哲学与社会科学的视野中，特别是进入20世纪以后，在经济学的视野中得到较为充分的讨论和研究，形成了十分可观的研究成果，并影响到其他社会科学部门。但目前对制度的研究还没有上升到哲学的层面，仍游离于哲学的视野之外。由于哲学研究的缺失，使社会科学关于制度的研究有许多问题未能获得哲学上的廓清，影响了社会科学关于制度研究的可靠性和深度。新制度经济学用古典经济学的方法研究制度问题，属于一种实证的、技术性的、量化的描述性研究，许多前提性的重大理论问题未获廓清，影响和限制了制度经济学研究的深入，因此，就存在一个制度研究的哲学空间。无论是制度的经济学研究，还是制度的人类学研究和社会学研究，抑或是制度的法学研究和政治学研究，都存在事实上的哲学维度，即都对制度的前提性和根本性问题作出了一定的研究和回答，并积累了不少思想资源。人的发展是在一定的社会制度环境中并在其制约下实现的，制度的发展构成了人的发展的背景。人的发展通过自身的行为、关系表现出来，人的行为、关系构成了制度调控的主要内容。本书在前人研究的基础上对制度公正进行了较为系统的研究，如对制度公正的基本理论、基本功能、基本原则、现实条件和终极目标进行了研究和回答，通过研究使人们对制度公正有一个较为全面和系统的了解。

其三，中国学术界关于制度公正问题的研究尚处在薄弱环节，但社会实践的发展、社会经济的进步和人的素质的提高越来越呼唤着制度公正。本书将以制度公正为研究对象，深入认识制度变迁、制度创新、制度设计、制度公正的实现途径，通过研究人的共同特点和剖析中国人独特的人格来寻求中国特色的制度公正模式。中国长期提倡圣贤道德，国家治理是以人治代替法治，政策取代制度。由于对人的片面认识和“优良制度”的缺席，中国长时期深受制度空缺和制度缺陷之苦。当前，中国正处于市场经济的转型期，树立正确的人学观是进行一系列制度建设的前提。现阶段的政治体制改革、经济体制改革、文化体制改革都离不开人的发展考虑。目前社会的所有问题最终都要归结到两个方面：一是制度问题；一是人的发展问题。这是任何社会发展过程中都不可避免要遇到的问题,无论什么学科都不能绕过和回避的问题。这就必然要回答制度与人的关系问题,本书依据马克思主义的研究成果,结合发展变化的社会环境和时代要求,对制度与人的相互关系进行了重新的解读和研究,系统研究了二者的区别和联系,具有一定的理论意义。

(二)现实意义

首先,为我国构建和谐社会寻找坚实的理论基础和制度保证。目前我国社会各界和政府的社会公正意识大为提升,但有的仅停留在道德呼喊和政策层面上,如农民工、两极分化等问题,缺乏制度的保证,加强制度公正的研究可以为党和政府提供决策依据和理论指导。现代社会发展必须有一个和谐的社会环境,但如何能达到和谐的社会,制度是关键。事实上和谐社会的根本保证就是制度公正。制度是社会发展的中介,因为制度的主要功能就是调节和协调社会关系,但如何能更好地实现制度的这种调节功能,关键是要认清调节对象的性质,那就首先要研究人和人性,这是人学的基本问题,只有解决了这个问题,才能为制度设计奠定前提和基础。改革开放后一段时间,由于片面追求经济增长速度,忽略了制度的人学基础,导致城乡发展、区域发展、经济发展、人与自然和谐发展、国内发展和对外开放的关系的失衡。在社会的发展中,经济增长被置于核心地位,公平和公正只是作为第二层次甚至是第三层次的发展理念。于是就出现了只顾经济增长而忽视公平公正的现象,这就造成许多的社会公正伦理和道德底线被突破、被扭曲。自然,作为社会公正的一个有机组成部分的社会公德也就被一些人一再地践踏。这就是我国提出“以人为本”的科学发展观的社会背景,它使制度在我国的发展处于“人本”阶段。“以人为本”制度凸显了人在制度体系中的主体地位:制度是为了人、依靠人、通过人而制定的;制度的公正与否必须以有利于它的主体——人的全面发展为根本的衡量尺度,即制度公正必须坚持以人为本的原则。以人为本,就是要把人民的利益作为一切工作的出发点和落脚点,不断满足人的多方面需求和促进人的全面发展。

其次,有利于从根本上遏止道德滑坡和目前社会出现的道德失范现象。随着社会主义市场经济体制的建立和不断完善,许多原有的道德规范体系和运作方式都已经失去了作用,出现了众多道德失范的现象;许多应该由制度解决的问题却仍用道德去解决,出现了道德无奈而制度缺位的现象。社会占主导地位的道德要求在内容和运作方式上明显滞后,道德建设还主要停留在片面强调宣传、说教、榜样引导、依靠个人的道德修养等方面,道德的社会调控功能弱化,其折射出的并不是或主要不是体制的道德教育和传播的功能问题,它实质上反映的是在社会转型的过程中,由于制度本身的缺陷而引起的社会控制功能的弱化问题。因为,一个社会如果不能够为其个体提供有利于他们道德生长的环境,仅靠教育的作用是根本无法达到目的的。正如有学者所言:人们的德性状况“在很大程度上取决于社会为其所提供的社会结构、制度体制及宏观调控手段的内容与方式。只有当社会能为其成员提供如黑格尔所说的‘活的善’的社会客观关系结构及其实在化的制度体制时，其成员才能表现出普遍的善美行为选择。因为此时对于社会成员而言，选择德行不仅是道义上应当的，而且也是最明智的"①。中国传统文化的一个重要特点就是道德政治化，泛道德主义倾向严重，实际上道德有它自己特有的领域，把道德的作用任意夸大在实际生活中不仅没有起到应有的作用，反而起了副作用。中国改革开放前几十年的社会主义建设的实践也同样证明了这一点，以为靠单纯的道德教化和人的积极性的发挥就能够很快实现理想目标，进而采取大而空的制度模式。这不仅无法促进人的发展，而且还使社会主义建设事业出现重大挫折，因此要把道德和制度分开。无论是道德规范还是制度规范，其调节和导向功能的发挥最终表现为人们的遵守和服从。强制性是制度规范的主要特点，但若不以人们的意志和服从为前提，其强制程度可能就十分有限，甚至有时会软弱无力。可以说，制度的生命力既来自自身的强制力，也在于制度符合人的发展要求。某项制度的制定只能证明制度的存在，制度的实施必须在人们的自觉意识状态中取得命令威力。随着民主意识的深入人心，合乎人的发展的制度越来越成为制度权威的一个重要源泉，也越来越成为制度公正的一个重要标准。因为，制度只有合乎人的发展，才能获得社会成员的普遍尊重和信仰，才能实现预期的效力。

再次，有利于我国制度文明的建设和加快我国各项制度创新的进程。中国传统文化强调思想道德优先性，目前这种思维模式和倾向仍占据主导地位。在现代化建设过程中，有

① 高兆明：《制度公正论》，上海文艺出版社2001年版，第166页。

人认为中国只要通过道德的启蒙、思想的宣传、心性的感召，就可以使中华民族克服积弊，进入一个新的历史时代，这是一种脱离实际的理想主义，在现实生活中没有多少实际意义。在中国，制度及制度建设对于社会进程尤其是现代化进程的重要性或优越性的认识，始终未能居主导地位，甚至缺失。制度建设中，由于对制度的人学基础缺乏必要的研究和论证，造成了制度缺失和制度无效，并使部分制度因缺乏必要的人学基础影响了其应有效用的发挥。我国处在由计划经济体制向市场经济体制转轨的进程中，市场经济体制未完全发育导致制度的不健全，对现有制度是否合乎人的发展进行必要论证是这一时期需要解决的一个问题。因此，在现代化建设实践中，如何制定适应人的发展的制度，使制度设计更合理、更科学，关注人的境遇，以人为本，克服以往在制度建设中见物不见人的弊病就成为一个迫在眉睫的事情。另外，从人的发展的维度科学界定制度的内涵，将有助于深化对制度的理解，推动制度创新的进程。

三、国内外研究现状与研究方法

（一）国内外研究现状

对制度与人的关系的研究始于近代西方。近代政治学从英国开始，而英国政治哲学又是从霍布斯开始的。霍布斯认为，制度是人性冲突的必然产物；人性是自私的，富于侵略性的，个人之间的利益互不相容，于是出现争斗与对抗；为了生命安全和自我保存,必须结束战争,这就要求人们让出一部分权利,形成公共权利,交给一人或由一个集体来代表,形成契约社会。法国哲学家卢梭认为,自然状态的人是自由和平等的,在人类的自然状态,人人具有原始的高尚的德性。但私有制的出现导致了人的不平等、自由的丧失和道德的堕落;人的自由本性要求建立一种合理的社会制度,来消灭这种不符合人性的状态。在他看来,每个人自愿让渡一部分权利,通过订立社会契约建立的国家制度就能达到这样的目的。西方学者对制度起源的论述以一系列非实证的假设条件为基础,他们的人性论也由于脱离了社会存在而具有抽象性的特征,但他们确实从人性的角度把握了制度的功能;另外认为制度的设计要体现人本身发展的要求。马克思主义在历史唯物主义的基础上解释人的发展与制度的关系,从人们所处的社会历史条件来理解人,从人的发展的具体境况出发构建制度。制度是个人交往的产物;制度是在社会实践基础上,对社会关系或形式的规范化、体系化表达,它根源于社会经济基础。

随着国内外对社会公正问题的深入研究,人们逐渐把目光注意到了制度公正问题。在国外主要以20世纪70年代罗尔斯的《正义论》为代表,罗尔斯主要研究的就是社会基本制度的公正。随着《正义论》一书风靡全世界,国外掀起了对制度的新一轮公正追问。在柏拉图的《理想国》问世两千多年后,这表明人们对公正问题的研究经历了一个从抽象到具体、从感性到理性、从道德呼喊到科学求证、从个人公正到社会公正、从社会层面到制度层面的发展过程。但国外对制度公正的研究存在以下问题:其一,研究对象主要是发达国家,他们的立论依据是发达国家的生产力，不具有普遍意义；其二，研究方法主要是采用抽象的哲学思辨和理性假设方法，脱离对社会现实的关注；其三，研究的理论基础是唯心主义历史观，脱离社会的生产力和社会制度的阶级性，违背马克思主义的唯物主义历史观，必然把其社会公正理论当做放之四海而皆准的永恒公正。

受国外研究的影响，在国内也陆续出现有关制度公正问题的学术文章，如《制度公正与社会和谐》、《和谐社会与制度公正的伦理意蕴》、《制度特性与制度公正》、《论制度公正与道德自觉》、《以制度创新来保障社会公正》、《道德需要与制度公正》、《经济制度伦理与制度公正》、《制度公正与民主政治》、《政治正义的历史演进与现实要求》、《论制度正义的两个层次》等。中国传统文化只关注个人道德的成贤达圣，强调个人对社会的义务责任，“对于制度施加于生活在社会之中的每一个人的重大影响却思考的不多”。[①] 对于制度与人的关系问题的思考更是极为匮乏，应该说，在传统文化中，是见“人”而不见“制度”。在现代社会，人是通过制度与其他人发生关系的，于是制度与人的关系问题成为社会科学关注的一个焦点，既然“人与社会的关系，既是关于人学理论的中心问题，也是社会理论的中心问题”[②]，那么，对人与社会的研究就无法回避制度问题，无法避开制度与

① 贺来：《人学研究的三个辩证层次》，《求是学刊》2001 年第 1 期，第 13—15 页。

② 韩震：《生成的存在——关于人和社会的哲学思考》，北京师范大学出版社 1996 年版，第 1 页。

人的关系,必须对人们在社会制度下的互动关系以及制度本身作出解释。

关于制度与人的相互关系研究,有代表性的学术专著有:《人性、政治与制度》、《制度公正论——社会转型期道德失范研究》、《公正伦理与制度道德》。相关的学位论文有:《人性发展与制度创新》、《"经济人"与经济制度正义探析》、《管理与人性》等。相关的学术文章主要有:《人的发展:制度变革的价值目标》、《制度与人的发展关系论略》、《制度变革与人的全面发展》、《论"经济人"行为的制度建构》、《论基于人性分析的管理制度设计》、《"无赖假设"与宪政设计》、《法治人性基础的三个视域》、《论制度的人性基础》、《人性假设与制度伦理的公正价值诉求》、《制度与人的全面发展》等数十篇。高兆明认为"以制度公正为目标的制度建设是抑制社会转型时期道德失范的有效途径";周少来从政治思想史的角度对人性与政治、人性与制度进行理论上的系统梳理;彭志勇的博士论文系统研究人性发展和制度创新的关系;陈泽亚把经济制度正义的基础建立在"经济人"的范畴之上。把人的假设定位在"经济人"的范畴之上,虽然在一定程度上或者从某一个侧面解释和反映了社会现实,也具有一定的科学意义,但不能解释现实生活中的许多问题,因为用"经济人"的范畴不能解释现实社会中的许多事情,同时更不能解决西方工业社会已经出现的许多问题,如人与人、人与社会、人与自然之间的紧张状态。根据目前掌握的资料来看,关于制度与人的关系研究主要存在的问题是:或是从抽象的意义上来定位人性,把对制度的研究建立在一种不变的静止的人性观基础之上;或是从人的特征的某一个侧面出发推导出制度和规则，把人性的某一方面的特征作为制度建立的根据。制度与人的关系研究古已有之，但大多是从人的方面推导出制度，强调人的决定作用，事实上制度与人是一种双向互动的伴生过程，目前学界在这方面仍缺乏研究和关注。

（二）主要研究方法

1. 马克思主义的制度分析方法

对于制度与人的相互关系研究，主要存在两种方法：一种是从永恒的、抽象的人出发，例如，费尔巴哈眼睛里的人是抽象的人；黑格尔大脑中的人是受绝对精神支配的人，这样的人不是从历史中走过来的，而是上帝制造的。这些思想家也关注人，但他们在强调“人”的同时恰恰脱离了现实的人。另一种方法则相反，坚持从“现实的、有生命的个人”出发，这就是马克思主义的出发点。马克思主义认为，“在思辨终止的地方，在现实生活面前，正是描述人们实践活动和实际发展过程的真正的实证科学开始的地方。”①因此，研究所有制和社会制度问题，必须看到“处在现实的、可以通过经验观察到的、在一定条件下进行的发展过程中的人。只要描绘出这个能动的生活过程，历史就不再像那些本身还是抽象的经验论者所认为的那样，是一些僵死的事实的汇集，也不再像唯心主义者所认为的那样，是想象的主体的想象活动。”②如果我们不能

---

① 《马克思恩格斯选集》第1卷，人民出版社1995年版，第73页。

② 《马克思恩格斯选集》第1卷，人民出版社1995年版，第73页。

从“现实的有生命的人”出发,过去的所有制就会变成“僵死的事实的汇集”,未来的所有制则成了“主体的想象活动”。作为一个具有利己动机的人,对不同的所有制会有不同的感受,或是接受,或是抵制。这种感受其实就是生产力的感受。当一种所有制被大多数人在内心里抵制时,它就成了生产力的桎梏;当一种所有制被大多数人所接受时,它就会给生产力增添活力。正是通过人的感受,人类为不同阶段的生产力找到了最适合于它的“外壳”①。因此,所谓生产力的要求,也就是人的要求。从人的本能上去理解人的生产关系,去解释和寻找财产所有制度,这是马克思主义研究制度的方法论。这个方法论首先是唯物史观,它把人的本能要求和生产力的要求合成为同一个历史过程。当我们在翻阅《德意志意识形态》时,可以发现,马克思在不厌其烦地反复强调这一思想:“我们不是从人们所说的、所设想的、所想象的东西出发,也不是从口头说的、思考出来的、设想出来的、想象出来的人出发,去理解有血有肉的人。我们的出发点是从事实际活动的人”②。只有从“有血有肉的人”出发,才能找到最有利于生产力发展的制度、最受人民群众欢迎的制度。人的束缚、人的要求、人的本质必然要反映到社会制度上。奴隶与奴隶主、农奴与封建主、雇佣劳动者与资本家的差别无非就是财产占有制度上的差别,劳动者失去了生产资料,就不可能成为自己的主人。为了实现人的自由和发展,马克思主义不能不重视财产

① 许明达:《第三个台阶》,中国社会科学出版社 2005 年版,第 139 页。
② 《马克思恩格斯选集》第 1 卷,人民出版社 1995 年版,第 73 页。

所有制问题。因此,马克思主义的制度分析方法就是从唯物史观出发,通过阐述生产力与生产关系、经济基础与上层建筑之间的辩证关系,把握制度产生发展的客观历史过程,并且通过把握制度与人、社会之间的辩证关系去解释制度的本质。这构成了马克思主义特有的制度分析方法。

2. 制度经济学的分析方法

制度经济学就是这种认识和研究的主要成果。这门学科是从国外发展起来的,目前,在国内也出现了研究热潮。人们越来越多地认识到了制度在人类社会发展中的重要性,但制度经济学主要是研究经济问题,而政治学的研究经历了从最初的静态研究,如国家与社会的研究,到后来的行为主义分析,由于受到制度经济学的启发,也出现了制度政治学,并出现许多成果,如人们认识到在制度设计时的人的因素,借鉴许多制度经济学的方法如经济人、产权理论、交易成本、投入产出分析、犯罪成本问题等。比如人们在经济学研究中使用效用、需要、快乐、利益、满足、稀缺等概念都和人的本性有关。宋承先认为:"经济学必须以人的三大本能性欲望—官能欲、物质欲、追逐欲作为分析的基础或逻辑起点"①。庞巴维克认为:经济学虽然不是自然科学和心理学,但"它必须和这些科学不相违背。一切在自然科学或心理学中是错误的东西,在全部科学和各种学科中也是错误的"②。经济学研究如果脱

① 宋承先:《过渡经济学与中国经济》(自序),上海财经大学出版社 1986 年版,第 2 页。

② [奥]庞巴维克:《资本实证论》,商务印书馆 1964 年版,第 45 页。

离人的心理和人的欲望,那么得出的许多结论都将是错误的。陈惠雄认为:“经济学必须并且只能以快乐为逻辑起点建筑自己的理论大厦”①。

3. 多学科的研究方法

由于制度在现代社会发展中不可或缺的地位与作用,学术界对于制度问题的研究给予了相当的重视。很多的学科,如制度经济学、制度政治学、历史社会学、法哲学等对于经济制度、政治制度、社会制度、法律制度等不同类型、不同层次的制度的具体内涵及其实施运行机制等内容,都进行了深入而卓有成效的研究。相比之下,对制度本身的哲学理性认识和反思尚显不足。从制度哲学的层面、世界观方法论的层面,借鉴各学科有益的研究方法,在各个学科已经取得的研究成果基础上进行哲学的、综合性的研究,无疑是有理论价值的。研究视角的多元化是对制度进行哲学研究的前提与基础。制度是一个复杂的系统,涉及政治、经济、社会和文化等多个不同的层面。因此,对制度的研究,具有很强的跨学科的特点,只有这样才可能全面而科学地认识制度。在哲学的层面上研究制度必须特别注意充分借鉴经济学、政治学、社会学、法学等不同学科的有关研究方法,特别注意广泛吸收不同学科的既有研究成果,力争对制度的结构、本质、功能、演化以及评价等一系列问题有一个比较科学、客观而全面的分析和把握。例如,制度中最基本的制度是经济制度,因而经济分析是其他分

① 陈惠雄:《快乐原则——人类经济行为分析》,经济科学出版社 2003 年版,第 12 页。

析的基础,经济学研究方法主要包括理性选择分析、博弈—联盟理论、集合选择分析和公共政策分析;制度演化所引发的利益关系必然会导致政治环境的变化,制度包含着深刻的政治意蕴,政治学的分析是必不可少的;关注因制度演化而导致的社会结构的变迁与社会形态的重塑,则离不开社会学的分析。此外还要注意充分运用系统论的方法,对制度系统尽可能全面而深入地分析其要素的构成及其结构的变化等。①

四、基本概念界定

(一)制度(institution)

制度作为一种既定的社会现象,体现在社会生活的方方面面,包括生产制度、经济制度、政治制度和思想文化制度以及一切组织形式中的制度形式。长期以来,人们习惯于把制度作为一种上层建筑,一说到"制度",自然会把它和作为政治上层建筑的国家根本制度联系起来,而不把制度视作一种社会资源。这在学理上是一种简单化。人类社会发展到今天,已形成庞大而复杂的制度系统,即分领域、有层次、多形式的"制度之网",不同领域、不同层次、不同形式的制度之间相互制约和相互作用,共同导向与规范着人们的政治行为、经济行为和文化行为。因此,狭隘地将"制度"理解为或等同于国

① 辛鸣:《制度研究的哲学视野选择及其问题梳理》,《哲学动态》2005 年第 10 期,第 19—24 页。

家根本政治制度，有碍于人们全方位、多层次地进行制度创新，有碍于市场经济的健康全面发展。凡勃伦认为："制度实质上就是个人或社会对有关的某些关系或某些作用的一般思想习惯"；"人们是生活在制度——也就是说，思想习惯——的指导下的，而这些制度是早期遗留下来的"；"今天的制度——也就是当前公认的生活方式"①。康芒斯说："我们可以把制度解释为'集体行动控制个体行动'"②。伯尔曼认为："'制度'(institution)一词是指为执行特定的社会任务而做的结构化的安排"③。诺思的定义有代表性："制度是一个社会的游戏规则，更规范地说，它们是为决定人们的相互关系而人为设定的一些制约"④。诺思把规则分为正式规则和非正式规则。"正式规则包括政治(及司法)规则、经济规则和合约……非正式规则来自文化的部分遗产，主要由习俗、惯例、个人行为准则和社会道德规范构成"⑤。

近年来，制度问题也是我国理论界关注的一个热点问题。卢现祥认为，西方新制度经济学家所说的制度由三个部分构成，即非正式约束、正式约束和实施机制。非正式约束也称为非正式规则，它主要包括价值观念、伦理规范、道德观念、风俗

① ［美］凡勃伦：《有闲阶级论》，商务印书馆 1964 年版，第 139—140 页。
② ［美］康芒斯：《制度经济学》上卷，商务印书馆 1962 年版，第 87 页。
③ ［美］伯尔曼：《法律与革命》，中国大百科全书出版社 1993 年版，第 6 页。
④ ［美］诺思：《制度、制度变迁与经济绩效》，上海三联书店 1994 年版，第 3 页。
⑤ ［美］诺思：《制度、制度变迁与经济绩效》，上海三联书店 1994 年版，第 64 页。

习惯、意识形态等因素。正式约束也称正式规则，是指人们有意识创造的一系列政策法规。它包括政治规则、经济规则和契约以及由这一系列规则构成的一种等级结构。制度构成的第三部分是实施机制。① 李松玉博士认为：在使用制度这个概念的时候，一般是在两种意义上进行的。一是把它作为一种单一的规范(institution)来使用，如工作制度、管理制度等；二是把它作为多种规定性的体系(system)来使用，如社会制度。在讲到社会制度的时候，主要是从规定社会性质的根本的经济制度和政治制度的角度来理解的。目前国内外多数学者在谈到制度时一般是在前者的意义上使用。② 因此，关于制度的本质界定就是：以一定社会的物质生产条件为基础，建立在一定的经济、政治、思想文化状况以及现实的人的状况之上的相对稳定的行为规范，它能够约束行为主体的行为符合某种要求，以达到维护特定社会秩序的目的。③ 唐代兴认为："制度既指人类整体为平等生存、共同发展、理性互助而制定的种种国际规则和惯例，又指民族国家的社会制度"④。徐斌认为："事实上，资本主义制度、社会主义制度的'制度'(system)不是目前学术界研究的制度(institution)，虽然在汉语中二者是一个词，但所指的对象有很大差异，前者实际上是系统或体系的意思，主要指社会的经济基础和上层建筑，后者则是

① 卢现祥：《西方新制度经济学》，中国发展出版社1996年版，第20—28页。
② 李松玉：《制度权威研究》，社会科学文献出版社2005年版，第20页。
③ 李松玉：《制度权威研究》，社会科学文献出版社2005年版，第27页。
④ 唐代兴：《公正伦理与制度道德》，人民出版社2003年版，第29页。

程序、规则和规范的意思，主要指特定群体的行为模式和互动框架。对后一层面的制度问题，哲学很少涉及，这恰恰是哲学最应该研究的东西”①。高兆明所使用的制度是指一种正式规则。他认为制度经济学将制度区分为正式制度与非正式制度至少存在两个不可避免的缺陷：一是对制度的规定过于宽泛，二是忽视制度作为规范化、定型化的行为方式与交往关系结构这一客观内容。他说：“本文更倾向于在一种严格规定、狭义的立场上理解制度，并更注重于制度作为规范化、定型化了的行为方式与交往结构这一客观内容，或者说，本文认为要注重它的客观内容并对其作公正与否的讨论，就必须对它作严格狭义的理解”②。鲁鹏一方面认为“规则”是人们普遍使用的关于制度的规定。“制度是社会规则”，“思想习惯”、“生活方式”、“集体行动控制个体行动”、“模式”、“结构化安排”等，都是规则的不同表现形式或派生结果。另一方面不赞成把非正式规则看做制度的外延部分，而主张制度仅指正式规则。③事实上，罗尔斯在讨论制度公正时，也是在这一严格狭义的立场上对制度作出规定的。他将“制度理解为一种公开的规范体

① 徐斌：《制度变革与人的全面发展》，《毛泽东邓小平理论研究》2006年第1期，第66—71页。

② 高兆明：《制度公正论》，上海文艺出版社2001年版，第27—28页。

③ 鲁鹏在书中具体说明理由：(1)作为一种理论抽象，外延过宽会使内涵模糊不清，不利于人们理解把握，也影响概念自身的明晰性。(2)作为一种调控手段，制度建设的要旨恰恰在于打破分散的、各异的习俗和惯例，建立统一的社会行动体系。(3)非正式规则是正式规则的“素材”，可以把它们看做“准制度”，却不可以把它们等同于制度。参见鲁鹏：《制度与发展关系研究》，人民出版社2002年版，第11—12页。

系,这一体系确定职务和地位及它们的权利、义务、权力、豁免等等”①。本书使用的制度是指一种正式规则,是人们在一定历史条件下的社会活动中结成的各种社会关系的抽象化、体系化,是社会运行的规则,是激励和限制人的行为的规范体系。

(二)公正(justice)

公正(justice 或译为正义)的基本含义是公平(fairness)、正当(right)、合乎情理或合乎道义(reasonable),作为一种人类不懈追求的价值,公正所关涉的内容指向公共领域和人的社会行为,因而,公正所涵盖的问题一直是政治哲学探究的中心问题,也是历来的思想家们议论纷争的焦点。公正是一个相对概念,历史上从来就没有绝对的不变的抽象的公正,不同时代、不同阶级、不同集团的人都有自己的公正观念。虽然在不同的语境里,公正从不同的角度观察有着不同的含义,但是,公正是立足于“人”的,是对每个人追求自己正当利益的权利的确认。公正作为一种生活理想,在不同的时代,具有不同的体现时代特征的内涵,不同时代的思想家都对公正进行过论述。柏拉图认为公正存在于社会有机体各个部分间的和谐关系之中。公正就是将彼此相关的德行都置于恰当的位置。亚里士多德认为“公正就是在非自愿交往中的所得与所失的中庸,交往以前和交往以后所得相等”②。阿奎那认为公

① [美]约翰·罗尔斯:《正义论》,何怀宏译,中国社会科学出版社 1988 年版,第 50 页。

② 《亚里士多德全集》第 8 卷,中国人民大学出版社 1992 年版,第 103 页。

正是"一种习惯,依据这种习惯,一个人以一种永恒不变的意愿使每个人获得其应得的东西"①。恩格斯在《在大陆上社会改革的进展》中提出了公正是人类社会的崇高境界,也是社会主义和共产主义的首要价值之所在。"真正的自由和真正的平等只有在共产主义制度下才可能实现;而这样的制度是正义所要求的"②。马克思主义公正观是生产交换、社会制度与生产方式适应性的观念化表现。马克思主义一方面认为人的公正观念是社会存在的反映,不同阶级有不同的公正观;另一方面,对于无产阶级来说,它认为消灭私有制、消灭阶级、消灭压迫和剥削才能实现真正的公正。公正就是人类的解放、人性的全面发展、自由平等的充分实现。马克思在《资本论》和其他著作中,认为资本主义是一个非公正的社会制度,把资本家个人的剥削行为与资本主义制度的腐朽性和非人性联系起来。马克思所追求的公正应当是人类社会的理想之一,即在高度发达的经济基础之上消灭一切非公正的社会现象,追求全人类解放的公正,最终实现自由人联合体的公正。

公正之所以产生,有两个条件:从客观上说,人与人之间的社会关系和利益冲突是公正问题产生的实践前提;从主观上说,人自身的超越本性和自我意识的发展是公正问题产生的思想条件。公正是人在社会实践中的反思,公正产生于人

① [美]E.博登海默:《法理学——法哲学及其方法》,华夏出版社1987年版,第254页。

② 《马克思恩格斯全集》第1卷,人民出版社1956年版,第582页。

的超越本性与社会现实之间的矛盾。公正既是一项道德原则,又是一项伦理原则。作为道德原则,公正本质上是个人内心向往追求善的道德情感,旨趣在于规范个人的行为;作为伦理原则,公正本质上是调节人们之间各种社会关系的一种规范,旨趣在于建构合理的社会合作体系,为人的幸福生活提供条件和保证。"严格说来,公正是一个西方政治哲学的观念"①,也是一个古老的概念,但是人们对其内涵却一直没有统一的看法,正如博登海墨所说:"公正具有着一张普洛透斯似的脸,变幻无常随时可呈不同形状,并具有极不相同的面貌。当我们仔细查看这张脸并试图解开隐藏其表面之后的秘密时,我们往往会深感迷惑"②。王海明认为:公正是等利(害)交换的行为。其中,权利与义务交换是公正的根本问题,所谓根本公正,便是权利与义务相交换的公正,是关于权利义务的公正。③ 陈忠武认为:"就其能够表述的内涵而言,可以定义为人在相同的起点或相同的初始条件下都愿意参与合作并从合作中受益的指导原则,它是一个超越了个人之间的亲情或血浓于水这类人的情感关系的互惠原则。公正既不是利他的要求,也不是利己的欲望,而是个体为了与其他个体平等自由地共存而自愿接受的预设前提,一个终极的价值,一组操作的规则,一种现实的制度背景"④。霍秀媚认为:"公正和正义互相涵盖,它们所表达的是:依据一定的道德规范对一

① 宋惠昌:《政治哲学》,中共中央党校出版社2003年版,第93页。
② 转引自王海明:《公正平等人道》,北京大学出版社2000年版,第1页。
③ 王海明:《公正平等人道》,北京大学出版社2000年版,第14页。
④ 陈忠武:《人性的烛光》,云南人民出版社2004年版,第144页。

定的社会结构、社会关系和社会现实的合理性和正当性的道德评价”①。“公正(或者正义)是等利(害)交换的善行,即除基本权利与义务的平等外,社会对每个人按照贡献分配权利,按照权利分配义务”。“不论是作为美德还是作为规则,公正都突出一个‘我’,暗示着对每一个人基本权利的认可和强调。这种基本权利仅仅取决于一定的自然特性,即人之为人这个共同特性,并且只要是人,就平等地享有这一权利而无高低、多少之别”②。综合以上学者的观点,我个人认为:公正就是对人的社会行为与社会关系是否正当的追问,是人类社会具有的永恒价值的基本理念和基本行为准则。

(三)制度公正(institution justice)

公正的主要问题就是“制度”,制度公正既是社会公正的反映,又是社会公正的保障。社会公正的实现必须是以制度公正为基础的政治、经济、伦理等领域的有机统一,只有在它们的互动中才能构成和谐的社会秩序。制度公正主要包括两个方面的内容:一是由社会主要制度、社会基本结构和社会安排方式等组成的根本制度公正;二是由行业规则、职业制度、生活习俗、社会行为、交往模式等组成的具体制度公正,其中最重要的是职业制度的公正和社会交往模式的公正。③ 关于制度公正的概念,目前有代表性的观点主要有:

---

① 霍秀媚:《制度公正与民主政治》,《探求》2003 年第 2 期,第 29—33 页。

② 褚海燕:《论社会正义的制度安排》,《理论学刊》2002 年第 4 期,第 42—43 页。

③ 唐代兴:《公正伦理与制度道德》,人民出版社 2003 年版,第 282 页。

1. 罗尔斯认为:社会基本制度在分配公民的基本权利和义务以及划分由社会合作产生的利益和负担时要遵循两个公正原则:第一,平等自由原则(每个人对所有人所拥有的最广泛平等的基本自由体系相容的类似自由体系都应有一种平等的权利);第二,社会的和经济的不平等应这样安排,使它们:在与公正的储存原则一致的情况下,适合于最少受惠者的最大利益(差别原则);依系于在机会公平平等的条件下职务和地位向所有人开放(机会的公正平等原则)。①

2. 高兆明认为制度公正是指规范化、定型化了的正式行为方式与交往关系结构的公正性。包括两个方面的含义:第一,制度的公正,强调制度本身应当是公正的;第二,指公正的制度化,强调公正的理念与要求应当具体化为制度,旨在揭示制度化了的公正。②

3. 沈慧芳认为:第一,制度公正就是以权利义务关系为核心的人们相互关系的合理状态,表现为:社会成员的基本权利能得到切实有效的保障,其应当履行的基本义务无法或不能不履行;第二,个人权利与义务对等,个人的能力、智慧及努力程度与其获得的发展机会相对等;第三,赏罚分明,遵纪守法,无私奉献者能得到应有的奖赏,违法乱纪、假公济私者应受惩处等。③

---

① [美]约翰·罗尔斯:《正义论》,何怀宏译,中国社会科学出版社 1988 年版,第 60 页。

② 高兆明:《制度公正论》,上海文艺出版社 2001 年版,第 30 页。

③ 沈慧芳:《道德需要与制度公正》,《福建农林大学学报》2003 年第 4 期,第 67—69 页。

4. 霍秀媚认为：当公正被确认为制度的首要价值时，现实的制度设计所体现出来的符合公正要求的制度体系则被视为制度公正。[①]

5. 程寿认为：一定的制度体系是否拥有合理性与公正性，是评判其是否应该存在的根本标准。而制度公正就是作为社会基本结构的主要社会制度安排被认为是符合社会公正原则，为社会成员提供分配权利与义务的平等公正的机制，确定社会合作的利益和负担的适当分配办法。公正之于制度犹如真理之于思想。简言之，制度公正是处理人与人、人与社会以及人与自然关系的最高价值标准。亦即是衡量制度合理（法）性的根本标准。[②]

6. 陈忠武认为：制度的公正是人的欲望在资源短缺的情况下追求安全、平等、自由和富裕的表达方式，它意味着，强者不再横行无忌，弱者不再冤屈无告。从直觉到原则，从价值到秩序，这一发展循着为不同的族群、文化和政治共同体所接受的方向前进。制度的公正具有一种内在的自我支持和自我加强的力量，即使受到一些偶然因素的影响而偏离了公正的价值基点，也会在适当的时候再度恢复原来的平衡。[③]

笔者个人的理解是：制度公正即制度的公正，是人类制度文明建设过程中社会对权利和义务进行分配时的公正化程度和状态，具体说来指社会在进行制度设计、制度选择、制度实

① 霍秀媚：《制度公正与民主政治》，《探求》2003 年第 2 期，第 29—33 页。

② 程寿：《论制度正义与道德自觉》，《四川行政学院学报》2004 年第 1 期，第 32—35 页。

③ 陈忠武：《人性的烛光》，云南人民出版社 2004 年版，第 145 页。

施、制度创新和制度评价过程中要遵循社会公正原则。

(四)人的发展(human development)

“人是什么”与“人的发展”是马克思一生始终关注的重要问题。对于马克思主义人学来说,它所研究的人的发展只能是人的最根本的东西的发展,人的最根本的东西也就是人之所以为人的东西,是人区别于一切其他事物的东西,即人作为人的本质的东西。因此,解答人的发展问题,首先应科学地揭示人的本质,对人的本质的认识直接决定着对人的发展的规定。马克思主义人学是从有内在联系的三个层面来揭示人的本质的:1. 人的类本质是劳动。人与动物的根本区别,人之所以为人,人类社会之所以形成和发展,是因为劳动。劳动是人类最终从动物界分化出来的根本标志,是“一切人类生活的第一个基本条件”①,是人们全部关系形成和发展的基础,是一切历史的前提和基础。2. 人的群体性本质是社会关系。“人的本质不是单个人所固有的抽象物,在其现实性上,它是一切社会关系的总和”②。人具有自然属性和社会属性,其中最根本的是社会属性。人的本质当然离不开同自然的关系,因为人生活在自然中,但更重要的是由人的社会环境、社会关系决定的,一切现实的人都是“一切社会关系的总和”。3. 人的个体本质是人的需要。人的需要是人的自身的规定,即人的本性,它是人的全部活动的内在动因。马克思在分析人的

① 《马克思恩格斯选集》第4卷,人民出版社1995年版,第373页。
② 《马克思恩格斯选集》第1卷,人民出版社1995年版,第56页。

需要对人的生存和发展的重要性时指出:“他们的需要即他们的本性”①,并认为整个人类发展史也就是一部人的需要即人的本性的不断改变和发展的历史,②需要的发展是“人的本质力量的新的证明和人的本质的新的充实”③。人的需要是自然需要、社会需要和精神需要的统一,因此,人是由自然因素、社会因素和精神因素构成的个性存在物。

人的本质规定了人的发展的特定内涵,人的发展是人之为人的规定性的发展,即人的本质的发展,是人的劳动能力、社会关系和个体素质诸方面的自由而又充分的发展。1. 人的发展实质上就是人的劳动的发展,确切地说就是人的实践的发展,就是人的能力的发展。劳动是人的体力和智力的支出,是人的劳动能力即人的本质力量的耗费和发挥,同时也是人的本质力量的形成和发展。马克思所讲的人的能力,既包括个体的体力、智力及情感力、意志力,也包括社会群体的生产力、政治力、思想力、知识力、信仰力等。2. 人的发展就是人的社会关系的发展,就是人的社会关系的丰富性和人对社会关系的控制程度的发展。人的劳动和能力是人的本质的核心和主要方面,而劳动从来就是社会的劳动,是在一定社会关系(其基础是生产关系)中的劳动。因此,作为现实的人的本质是由他所处的社会关系的总和所规定并且随着社会关系的发展而发展的。3. 人的发展就是指人的个性的发展。人的个性

① 《马克思恩格斯全集》第3卷,人民出版社1960年版,第514页。
② 《马克思恩格斯全集》第4卷,人民出版社1958年版,第174页。
③ 《马克思恩格斯全集》第42卷,人民出版社1979年版,第132页。

指人类个体的独特性,就是人作为社会历史活动主体和他人相比的不同特性,是个人的生理素质、心理素质和社会素质在不同社会生活领域中的集中表现,人的本质力量的发展既集中体现在人的个性发展上,又是在社会实践基础上人的自然素质、社会素质和心理素质的发展。4. 人的发展表现为人的需要的发展。人的需要是人的自身的规定,即人的本性。它是人的全部活动的内在动因。需要的满足,表明着外部世界逐步同化于人,并转化为人的发展的因素。马克思所讲的人的发展,其实质是指"个人的发展"。这里"个人的发展"不是"某一个人"的发展,而是社会"每一个人"的发展;不是少数人的发展,而是"社会全体成员的才能得到全面发展"①。

(五)人的全面发展(human full development)

何谓人的全面发展?理论界主要有以下代表性观点和解释:1. 是指人的各方面的素质和潜能的普遍提高和充分发展,既包括德、智、体、美、劳等几方面的均衡发展,又包括个性心理、性格、兴趣、意志、气质等非理性因素的健全发展。2. 是指人的各种潜能、素质都得到充分发展,包括德、智、体、美、劳以及个性、能力、兴趣、性格、气质等的充分发展。3. 是指"每个人",即"社会的每一个成员"的发展,包括人的体力、智力、个性和交往能力的发展。这种发展可以从全面发展、自由发展和充分发展三方面来衡量。4. 就是既达到人的充分的社会化,又达到人的充分的个性化,人的社会化是有个性的个

① 《马克思恩格斯选集》第1卷,人民出版社1995年版,第243页。

人的社会化,是使人从不全面走向全面;人的个性化,是在社会化过程中的个性化,是使人从不自由走向自由。5. 是指人的发展的最理想境界。就个人而言,是指德、智、体、美、劳和谐完美的发展;是指个人潜力和智能的最大限度的发挥;是指个人需要的全面丰富和满足;是指人的本质的真正实现。① 陈小鸿认为:"马克思主义的人的全面发展内涵主要包括三个层次:分别相对于自然界、社会和人自身来说的人的劳动能力、人的社会关系、人的素质和潜能的全面发展"②。马克思主义人的全面发展的含义,从哲学角度讲,就是指人的各种社会关系的全面发展;从政治经济学角度讲,是指劳动力由片面到全面的发展,是指人具有适应劳动变换的多方面的劳动能力的发展;从科学社会主义学说的角度讲,是指人类能控制和驾驭整个自然界和社会发展的规律,使整个人类由必然王国进入自由王国。马克思主义人的全面发展就是指"人以一种全面的方式,也就是说,作为一个完整的人,占有自己的全面的本质"③。马克思认为,作为类存在物,人的本质是自由自觉的活动,即实践活动,最集中的表现是劳动;作为社会存在物,人的本质在其现实性上是一切社会关系的总和;作为完整的个体的人,人是自然因素、社会因素和精神因素的统一体。人的本质就是人的个性与此相联系,人的全面发展就表现出多方面的规定性:

---

① 参见张步仁:《论马克思的人的全面发展学说及其当代意义》,《南京航空航天大学学报》(社会科学版)2002 年第 1 期,第 1—5 页。

② 陈小鸿:《论人的自由全面发展》,人民出版社 2004 年版,第 355 页。

③ 马克思:《马克思恩格斯全集》第 42 卷,人民出版社 1979 年,第 123 页。

1. 人的活动特别是人的劳动活动的全面发展，以及人的需要和能力的全面发展。活动的全面发展表现为活动的内容和形式充分达到丰富性、完整性和可变性，而不是社会活动的贫乏化、片面化和固定化，每个人可以根据自己的天赋、特长、爱好自由地选择活动领域，不仅从事体力劳动，而且从事脑力劳动，不仅参加物质生产活动，而且参加经济、政治、社会生活的管理活动，进行科学艺术的创造活动等。人的需要的全面发展意味着需要随着活动的全面发展愈益形成包括生存、享受和发展等层次递进的丰富体系，个人按照自己的自主活动来发展一切合理的需要，并将较低层次的需要当做直接满足发展"自由个性"最高层次需要的前提。人的能力的全面发展意味着人全面地发展自己的一切能力，即全面发展自己的体力和智力、自然力和社会力、潜力和现实能力等，并在实践活动中发挥自己的全部才能和力量。

2. 人的社会关系的全面丰富、社会交往的普遍性和人对社会关系的全面占有与共同控制。社会关系的全面丰富意味着个人与他人不仅是作为社会群体中某一成员的身份，而且还作为个人与他人发生相互的关系；人们摆脱了以往个体、分工、地域、民族的狭隘局限性，形成了各方面、各领域、各层次的社会关系；人们的经济关系、政治关系、法律关系、伦理关系、宗教关系、文化关系等全面生成，由贫乏变得丰富，由封闭变得开放，由片面变得全面，并且得以和谐发展。交往的普遍性意味着随着生产力、分工和交换的发展，个人作为独立的主体越来越积极地参与各领域、各层次的社会交往，个体之间的交往、个体与群体和社会的交往得以广泛建立和实现；人的物质交往和精神交往充分发展，同时摆脱了相互之间的分离状态，他们不再独立地属于不同的人，而是在每个个体中有机统一起来，并形成良性互动；交往从自发的自然共同体交往、社会共同体交往转向世界共同体交往，个人越来越成为世界历史中的个人，成为世界性的公民。社会关系的发展不仅表现在其内容的丰富性上，而且还表现为个人之间的关系成为他们自己的共同的关系，联合起来的个人实现对他们社会关系的全面占有和共同控制。

3. 人的素质的全面提高和个性的自由发展。人的素质和个性随着人的活动的多样性、社会关系的丰富化形成和发展起来。人的素质的普遍提高，表现为人的生理素质、心理素质、思想道德素质和科学文化素质等的发展和完善，以及各种素质之间的均衡协调发展。人的个性的发展表现为个人主体性水平的全面提高，以及个人独特性的增加和丰富。马克思所说的“人的全面发展”中的人，不是抽象、孤立的人，而是指现实的、具体的、社会中的个人，不是“某一个人”，而是“每一个人”。因为“一个人的发展取决于和他直接或者间接进行交往的其他一切人的发展”①，“要不是每一个人都得到解放，社会本身也不能得到解放”②。另外，马克思所说的“人的全面发展”，不仅意指“全面”，而且包含着“自由、充分、和谐发展”。全面发展与片面发展相对，是指人的发展的各个方面缺一不可，并且在每一个方面也必须获得多方面的、统一的发

① 《马克思恩格斯全集》第3卷，人民出版社1960年版，第515页。
② 《马克思恩格斯全集》第20卷，人民出版社1971年版，第318页。

展,否则,就是一种片面的、畸形的不和谐的发展;自由发展指的是个人的发展不屈从于外在目的,不屈从于任何活动和条件,个人作为主体自觉、自愿、自主发展;充分发展是指人全面、自由发展的程度问题,指人的肉体的和精神的力量能够不受阻碍地尽可能地发展;和谐发展是人发展的各个方面之间的协调与贯通。事实上,全面发展、自由发展、充分发展、和谐发展在"每一个人的发展"内部是相互联系、不可分割的。

五、基本结构、主要观点、试图突破的难点

(一)基本结构

本书内容共分四大部分:第一部分是本书的导论,主要指现实背景和理论依据;理论意义和现实意义;主要研究方法和目前国内外研究现状;相关的基本概念阐释。第二部分是本书的第一章。该章对制度与人之间的相互关系进行学理上的梳理,主要探讨了制度研究的人学维度,制度起源的主体基础,以及马克思关于制度与人相互关系的理论。重点是马克思主义关于制度与人相互关系的论述。通过对制度与人之间辩证关系的梳理,为进一步研究制度公正与人的发展奠定坚实的理论基础,从而为进一步研究作更好的铺垫。第三部分包括第二、三、四、五章,从微观层面具体论证了制度公正的基本理论、基本功能、价值标准和实现条件。第四部分包括第六、七章论证了制度公正与人的发展的辩证关系和伴生过程,人的发展是制度公正的内在动力;制度公正的终极目标是人

的全面发展,并联系中国实际论述了当代中国人的发展现状及制度公正建设,为当代中国人的全面发展探寻一条现实的路径。这部分是本书的重点。

(二)主要观点

本书的研究对象是制度公正问题,而制度公正是一个制度哲学问题,就是对现实的各种制度进行终极的反思和追问;研究视角是人的发展,通过研究人的发展,为制度公正寻找终极的根据和基础,把学术界对制度的研究上升到了哲学的高度和层次。主要观点如下:

1. 制度对人的反作用表现在:或者促进人的发展,或者限制人的发展。制度公正是符合人的发展要求的产物,同时按照公正要求设计的制度又会有效地促进人的发展。制度公正的基本功能表现在:制约人的缺陷,有效抑制人自身缺陷的张扬;协调个人私利与社会公益的矛盾,实现私利公益的目标;抑恶扬善,调节人的善恶行为,提升人的道德水平,最终实现人的全面发展。

2. 制度公正的评价有两个尺度:一个是从物质生产力的发展和社会财富的增长方面评价,一个是从人的健康和谐的发展方面评价。前者是生产力标准,后者是人的发展标准。人是社会发展的原动力和根本目的,社会发展的关键在于人本原则在各个领域的贯彻和运用。制度公正是人类社会制度文明发展过程的必然产物,是由人类社会所有美好先进的理念所组成的价值体系。制度的核心价值和首要原则就是公正;需要原则、利益原则、平等原则、民主原则和自由原则是制度公正的基本原则。

3. 制度公正是一个历史范畴，在历史发展的不同阶段，制度公正的内容和形式是不同的。在人类历史发展的过程中，人的发展与制度公正是社会发展不可或缺的两个基本方面，是一个伴生过程。制度公正与人的发展是相互作用、相互制约的辩证关系，一方面，人的发展推动制度公正，即制度公正以人的发展为动力。另一方面，制度公正又以促进人的发展为目的和宗旨，即人的发展又以制度公正为基础。制度公正的发展是生产力发展的结果，但其内在动力是人的发展，人的发展是制度公正的内在和直接动力。

4. 制度公正和人的全面发展是人类社会的两大理想目标。制度公正是实现人的全面发展的手段和途径，而人的全面发展是制度公正的终极目标。

（三）试图突破的难点

1. 人们过着一种制度的生活，这种生活过得如何，正常不正常，良好不良好，反映出人在这种生活中的道德质量。从人类历史来看，人的制度生活质量有一个由低级到高级的发展过程。法治是人们的制度生活达到一定道德境界的产物。现实生活中制度与人如何才能达到共生共荣的美妙境界，是千百年来诸多理论家一直探索追究的理论难题。众多哲学家不惜花费一生的时间和精力试图为人类打通一条通向自由、平等、繁荣的人类大同世界。他们希望在这个世界中，没有国家、没有纷争、没有人身依附，人的本质得到充分实现，成为真正自由、全面发展的人。但是，现实生活中人与制度本身各自都是一个开放复杂的巨系统,其本身的研究就是一个无法穷尽的不知终点的巨课题,而且这些系统随着人类实践的变化而不断更新,这更加剧了研究的难度,所以,许多理论家由于种种原因,或者是方法上或者是时代的局限,更由于地域、学识等诸多限制,而陷入了形而上学构造或乌托邦梦幻。本书将运用马克思主义唯物史观和制度分析方法对制度与人之间的关系进行重新解读和论证。

2. 何谓制度公正?当公正被确认为制度的首要价值时,现实的制度设计所体现出来的符合公正要求的制度体系则被视为制度公正。制度公正是一个制度哲学问题,而制度哲学就是关注制度的内在本性、价值取向及其应然规范,就是对制度的好坏、善恶的评价,对制度是否正当的价值判断,就是对现实的各种制度进行反思和追问,其基本的问题是:何种制度安排最有效地制约人的缺陷?何种制度设计最有效地实现私利公益的目标?何种制度设计最有利于抑恶扬善?何种制度安排最有利于人的全面发展?目前学界对制度的研究主要是从经济学、政治学、社会学的角度进行,本书试图把制度的研究进一步上升到哲学的层次,就是从人的发展角度对制度公正进行系统的研究,如制度公正的基本理论、基本功能、评价标准、实现条件、内在动力和终极目标。这是目前学术界研究的一个薄弱环节。

3. 制度公正如何实现?制度公正的实现受到多种因素的制约,它不仅受制于各种具体的社会历史条件,如经济基础、政治资源和文化环境等,也同样受制于人(尤其是人的理性和德性)的发展水平,制度公正的起源、功能、原则、特点以及最终如何实现都与人的发展密切相关。中国的制度建设是一项长期复杂的系统工程，社会转型和社会变迁需要我们重新审视和认识人类自身，如何以一种公正的制度和规则来完善人、规范人、约束人，从而达到协调矛盾、私利公益、抑恶扬善是本书的主要目的和研究方向。

4. 从根本的意义上说，人是社会关系的产物，人发展什么、怎样发展、人的发展程度如何，根本上是由生产力决定的，而直接的则是由社会关系即社会制度决定的。因此，制度公正与人的发展之间究竟有着怎样的内在联系就成为本书的研究重点和难点。制度公正与人的全面发展是人类社会的理想目标，也是相互作用、相互影响的伴生过程。制度公正是实现人的全面发展的有效途径，而人的全面发展是制度公正的终极目标。人的全面发展是马克思主义的终极关怀。如何实现人的全面发展是古往今来许多思想家所关心的问题和难题，通过研究为人的全面发展探寻一条有效的实现路径。

第一章　制度与人的相互关系

马克思对人的问题的考察历来强调要从现实出发，这就要求我们关注现实生活中人的生存境遇，研究人的生活世界。从制度的维度出发，把制度作为人生存和发展的实现形式，可以对人的本质、人的存在、人的价值、人的发展及其规律等人学范畴有更独到的认识。所谓制度研究的人学维度，就是从人的本质出发，去考察制度的本质和作用等问题。

第一节　制度研究的人学视角

一、制度是人的存在方式

人是什么，人究竟是或应该是什么样的存在物？这是一个古往今来人们争论不休的问题，没有统一的答案，只有各种各样的假设。人的问题是人类自我追寻与生成的根基，人本身是一个包含矛盾的丰富的多样性存在，它并不只是自然给予的现成存在，也不是一经存在便不再变化，而是在社会文化背景中生成和发展的存在。恩格斯说："人只须要了解自己本身,使自己成为衡量一切生活关系的尺度,按照自己的本质去估价这些关系,真正依照人的方式,根据自己本性的需要,来安排世界,这样的话,他就会猜中现代的谜了。”①制度的历史也就是人类对自己认识的历史,同时也是人类追求解放和价值的历史,要解读制度,人是一个不能跳过的问题。制度是人存在和发展的社会条件。任何人都生活在一定的社会制度中,是“一种制度里的公民”②;制度比任何人都存在得更久,制度是决定人的发展的一个非常重要的因素;高素质的人只能产生于制度良好的社会之中,所以,人的发展肯定要受到制度的制约。人的发展离不开制度,人的全面发展需要从制度的视角加以探讨。制度对于生活于其下的人来说,是一种既定的力量,它限定、规范和塑造着人的活动和社会关系以及人的个性,由此构成人的发展的现实生活世界。制度规范人的交往活动和社会关系,直接赋予人的本质规定和决定人的思想观念。人发展什么以及怎样发展,根本上是由生产力决定的,而直接的则是由社会关系即制度来决定的。制度是人的制度,因而必然要由人作为载体和主体。制度是由人创造出来的,并且要由人去自觉地认识、自主地实践。离开了人,制度将变得毫无意义。人及其需要是人创造并实践制度的原初动力。制度为人而设立,亦由人去执行。制度是人为的,也是为人的。人的问题是制度与哲学联通的共同话语,成为制度哲学建构的逻辑基点。因此,制度与人和人的本质的内在联

---

① 《马克思恩格斯全集》第1卷,人民出版社1956年版,第651页。

② [美]康芒斯:《制度经济学》(上),商务印书馆1962年版,第93页。

系，制度何以作用于人的发展及其作用机制，以及人的发展对制度的考量，应当也必须成为制度哲学研究的主题。

从人的层面来研究制度早已有之，可以说从古希腊时期的柏拉图和亚里士多德就开始进入了哲学家的研究视野，而真正意义上的研究则始于西方近代，这个时期的学者从政治学、经济学、哲学以及人类学的各个角度进行研究，取得了一系列成果，但是，真正对制度与人的关系作出科学理解与系统阐释的则是马克思。马克思通过确立唯物史观的研究方法，第一次把制度与人之间的辩证关系建立在社会生活实践的基础上。在马克思主义经典作家的所有著述中，制度与人的关系可以说占有很重要的地位，就马克思而言，他毕生所从事的理论著述，一直是以这个问题为主线的。无论是《1844 年经济学哲学手稿》中对资本主义商品经济下人性压抑的揭露，还是《共产党宣言》中对未来人类美好社会制度的向往；无论是对资本主义经济学家的学说的批判，还是对费尔巴哈人本主义学说的扬弃，马克思总是从人的发展角度来认识和评价社会制度及其意识形态，也总是从人所处的环境主要是制度环境来认识人、研究人。马克思就是从人的发展水平的角度，对人类社会的历史阶段作了重新划分，这是从"人"的尺度出发，来衡量一种社会制度的性质。以前我们一直是注重"物"的尺度，总是拿生产工具的先进性来区分不同的社会制度，因此才有学术界"五形态说"与"三形态说"的争论。① 事实上，

① 王友洛：《社会主义初级阶段的"三形态说""五形态说"解释》，《中州学刊》2000 年第 3 期，第 43—47 页。

人类社会发展的道路不是单一的，而是存在多条发展道路。对社会制度和社会发展的衡量的尺度也应该是多元的，既应该有“物”的尺度，也应该有“人”的尺度，单一的尺度只能衡量出社会发展的一个方面，而社会是一个大系统，里面包含着多个子系统，运用多种尺度，可以从不同方面、不同角度对某种社会制度获得更为全面而深刻的认识。马克思对人的问题的考察历来强调要从现实出发，这就要求我们关注现实中的人的生存境遇，研究人的生活世界，从制度的维度出发，把制度作为人生存和发展的实现形式，可以对人的本质、人的存在、人的价值、人的发展及其规律等人学范畴有更独到的认识。对人的研究应当深化到对人生活于其中的社会的研究。人所生活于其中的社会，是行动主体之间互动的结构和过程。无论是社会结构或社会行为过程，都离不开制度的结构和规范。

二、制度研究的人学维度

所谓制度研究的人学维度，就是从人的本质出发，去考察制度的本质和作用等问题。制度研究的人学维度的提出包含着两个方面：一是制度的研究为什么应当有人学维度。二是研究人为什么要研究制度。最早对制度进行专题性研究的学科是社会学，“制度”一词最早进入学术研究的视野是在19世纪中叶。英国学者斯宾塞首次将“制度”作为一个学术概念引进社会学研究的领域，并在其《第一原理》中首次对制度问题作了较为系统的社会学研究。真正将制度问题变成社会学研究主要对象的，是法国社会学家涂尔干。在他看来，社会学的对象既不是非历史的抽象个人,也不是一般的社会或抽象的人类概念,而是作为集体或"集团"现象的具体社会制度。基于这种认识,他为自己的研究所提出的主要问题是如何通过制度来建构社会团体。不过,在社会学产生之前,作为社会学雏形的近代经济学就已不自觉地将制度当成自己的研究领域,构成古典政治经济学的"政治"维度(即所谓"政治经济学"),其实质是制度的维度,它主要探讨经济领域中自由行动者互动的规则和权力关系问题。马克思继承和发扬了这一优良传统,他从资本主义制度赖以存在的权力结构(资本——劳动之间的统治——服从关系)与现代生产力充分发展之间不可克服的矛盾这一角度,得出推翻资本主义制度、建立社会主义制度的革命结论。总之,社会学、经济学、文化学、政治学以及法哲学研究制度的视角,所关注的都是制度对于社会稳定和社会发展所具有的功能问题。在此,"人"意味着"人口"或"理性人",行动者意味着社会的"部件"(或者相反把社会看成个人的"工具")。在这种研究思路中,人的研究被边缘化为关注"生命"和"时间"的哲学、美学、宗教学、文学、音乐等传统人文学科的表达对象。这就为人学研究提出一个新的课题:在人赖以生存和发展的社会里,为了人的自由而全面发展,制度能够发挥什么样的作用?又如何发挥其应有的作用?对这些问题的解答,就构成制度研究的人学维度。

在韩庆祥教授看来,人的本质有四个层次,一是从人自身的内在要求看,人是具有多种需要的动物,主要包括生存、享受和发展的需要,享受和发展的需要是其他动物所没有的,即使在生存的需要方面,人与动物也有本质的不同;二是从人和动物关系的角度看，人的本质是“自由自觉的活动”即劳动；三是从人的本质的形成看，人是其特定的社会关系的“总和”，是在人际互动和交往过程中体现出来的，在社会关系层面上，人的本质所表现的是人的社会性；四是在特定的个人与他人的关系上，人的本身就是他的个性。① 据此对制度作人学考察，相应地就有四个层次，相应于人的需要，应考察制度与人的需要的关系；相应于人的劳动本质和实践创造，应考察制度与能力的关系；相应于人的社会关系本质，应考察制度与秩序的关系；相应于人的自由个性，应考察制度与自由的关系。这四个方面的有机统一，构成了制度研究的人学维度。

人所生活于其中的社会，是自由行动主体之间互动的结构和过程。无论是社会结构或社会行为过程，都离不开制度的架构和规范。只要我们离开对个人内心世界的私人体验和纯粹反思性关照，就会面对一个自由行动者互动的社会，也就必然会涉及一个将自由行动者耦合为社会的问题，或者社会结构对自由行动者的约束和构造问题。对理论工作者而言，必须思考的是自由行动者如何有效地、合理地耦合为社会的问题，还必须思考制度在解决这一问题时应当起什么样的功用的问题。所以，研究人学必须有一个制度研究的维度。从哲学史上看，哲学家们关于人的本质的研究都涉及制度。如，古希腊哲学家亚里士多德把人概括为“政治动物”，就是从制度的视野去观察和认识人的本质，看到了人的政治性、社会性

① 韩庆祥：《马克思的人学思想研究》，河南人民出版社 1996 年版，第 125—130 页。

和制度性。再如,18 世纪法国哲学家在把人看成“环境的产物”的时候,也充分考虑到制度的因素,因为所谓“环境”,最重要的是社会环境,而构成人生存发展环境核心部分的是一个社会的制度。所以,当马克思说出“环境的改变与人的改变的一致”的时候,就等于吹响了推翻旧制度、建立新制度的号角,换句话说,不从制度的角度看问题,我们就难以理解马克思这句话的真谛。

三、从人学视角研究制度的理论意义

对于制度研究,人们从经济学、政治学、伦理学、文化学等多学科、多角度切入,形成了制度研究的重要领域。回顾和反思我国制度研究的历史,笔者认为制度研究应该有一个人学维度,这不仅可以深化人的理论和制度问题的研究,推进制度研究的深化和扩展,还能从理论上推动我国制度建设的艰巨事业。另一方面,从人学角度来研究制度可以全面认识制度设计、制度安排、制度创新的科学要求与价值要求。我国二十多年所进行的制度建设,不仅为我国今后的发展建立了或将会建立起良性的制度基础,也为学术理论的研究提供了丰富的经验材料、理论问题和内在动力,从而推动和刺激了人们对制度问题的深入研究和理论探讨。在经济学领域,我国学术界加强了制度经济学研究,逐渐形成了中国自己的产权及企业制度理论;在文化学方面,进行了制度文明(或制度文化)的研究,基本理清了中国社会的制度发展轨迹;在道德理论上,提出制度伦理学的研究思路,在把制度研究引进哲学研究视野方面跨出了艰难的一步;在社会学领域,中国社会现代化

的制度变迁维度得到了较为深入的考察。不过,我国学术界近年来对制度问题的研究存在一些误区和盲点,其中之一可归纳为"经济学化":各学科对制度的理解主要来自制度经济学,对一切制度的分析方法大都局限在单纯的经济分析方法上,其核心点就是从经济人假设出发,对具体制度安排及其变迁作成本——收益分析。这就忽略了制度具有非经济性、多方面的社会性质的特征,没有充分看到经济人假设的有限性,过分夸大了人的自利动机与个人利益的提高对社会效率的影响。正是在这种背景下,提出制度问题研究的人学维度,期望将制度问题的研究引向深入,并把它纳入哲学的视野之中。

制度研究的一个传统就是马克思主义经典作家的传统,这是常被忽视,却不该忽视的研究传统。我们知道,任何社会现象只有作为问题才能成为对象,而对以问题(或批判)眼光看待资本主义社会现实的马克思主义经典作家来说,资本主义制度所特有的问题性使得制度现象一开始就成了他们关注的焦点。从某种意义上说,马克思和恩格斯才是制度研究的真正开创者,是制度理论的"精神接生术士"。这是包括凡勃伦和康芒斯在内的许多西方制度学派的学者们所无法否认的事实。与社会学家对制度问题的研究专注于社会结构的稳定与社会秩序的形成不同,马克思及恩格斯的关注中心是社会制度的变迁及其动力。与西方现代学者,特别是新制度经济学派只关注制度的经济学方面和技术性方面不同,马克思所关注的是制度的"政治"方面以及作为制度基础的权力结构即人们以对"物"即生产资料的占有为中介所形成的统治——服从命令——服从关系结构。在马克思之前,人们习惯于用人性来解释历史和制度，固然有偏颇之处。但在马克思以后，有些人又走到了另一个极端，即只看到社会规律而忽略了人的规律及其对社会规律的影响，这也是应当予以纠正的。其实社会发展规律与人的发展规律是相辅相成的，离开人的发展规律不可能解释社会发展规律，当然离开社会发展规律也不能理解人的发展规律。所以，从人的角度来研究制度可以把制度问题的研究纳入到人学研究维度，以哲学的视野把制度问题的研究引向深入。由于制度与人的关系的内在关联性，哲学对制度问题的研究离不开对人的解答，因而制度研究应该有一个人学维度。这在当前学术界还是一个没有自觉意识到并给予相当重视的研究课题，急需加强深化。

第二节　制度起源的主体基础

一、制度是主体对利益关系评价的结果

制度是从哪里来的？其赖以存在的基础是什么？在制度的根源与基础问题上，马克思主义坚持经济关系决定论的基本立场，这对于正确认识制度的最终根源和基础问题、正确认识制度在社会生活中的地位和功能具有重要的意义。但仅此是不够的，马克思主义关于制度受制于社会经济关系的经济决定论和人是制度的主体基础论是不矛盾的。前者在于揭示制度形成的客观基础，后者在于具体揭示制度产生的主体基础。客观基础是前提，主体基础使其成为现实。离开了主体基础这个桥梁，客观基础只是一种可能，是不能变为现实性

的。人是制度的主体，是制度的制定者和实践者，从客观社会中产生客观的制度标准不经过人这一主体显然是不可能的。我们不仅承认人是制度的主体基础，同时首先承认制度对社会经济关系的依赖性和受动性。从更为根本的意义上说，人是社会关系的产物，因此，社会经济关系是制度的终极根源，而人则是制度的直接的主体基础。两者之间是不矛盾的。离开了这个主体基础和中介，制度将永远处在自在的彼岸，而不能进入自为阶段，也不能形成其现实运动，也不会发挥其现实的社会作用。有了人这个中介和主体基础，就使制度从可能变成现实。如果一种制度不仅是基于社会客观要求的，同时又是符合人的需要的，那么，这种制度就由某种带有一定强制性的责任而进到了自觉的领域和境界了。

马克思在《政治经济学批判》中曾写道："社会的物质生产力发展到一定阶段，便同它们一直在其中运动的现存生产关系或财产关系（这只是生产关系的法律用语）发生矛盾。于是这些关系便由生产力的发展形式变成生产力的桎梏。那时社会革命的时代就到来了。随着经济基础的变更，全部庞大的上层建筑也或慢或快地发生变革。"①这段话既是对人类社会发展内在规律的全面揭示，同时也深刻说明生产力状况是决定生产关系的性质从而决定新的经济制度生成的根本原因。当社会生产力与生产关系相适应时，表明经济制度是有效率的，因而能促进生产力的解放和发展；当社会生产力与生产关系不相适应时，表明经济制度是低效的或者正处在失效

① 《马克思恩格斯选集》第2卷，人民出版社1995年版，第32—33页。

状态，因而对于生产力的发展只能起阻碍和消极作用。为了解决生产力与生产关系的矛盾，就需要改变原有的经济制度，重新选择并建立一种与现实生产力要求相适应的经济制度。可见，经济制度的生成是社会基本矛盾运动的必然结果。从这个意义上说，对于一种经济制度的选择，只能以其是否有利于生产力的解放和发展作为检验标准。这是关于制度生成的宏观层面研究得到的一般结论。实际上，就社会运动的具体过程看，制度的产生和选择是主体对利益关系评价的结果。任何生产力和生产关系都是现实的存在，而不是抽象的观念形态；任何制度都有其特有的结构关系，而不是没有内容的形式，因此，对生产力决定生产关系从而决定社会制度运行过程的微观分析，更能说明制度重新选择和制度是否正当的原因。

从生产力系统、生产关系系统、生产力和生产关系矛盾运动看，无论是现实生产力的形成还是科技等非实体要素对生产力的作用，无论是对生产资料的占有关系还是生产中的地位关系及分配关系，无论是生产力发展还是社会经济形态的变更，都与人的自主自觉活动、人的物质利益需求直接相关，因此，主体行为和利益关系是生产力与生产关系的中介。从生产力决定社会制度看，无论是社会制度的设定和执行还是社会制度的本质表现，都与主体在利益驱动下的行为关系相联系。所以，人始终是社会制度的主体，人与人之间的利益关系构成了社会制度最本质的关系。就此而言，经济运行的过程，其实质就是人的利益的实现过程。当社会制度符合人的要求并满足人的利益时，表明由此建立的生产关系能激发人的积极性，因而推动生产力的发展；反之，当社会制度不能进一步满足人的需求时，表明由此建立的生产关系已无法用来激发人的积极性，因而成为生产力发展的障碍而需要变革。从这个意义上说，对人的利益需求的认识是理解生产力与生产关系矛盾运动的基础和关键。如果认清了由生产力决定生产关系性质从而决定社会制度的运行机制，那么从人的因素出发研究经济运动的规律性，就是关于制度生成微观层面分析得出的结论，也是对长期以来忽视甚至误解人的一种修正。

二、制度是蒙昧人不断地战胜自身兽性的产物

"自有国家以来，一切文明都需要制度支撑，否则便是无源之水，无本之木"①。制度文明是人类社会秩序文化的产物，人类社会是一个既互助合作又利益冲突的共同体。一方面，对任何个人来说，离开了他人的存在和社群的支持是无法生存的，个人对社会的强烈依赖是导致个体与社会关系不可分割性和各种关联性的基础；另一方面，人们对社会给自己或利益团体提供更多机会或分配到足够生活资料的渴望与向往又是社会冲突产生的原因，如果不希望暴力成为获得这些机会和资源的唯一或主要手段，那么就只有通过法规、规则和制度去设计这样的社会共同体。制度正是为满足这样的社会需要而形成的在社会活动中规范和约束人与人之间关系的法规、规则及尺度。社会运转的秩序性是制度的主要价值目标，而稳定性和发展性是社会秩序文化繁荣与否的表征。正如美国社会学家塔尔科特·帕森斯所说："正是因为社会的规范

① ［德］哈贝马斯：《交往与社会进化》，重庆出版社1993年版，第149页。

因素,使得实际社会总体上处于相对和谐的状态而不是战争状态”①。恩格斯指出,蒙昧人就是“正在形成中的人”,他们还一半是野兽,一半是人,在自然力量面前无能为力,只有互相结合,群居一起,组成在劳动中交互作用的社会,才能抵御野兽的侵害而生存下来,才能实现由动物向人的彻底转变。当时,妨碍形成较大的持久的原始群体的最大祸害,是成年雄者为争夺雌性的嫉妒与拼杀,往往造成流血冲突,甚至使某些原始群陷入绝灭之灾。这样的惨痛教训,逐渐在蒙昧人头脑中产生了一种原始意识:为了群的生存与发展,必须在成年雄者的性生活中消除嫉妒,消除“弱肉强食”的野兽法则(动物家族与群的对立)。由此而逐渐地萌生了“性禁忌”,并导致了蒙昧人中某些原始的性规范的产生,其最终成果便是以母系为核心的氏族公社制度的广泛发展。以往,人们研究氏族公社侧重点在于赞美它的财产公有制与平均分配制,以及由此决定的“平等”地位和“民主”观念;其实,氏族制度的真实含义是极其严格的族外婚制(它起源于普那路亚家族的群婚制,终于一夫一妻制的父权制家庭的出现)。只有“当这种特殊的群婚形式一旦确立,氏族的基础便奠定了”(马克思语),蒙昧人才最终地完成了由动物向人的转变。笔者以为,正是“氏族制度”的产生,人类社会才迎来了第一缕文明曙光。因此,把“社会制度”的产生(第一个社会制度是氏族公社制度)作为人类文明萌芽的标志,是不为过分的,也是符合历史真

① 转引自邓伟志:《建设和谐社会的四大要点》,《学习时报》,2004—10—27。

实的。

三、制度是人类规范和完善自身行为的需要

人自身深藏着制度产生的内在要求。德国学者米夏埃尔·兰德曼指出,“完美性与腐败性均等地包含在人性之中,唯有人决定着道路是朝着完美性拓展还是朝着腐败性延伸”①。阿奎那认为:“人在达到德性的完备时是一切动物中最出色的动物;但是如果他一意孤行,目无法律和正义,他就成为一切禽兽中最恶劣的禽兽”②。马克思曾经说过:“人可能把自己提升为一种值得敬慕的、令人惊奇的事物,人也可能利用他自我形成的能力变得比任何野兽更野蛮。”③歌德在《浮士德》中说:“有两个灵魂住在我的胸中,它们总是互相分道扬镳:一个怀着一种强烈的情欲,以它的卷须紧紧攀附着现世;另一个却拼命地要脱离世俗,高飞到崇高的先辈的居地。”④这就是说,向善与向恶是人性中固有的两个方面,是发展善的一面,还是恶的一面,都不是自动生成的。善的方面需要理性的手段去提升,恶的方面也需要理性的手段去约束。总之,为了使人朝着理性化的方向发展,人自身就有了对制度的要求。

---

① [德]米夏埃尔·兰德曼:《哲学人类学》,上海译文出版社 1998 年版,第 228 页。

② 《阿奎那著作选》,马清槐译,商务印书馆 1997 年版,第 115 页。

③ 转引自欧阳旭曦:《人性的内在矛盾是道德的基础》,《伦理学研究》2003 年第 2 期,第 90—93 页。

④ 歌德:《浮士德》,钱春绮译,上海译文出版社 1989 年版,第 67—68 页。

人并不是单纯本善的。因为纯粹的性善论不仅不能解释复杂多变的社会人生现象，而且逻辑上也站不住脚，因为“善”与“恶”本身就是相比较而存在的。同样的道理，人也不能是单纯本恶的。从纯粹的性善论或性恶论都找不到制度的基础。如果人生来就是善的，那么，制度的产生和存在就是多余的了；相反，如果人的本性是恶的，制度就是一个无效的抽象的符号。但事实并非如此，人是内在多重因素的对立统一。它既不是纯精神的，也不是纯物质的，它是一个综合的范畴。自然性与社会性、物质性与精神性、利己性与利他性、先天性与后天性等多个层面，构成了人自身的复杂性因素。正是人的这种内在矛盾性产生了人的价值取向的多元性，人的价值取向的多元性决定着人与人之间的千差万别，决定着人的心理、情感、需要、行为等的千差万别。这许许多多的千差万别的人，他们的行为需要规范和调节，否则，人性便会失去平衡，社会便不能健康发展。制度产生的必然性、必要性，根源就在这里。人本身具有的二重性，作用在每个人身上，制约着每个人的行为。当人的自然性与社会性协调发展时，个人就表现出社会责任感、使命感，不会为本能欲望、冲动所左右；当物质性与精神性相得益彰时，个人就表现出廉洁、正直、高尚，有理想和信念，不会为物质的满足所羁绊；当利己性与利他性理性相处时，个人就表现出能清醒地对待个人利益，恰当地处理个人与他人、个人与集体、个人与国家的利益关系，不会被利益蒙住了眼睛。制度不是别的，它就是这样一种理性，能够把人的自然性与社会性、物质性与精神性、利己性与利他性很好地协调起来；它就是这样一种法则，根源于人的自我调节的需要，这种法则由人创造又由人去执行；它就是这样一种规范，既具有主体性，又具有社会客观性，从而具有双重的力量。

第三节　马克思对制度与人关系的理论阐释

马克思一生以惊人毅力写下的辉煌著作，都是从哲学、经济、政治、文化及意识形态上对资本主义制度所作的深刻而全面的分析，力求在批判旧世界中发现新世界，并对未来世界的美好蓝图从总体方向上作出一些描绘，处处闪烁出他关于社会制度的科学思想。马克思在分析揭露资本主义制度时，特别注重对物背后的生产关系（或制度）的研究，而在生产关系即社会制度的分析过程中则无处不渗透着其深切而强烈的人文关怀，关注人的生存、发展、前途以及命运。马克思制度分析的初始点源于对人的“实然”与“应然”矛盾的解决，终极目标则是为人的自由而全面发展探寻理论路径及实现条件。

一、制度是个人交往的产物

交往是基本实践活动之一，指个人、民族、国家之间相互交流、往来及其作用的过程，是社会关系的生成机制。人的交往活动是人存在和发展的方式，它不仅是社会物质运动的具体表现形态，而且也是人类的特性。它最初表现为族内的行为，其后由种族内部扩展到部落、地域之间，今天已经演变为全球性活动并生发出全球化趋势。马克思对交往的作用有如下评价：1. 交往传承文明，是人类文明积淀、提升的重要机制。

2. 交往产生各地域和各民族间的相互影响，是个人社会化和民族历史走向世界历史的重要条件。3. 交往直接影响生产，它是生产的前提，为生产提供动力，使生产得到繁荣，标志着生产力发展的水平。4. 交往使个人获得现实存在和发展的条件，是人的现实性的根据之一。制度实质上就是调整交往活动主体之间以及社会关系的规则或规范，它标志着规则或规范对人的交往活动以及社会关系的功能和价值。因此，马克思从人的交往活动的视角来考察制度，是因为"制度只不过是个人之间迄今所存在的交往的产物"。人为什么发生交往活动呢？马克思指出："全部人类历史的第一个前提无疑是有生命的个人的存在。因此，第一个需要确认的事实就是这些个人的肉体组织以及由此产生的个人对其他自然的关系。"①作为人类历史第一个前提的个人，在其存在结构和存在状态以及由此所决定的其与自然的关系上，是一个非自足系统，个人必须靠同周围的他物进行物质、能量、信息等多重内容的交换，才能维持系统的平衡，从而使人自身存在和发展。但问题的关键是，人们在生产过程中以及结束时，将会产生什么，这便是交往活动和交往形式的关系问题，即交往和作为规范的制度的关系问题。因为任何个体，其创造能力和活动范围都是有限的，然而他们自身的需求却是无限的。这种有限与无限的矛盾单靠个体自身是不能解决的，它必须借助于个体之间的交往活动来解决。基于这种原因，制度建构就成为必然的了。所以说，制度之所以出现，原因就在于交往的

① 《马克思恩格斯选集》第1卷，人民出版社1995年版，第67页。

过程充满着矛盾。一方面，交往必然引起冲突，另一方面，交往扩大增强着合作。冲突和合作是交往实践中既对立又统一的一对矛盾。冲突是社会历史的普遍现象，其产生主要与分工、资源稀缺、权力分配、目标差异和人的自身的弱点有关。为了解决冲突，把冲突限制在一定秩序的范围内，就需要有规则和制度。如果说冲突产生制度的必要性，合作则产生制度的可能性。合作也是历史的普遍现象，而且合作具有反复多次的特征，反复多次的行为使规则成为可能，并且只有在反复多次的行为中规则才有可能。有合作的愿望，有达成一致认识、形成共同观念、接受并履行共同规则的可能，制度才能够得以产生。所以，“制度是个人交往的产物”，不外是说制度担负着规范人的行为、通过规范人的行为调节交往主体间的相互关系来限制冲突、增强合作的职责。

二、制度是人的发展的手段

人的交往活动形成了制度，制度安排源于人的存在和发展的需要，是人的自由自觉活动的产物。制度为人而存在，人是制度的目的。马克思认为在资本主义生产方式下，少数资产者凭借对生产资料的占有权，奴役被剥夺生产资料的广大劳动者，劳动产品不是用于满足劳动者本身的生存发展的需要，而是用于壮大劳动者的异己力量。从现实情况看，资本主义社会中制度与人的矛盾非常尖锐。资本主义私有制不是为了促进多数人的发展，而是为了保护极少数人的利益，压制大多数人的需求和满足。在资本主义制度下，人被置于物的统治和支配下，使人的存在和发展具有普遍物化、畸形发展的特征。人活动的目的不是人本身的发展，而是为了创造财富；工业生产不是以单纯满足劳动者主体自身需要的使用价值为目的，而是生产出奴役自己的财富。在生产过程中，作为活动主体的人自身也被物化了，人的内在本性被异化为单纯的物欲，人成为追求和占有财富的奴隶。同时，随着社会分工的高度发达，社会生产的高度机器化，每一个人都牢牢地被固定在某一特殊的分工角色上，成为机器化大工业生产体系中的一个部件。在资本主义大工厂中，“终生从事同一种简单操作的工人，把自己的整个身体变成这种操作的自动的片面的器官”①。他们不能生产一件完整的产品，不能接触到生产的全过程，而是终身束缚于特定的生产岗位上，从事一种操作和同样的动作，单纯地运用身体的某一局部的功能，这不仅扼杀了人的创造性才能，而且使人丧失了自己发展的全面性，成为从事机械、单调活动的无以展现自身各种才能的局部的、片面的、畸形的人。马克思指出，资本主义制度的私有制和旧式分工，是导致“必然王国”社会状态中个人发展片面化的根源，资本主义生产关系下劳动者与产品的分离和对立，人的狭隘的占有方式，以物的依赖关系为特征的人与人的交往关系，决定了人是片面的、畸形的、贫乏的和异化的人，也就是说，资本主义制度下人的发展状况以及存在方式归根到底是由资本主义制度本身所造成的，因此，制度与人的相互关系进入了马克思研究的视野。在马克思看来，人是现实的历史的，他把处于一定社会制度中的人概括为“社会关系的总和”，即“人的本

① 《马克思恩格斯全集》第23卷，人民出版社1972年版，第376页。

质不是单个人所固有的抽象物，在其现实性上，它是一切社会关系的总和”。既然人是社会关系的总和，历史上所有的积淀，包括以物质形态与精神形态存在的成果，是特定历史时代的人们活动的规定，也是特定历史阶段的人的存在和发展的现实基础。人一出生就必须接受既定的制度制约，就如人无法选择自己的出生一样。既定的制度往往对人怎样活动，包括活动的方式和活动的空间，作出种种安排，对人的权利与义务、自由与秩序，制定出各种规定。因此，特定历史阶段的人不可避免地要被打上制度的烙印，要研究人和清楚地说明现实中的人及其存在，就不能不研究人生活于其中的制度。

三、共产主义社会与人的全面发展

马克思在看到了私有制和社会分工对人的发展造成了巨大障碍的情况下，提出了人的全面发展问题，认为人的全面发展只有消灭了社会分工即只有到了共产主义社会才能实现。私有制和社会分工是紧密联系的。社会分工是私有制产生、存在和发展的直接原因，而私有制又是维护社会分工的物质基础。在社会发展和人的发展进程中，先是社会分工发展到一定阶段，导致了私有制的产生，私有制的存在和发展又反过来保证社会分工的合理合法化。私有制和社会分工作为社会历史发展的产物，又将会历史地被消灭。然而，私有制的消灭却是社会分工消灭的历史前提。历史发展由社会分工开始，中间经过私有制，再到社会分工消灭，形成了一个发展周期，即社会分工——私有制——社会分工消灭。社会分工消灭的社会也就是共产主义社会。在马克思看来，社会分工严重地阻碍了人的全面发展。首先,社会分工造成劳动对人的奴役。由于强制的社会分工造成了脑力劳动和体力劳动对人的奴役,劳动成为与人对立的异己力量,控制着人、支配着人,加上城市和乡村的分离,破坏了农村居民的精神发展基础,使农民陷入数千年的愚昧状态,也破坏了城市居民体力发展的基础,使他们为各种专门的手艺所奴役。土地支配着农民,手艺则支配着手工艺者。由于这种分工,人自己也被分成几部分,为着行动的某一方面的发展,一切其他肉体的和精神的能力,都遭受了牺牲。人身的残缺,与分工同时并进。其次,社会分工把人固守在特定的劳动领域和职业上,屈从于它们,使人失去了肉体和精神的自由。因为每个人都有一个既定的、专属的活动领域,这样就限制了他,他只能一辈子是猎人,是渔夫,是牧人,或是艺术家、文学家、教师和医生。由于分工的结果,天才只是集中地表现在个别人身上,而其他人的艺术才能无法发挥。再次,社会分工使个人独特的和自由的发展受到限制。由于分工,劳动不再是人的自由的生命活动,而成了一种桎梏。因为个人独特的和自由的发展,是由个人的联系决定的。这种联系通过经济前提、一切人的自由发展的必要合作和以现有生产力为基础的个人普遍性三方面表现出来。在社会分工条件下,个人受制于分工的经济前提,失去了自由,也不能有效地开展与他人的合作,个人的普遍性无法展现,只能束缚在特定的劳动领域和职业上,个人想进行创造性的劳动或通过劳动进行自由的创造,都没有任何可能。只有分工造成的专门发展停止,个人对普遍性的要求以及全面发展的趋势才能显露出来。马克思正是基于对社会分工种种弊端的分析,提出了人的全面发展的学说,在马克思看来,在社会分工的历史条件下,人是无法实现全面发展的,也不可能造就全面发展的人。马克思认为,全面发展的人,或人的全面发展,只有在消灭社会分工的共产主义社会才有可能。那时迫使个人奴隶般地服从社会分工的情形已经消失,从而脑力劳动和体力劳动的对立也随之消失,劳动已经不仅仅是谋生的手段,而且本身成了生活的第一需要,生产力已随着每个人的全面发展而增长,一切社会财富的资源都充分地涌现出来。

第二章　制度公正的基本理论

改革开放以来,公正问题日益成为人们注目的焦点,如何从制度上实现社会公正,正在成为一个日益迫切的问题,人们对由人类自身设计的制度寄予越来越高的期望,对制度的评价由原来的道德诉求转向对制度的公正追问,即从社会公正的角度来评价和审视制度,这就是制度公正问题。制度公正主要是指制度本身的公正、制度运行的公正,它主要包括政治公正、经济公正和司法公正等方面的内容,制度公正的基本特征表现在以下方面:理想与现实的统一、法治与德治的统一、道德与幸福的统一、效率与公平的统一、自由与秩序的统一。

第一节　制度公正的基本内涵及依据[①]

一、制度公正问题的提出

在200多年前,美国立宪制度的奠基人之一亚历山大·

① 宋增伟:《制度公正与人性假设》,《社会科学》2005年第8期,第79—86页。

汉密尔顿就提出了一个至今仍然值得人们深思的问题："人类社会是否真正能够通过深思熟虑和自由选择来建立一个良好的政府，还是他们永远注定要靠机遇和强力来决定他们的政治组织"①。从历史上看，政治制度的抉择，的确是强力和偶然性决定的，人类似乎还没有能够根据深思熟虑和自由选择来设计良好的政府制度。但是，美国的立宪实践，却是破天荒第一次以深思熟虑和自由选择为基础的。虽然政府的建立出于机遇和强力是大多数人类社会普遍的现象，但是美国的立宪实践表明，人们能够通过理性的行为和榜样，并基于深思熟虑和自由选择，来建立并维持立宪政府体制。几个世纪以来的社会历史发展，也同样证明了人的主观能动性在建立良好政府和制定良好法律方面的作用。在自然经济社会中，国家和政治制度对于个人而言是一个现成的东西，而不是一个人为的事物，绝大多数社会成员对于国家和政治制度而言，只是一种消极性的存在。而在市场经济条件下，由于个人权利的发展和政治生活明显的人为构成性，特别是国家和政治制度对于个人而言不再是一个现成的东西，而是可以影响其存在状态的东西，因而，关于国家和政治制度如何构成、如何运行、是否正当等，都成为问题。目前，研究制度问题已成为理论界和学术界的热点，制度变迁、制度选择、制度设计、制度创新等概念出现的频率越来越高，充分说明二百多年前汉密尔顿提出的问题正引起越来越多的人的关注和重视。

① [美]汉密尔顿:《联邦党人文集》，商务印书馆 1982 年版，第 3 页。

在人类文明的进程中，制度供给、制度变迁、制度创新对社会发展所产生的动力作用是不言而喻的，在一定意义上，一部人类文明史，就是一部社会制度变迁史。当人类文明步入现代化阶段，制度因素作为关键性的内生变量对现代文明的促进作用是其他因素难以替代的。因而，制度供给、制度变迁、制度创新就越来越成为人类社会发展的必备资源。然而，何种制度才是公正的，什么样的制度供给，怎样的制度创新才能促进人类社会的发展和人类文明的不断进步，这就使得我们不能不关注制度所负载的伦理价值。制度具有"双刃性"：好的(善的或者公正的)制度会促使社会成员相互合作、互惠互利、抑恶扬善，实现社会幸福；而坏的(恶的或者非公正的)制度导致无赖恶棍、腐败政客等不断出现，好人忍气吞声，坏人横行霸道，社会罪恶不断发生。制度的"双刃性"表明制度在设置、安排以及运行过程中必须进行伦理考量，尽可能做到存善去恶，也就存在一个有关制度公正的问题。然而，人类社会发展对经济发展和财富增长的依赖，使人们更多地从经济学的角度关注制度安排与制度创新，特别是现代市场经济的发展，使制度的创新服务于经济学的"效率"之下，制度设计与制度安排只为效率服务，制度的空间似乎已没有道德存在的地盘，制度的工具性价值远远超越其伦理价值。新制度经济学派的主要观点就是如此。在我们社会的发展中，经济增长被置于核心地位，公平和公正只是作为第二层次甚至是第三层次的发展理念。于是就出现了只顾经济增长而忽视公平公正的现象，这就造成许多的社会公正伦理和道德底线被突破、被扭曲。自然，作为社会公正的一个有机组成部分的社会公德也就被一些人一再地践踏。我们不否认在现代社会，制度安排的合目的性为人们追求财富的行为提供了有效的辩护，并为社会财富的创造提供了前所未有的动力。但这种动力有时是以一种“恶”的形式出现的，它意味着对人的其他禀赋的损害，有鉴于此，人类社会对制度安排的合道德性就必然地提了出来，这就是制度伦理问题，即制度本身内含着某种伦理原则和价值诉求，同时包含着对制度正当、合理、公正与否的伦理评价。

在不同的历史时代，人们会提出不同的价值目标，那种超越历史的永恒的价值之类观念，在马克思看来只不过是一种宗教的或唯心主义的哲学幻想而已。因此，不同时代人们对于制度的价值和伦理考量就会存在不同的标准。那么，就目前来讲，衡量一个制度优劣的标准是什么呢？标准可能很多，但最常为人们提到的是效率：一种好制度必须是高效的，即它必须有助于尽可能多地产生社会利益。但是制度的首要德性并不在于其高效，而在于其公正性。“社会结构、国家制度本身并非不证自明而善。任何一个时代的社会生活组织形式、国家制度，都会受到那个时代的诘问：是否公正？这个诘问首先是理想对现实、价值对存在的判断。它所要解决的是社会生活的基本结构、国家制度的基本原则，即国家结构与国家生活‘应该’怎样。只有获得善的规定性的世俗国家才有存在的合法性。换句话说，社会结构、国家制度的基本原则首先必须是善的，这种诘问直接建立在道德理想基础之上。”①公正

① 王海明：《公正平等人道》，北京大学出版社2000年版，第261页。

作为人类社会的价值选择和理想追求，是在一定历史条件下和一定社会范围内对各种利益进行合理分配的理念、规则和状态。制度作为人们相互之间关系的制约性规则和各种规范的总和，涉及政治、经济、法律、文化等社会各个领域，是社会有效运转的重要条件。制度伦理的首要原则是公正（公平、公正）原则，正像罗尔斯在《正义论》的开篇所说的："正义是社会制度的首要价值，正像真理是思想体系的首要价值一样"①。"道德失却信仰，它无疑只变为任人玩味的一种假设，宛如今天一些乡里还竖立的贞节牌坊一样，只记录和传达了逝去的规范和原则，于今只有文物价值。这种无信仰的道德，将其放入博物馆才更为合适"。② 同样道理，制度失却公正，也就失去了存在的价值。公正是制度的灵魂，是社会的良心。失去公正的制度就成为无根的外在于人的僵死的规范，必然失去对生活的指导和约束作用。"政治就像人类生活一样，需要精神价值的提升与指引，否则就会陷入邪恶的泥坑永远不能自拔。只去改变政治世界中的人是不够的，必须同时去改善政治世界中的道德"。"如果新的政治家像过去的政治家一样缺乏道德原则的提升与指引，他们所做的一切只不过意味着肥狼被瘦狼取代，而瘦狼又希望成为更肥的狼"③。罗尔斯认为："一种理论，无论它多么精致和简洁，只要它不真

① ［美］约翰·罗尔斯：《正义论》，何怀宏译，中国社会科学出版社 1988 年版，第 50 页。

② 任建东：《道德信仰论》（自序），宗教文化出版社 2004 年版，第 2 页。

③ ［法］路易斯·博洛尔：《政治的罪恶》，改革出版社 1999 年版，第 312 页。

实,就必须加以拒绝或修正。同样,某些法律和制度,不管它们如何有效率和有条理,只要它们不公正,就必须加以改造或废除"①。当公正被确认为制度的首要价值时,现实的制度设计所体现出来的符合公正要求的制度体系则被视为制度公正。正因为社会制度通过公正原则能够确保社会各个成员的基本权利与义务的公平合理分配,才有可能为全体公民所认同和接受,才能较好地发挥制度的约束调节功能。社会公正是人类的一种永恒追求,是永恒的人类之梦,通过制度确认这种公正,为社会营造和保持一个各尽所能、人尽其才的环境,才能使每个人不同的才能得以最有效、最充分的发挥,最终实现每个人的自由而全面发展。

二、制度公正的基本内涵

(一)制度本身的公正

就是制度对公正性的考虑,它是指制度在其建立时是否具有公正的根据,是否被赋予了公正的属性。具体说来,它包括两个方面:第一,制度建立的公正观基础。制度本身的公正是指同一制度可以有不同的公正观作为基础。在这里,制度是纯形式的东西,而其性质和内容则依据其公正观基础的不同而具有根本的区别。同样的国家制度,在阶级社会里它是剥削制度、专制制度,而剥削制度的"原则就是使世界不成其为人的世界"、"专制制度必然具有兽性,并且和人性是不相

① [美]约翰·罗尔斯:《正义论》,何怀宏译,中国社会科学出版社 1988 年版,第 3 页。

容的”①;到了社会主义社会,它则是一种为人民的利益服务的制度,“是把人的世界和人的关系还给人自己”的制度。国家制度之所以会具有如此不同的性质,根源在于它可以具有根本不同的公正观基础。反过来说,不同的公正观要求建立相应的制度,有什么样的公正观就有什么样的制度设计。如无政府主义的“公正即互助”、“公正即无统治”的公正观,主张废除国家、一切权威、剥削奴役、任何形式的统治等制度,要求建立无政府的制度。功利主义的以“最大多数人的最大幸福”为原则的公正观,要求建立一种能够带来最大限度的幸福的制度,这种制度即使以牺牲部分人的幸福和自由为代价也是公正的。从亚当·斯密为代表的古典自由主义者到以诺齐克、哈耶克为代表的新自由主义激进派所持的公正观,则认为管事最少(或者有限)的政府就是最好的、公正的政府。从凯恩斯到具有“平等主义倾向”的罗尔斯的公正观,则要求建立一种具有更多职能的政府。这些都表明,制度的设计和建立不能离开一定的公正观基础。第二,这种公正观基础的合理性。制度本身的公正是指何种制度才是真正公正的,就是对支撑制度的公正观的合理性的追问,这是制度本身的公正的根本方面。制度建立的合理的、正确的公正观,既不是功利主义与共同体主义强调人与人的共同性的公正观,也不是自由主义强调人与人的差别的公正观,而是既合规律性又合目的性的、正确地解决了个人与社会整体之间关系的、以维持人类社会存在发展为根本内容的公正观。“这种

① 《马克思恩格斯全集》第1卷,人民出版社1956年版,第414页。

公正观是对人与人的关系及人与对象物（包括自然界和社会）的关系的正确把握，它所要求建立的制度是一种兼顾权利与义务（包括对个人、对保护自然环境、对社会的前途的义务）、社会秩序和社会发展的制度”①。麻宝斌认为，这种公正观就是恰当的公正观。“所谓恰当的公正观念，是指与社会存在和发展相适应的，与效率、人道等价值观念相协调的公正观念”②。

（二）制度运行的公正

就是指制度在执行和运作中的公正，主要包含两个方面的含义：一是保障制度实施的权威机关是不是公正的？是不是认为具有道德合理性和公正性？二是权威机关通过采取哪些措施来实现这种公正观及其相应的规范、规则和社会活动模式？一定社会或者共同体建立制度的目的是为了实现制度，因此，制度建立后的一个必然环节就是制度的执行和运作。之所以如此，是因为制度本身只是一套正式的规范体系和社会活动模式，它虽然表明一定社会或者共同体因此而具有处理社会问题的能力，但它却只是社会或者共同体所期望的观念性的可能力量，它要成为一种现实的社会能力，就必须付诸实践。制度基于一定的公正观而建立起来，其性质和内容由此公正观所规定，而制度的运行是为了实现制度得以建立的公正观基础。在实现这种公正观时，制度运行只需按照

① 彭定光：《论制度正义的两个层次》，《道德与文明》2002 年第 1 期，第 26—30 页。

② 麻宝斌：《政治正义的历史演进与现实要求》，《江苏社会科学》2003 年第 1 期，第 160—164 页。

由这种公正观所确定的规范、规则、社会活动模式而行事，而不顾这种公正观及其相应的规范、规则、社会活动模式的对与错及优与劣，具有“照章而行”的明显特征；而且，制度运行既不容许人们对这种公正观及其相应的规范、规则、社会活动模式有丝毫的怀疑和批判，更不容许人们有违背它们的行为，具有对个人而言的他律性和强制性特征。制度运行的这些特征，意味着制度的实现必须有一定的权威机构来保障。

(三)制度公正表现为内容和形式的公正

所谓制度内容上的公正，是指将意识形态上的公正理念融入到现实的制度之中，并通过法律、法规、相关的各项政策以及具体机制得以实现，其核心思想不仅包含对公民基本权利的保障，而且必须融入平等、公平的基本价值理念。制度的内容只有对社会成员的基本权利予以切实的保证，才能够从最起码的底线的意义体现出对人的种属尊严的肯定，才能够从最本质的意义上实现社会发展的基本宗旨，从最实效的意义上为社会的正常运转确立起必要的条件。由于制度具体规定的对象不同，所以其内容也千差万别。就社会基本制度来说，在现代条件下，一般地可以从以下四个方面保障人的基本权利：第一，政治上，公民的基本权利得到平等的、切实的保障；第二，发展机会平等，平等的发展权和受教育权得到实现，前程向所有人开放；第三，经济上，实现按贡献分配基础上的共同富裕；第四，公民的基本生活资料得到保障，并且在遇到特殊困难时能够得到恰当的救助，这包括最低生活保障、基本健康保护等方面的制度设计。所谓制度形式上的公正性主要是指程序上的公正性，这就是制度的公开性、参与性。一种公正的制度必须是公开的、被人们知晓的，而且含义应该得到清楚的规定。如果制度不公开或不清楚，人们就没有可以遵循的规则，就等于没有制度，也就谈不上违反制度和规则。制度不仅应该是公开的和透明的，而且应该让所有有资格的成员参与到其制定、实施、监督、评价、修正的过程中。公正的制度不能止于公开宣布，而应该是公众广泛参与的结果。如果没有公众的参与，如果公众在制度中只是一个被动的对象，而不是体现着自己的自尊、理性和要求的主体，即使是理论上的好制度，也难以被认为是公正的。制度的公正性只有在人们的参与中才能得到确认。制度公正是政治文明的核心内容，是实现政治文明的关键手段，是实现社会公正的制度保障。在市场化、现代化和全球化的背景下，制度公正是根治道德滑坡、信用危机、社会腐败的根本途径。

三、制度公正提出的依据

（一）理论依据

古往今来有许多思想家都把制度公正作为理想社会目标，在柏拉图的《理想国》、亚里士多德的《政治学》、托马斯·摩尔的《乌托邦》中，都提出了制度公正的问题，在他们的著作中都把制度公正作为理想目标。亚里士多德把公正分为个人公正和制度公正，为了研究制度公正，亚里士多德花了许多年时间，考察了 158 个希腊雅典城邦，写出《雅典政制》。近代资产阶级思想家都从不同角度论述过制度公正问题。爱尔维修、霍尔巴赫认为制度公正是个人品德公正的基础。罗尔斯认为:“公正的主要问题是社会的基本结构;更确切地说,是社会主要制度分配基本权利和义务、决定由社会合作所产生的利益之划分的方式”①。在近代资产阶级革命前后,文艺复兴时期,为了推翻不合理的封建制度,许多资产阶级思想家纷纷著书立说,如洛克的《政府论》、孟德斯鸠的《论法的精神》、卢梭的《社会契约论》等,都为实现理想社会制度提出自己的制度公正观,如卢梭的社会契约思想、洛克的人民主权思想、孟德斯鸠的三权分立思想。在现当代,关于制度公正的研究,影响最大的是美国的罗尔斯,他的《正义论》一书,自 20 世纪 70 年代以来风靡全球,影响深远。制度公正也是马克思主义经典作家为了实现他们的价值目标而采取的主要手段。马克思主义主要有三个体系:一是科学体系,主要有哲学、政治经济学、科学社会主义等学科组成,主要是认识世界;二是价值体系,主要解决人类社会中人与自然的关系问题,人与人的关系问题,即人类认识世界的目的是什么,对人有什么好处,这主要是马克思设想的理想社会的目标,如自由人联合体;三是制度体系,指为了实现理想社会目标而采取的手段、各种制度,如生产资料公有制、按劳分配等,马克思在世的时候不仅设计了根本制度,也对具体制度发生了极大的兴趣如股份制等。② 在国外,研究社会公正问题早已有

① [美]约翰·罗尔斯:《正义论》,何怀宏译,中国社会科学出版社 1988 年版,第 5 页。

② 薛汉伟、王建民:《制度设计与变迁》,山东大学出版社 2003 年版,第 19—20 页。

之，在国内才刚刚起步，目前正逐渐成为一个热点，如吴忠民的《社会公正论》，从公正的分类上可以看出制度公正无疑是最重要的内容之一，制度公正是社会公正的核心和保证。

（二）时代依据

全球化进程使制度文明从民族国家内部向国际化全球化发展，WTO成员国数量越来越多，欧盟一体化进程加快，全球性的联盟和条约越来越多，规则和制度的制定者把眼光从国内投向了国际，每个国家都前所未有地遇到了共同的全球化问题，如环境污染、人口爆炸、核扩散问题、局部地区战争、艾滋病及越来越多需要许多国家联合公关的新型疾病等，使过去那种关起门来“独善其身”式的制度文明建设已经过时和不能适应时代发展的要求了。在全球化的制度文明过程中，每个国家必须加强制度公正建设，尽快和国际接轨，赶上时代步伐，否则，就会被世界文明甩到后边。人类社会进化发展到今天，在管理国家、治理社会、协调人与人和人与社会之间的关系等方面积累了许多很好的经验和智慧，特别是在民主制度建设方面更是如此，如三权分立、权力制衡、选举制度、竞选制度、财产申报制度、弹劾制度等。民主政治固然有每个国家的国情，但也有它的共同性，因此，加强制度公正的研究有利于借鉴其他国家好的制度和经验。

人类社会发展是一个从器物到制度再到文化的过程。其中，“文化（目的）是社会观念因素，制度（手段）是社会调节因素，器物（结果）是社会物质因素。一个社会的活动，就其中轴而言，即是在观念支配下依据规则生产器物的过程”①。人类制度文明过程就是制度公正的发展过程。制度公正既是一种社会理想，也是一种现实的秩序。研究制度文明就不能不研究制度公正，制度公正是制度文明的发展目标。围绕制度的研究，出现许多概念如制度变迁、制度创新、制度设计、制度选择、制度文化、制度意识等，而制度公正却是总体目标。社会转型过程也就是各项规则和制度建立、创新、选择、完善的过程，这就必须了解什么样的制度和规则是公正的、合理的，而人在制度选择过程中是有主观能动性的，经济基础决定上层建筑，但上层建筑也有反作用，也就是说，人类可以主动选择公正的制度和规则，因此，加强制度公正的研究就有重大的现实意义。改革开放的过程也就是新旧体制交替的过程，改革就是扬弃旧体制，建立新体制，这同样面临着制度创新和制度选择的问题，而制度创新和制度选择必须加强制度公正的研究。

（三）事实依据

现实中的制度是有好坏之分、善恶之别的，比较明显的事例是制度具有两面性，好的（善的）制度会促使社会成员相互合作、互惠互利、抑恶扬善、实现社会幸福；而坏的（恶的）制度导致无赖政客、恶棍出现，好人受气、坏人横行，社会罪恶不断发生。不同的制度造就不一样的人，制度好坏决定人的好坏，这是制度对人的发展质的方面的规定；同时，制度的发展水平也在一定程度上规定了人的发展程度，有什么样的制度，也就有什么样的人性表现，这是制度对人的发展作用的量的

① 鲁鹏：《制度与发展关系研究》，人民出版社 2002 年版，第 30 页。

表现。制度的两面性表明制度在设置、安排运行过程中必须进行伦理考量，存善去恶，存在一个有关制度公正与否的问题。制度是一种激励机制，通过提倡什么反对什么、鼓励什么压抑什么，进而规范和指导人们的行为方向，改变人们的偏好，影响人们的选择，激发或者抑制人的能力发挥。无数事实证明，同样的人在不同的制度下，其积极性、创造性和潜能的发挥是不同的，不同的人在相同的制度下，其积极性、创造性和潜能的发挥则具有相同的一面。不同的制度会产生不同的效率。我国改革开放后农村实行联产承包责任制和过去的人民公社制相比较，人还是原来的人，地还是原来的地，但由于实行的制度不同，结果就大不一样，过去的人民公社体制养不活6亿人，而实行联产承包责任制以后就使13亿人吃饱肚子，有许多农村甚至早已解决了温饱进入了小康之家。柯武刚和史漫飞在《制度经济学》序言中说："现在，人们越来越认识到，欧洲人能创造出现代技术文明的原因就在于他们开发并贯彻了一套人类交往的规则，它抑制了机会主义和权力的滥用。这些规则被称为'制度'"。"中国经济体制中的这些基本变化将使发展新的、可信赖的制度变得必要。这种制度将适应新一代人的欲望和基本价值观。这是中国现代化的任务之一。它可能比中国二十年前所启动的四个现代化更艰巨，更难以把握，更富于挑战性，但从长期来看也更加重要"①。

---

① ［德］柯武刚、史漫飞：《制度经济学》，韩朝华译，商务印书馆2003年版，序言。

第二节　制度公正的基本内容

制度公正可以分为个人公正与社会公正。个人公正是指个人行为得到相应的回报，回报来自相应的行为，即“善有善报，恶有恶报”。社会公正是指以社会为行为主体的公正，是社会所进行的权利与义务的分配行为，如实质公正、形式公正与程序公正。实质公正是“作为公平的公正”，倾向于描述人们之间的关系，尤其是利益方面的关系是否符合某种实质性的标准或原则；形式公正是“作为正义的公正”，它总是与人们的行为相关，与如何贯彻、实行既定原则相关，一般只对某事物或某行为作形式上的考察；程序公正则是体现在（法律或制度）程序中的公正，它说明规则本身具有独立于结果的价值。社会公正是制度公正的核心价值和目标取向，而制度公正是社会公正的载体和社会公正实现的物质保障。制度公正主要包括以下基本内容：

一、政治公正

政治公正是人类不懈追求的政治理想。亚里士多德认为：“政治学上的善就是公正”①。孔子曰：“政者，正也。”②无

① ［古希腊］亚里士多德：《尼可马可伦理学》，中国社会科学出版社 1990 年版，第 2 页。

② 《论语·颜渊》。

论是在思想发展的历程还是在现实的政治进程中，人类追求政治公正的努力就是在关于自由、平等的制度设计中反映出来。从公元前18世纪人类历史上第一部完整法典《汉谟拉比法典》的诞生，到18世纪人类第一部成文宪法的制定；从最初的生产、分配和交换产品的实践中归纳出共同规则，到现代法律体系的形成；从古代"自然长成的民主制"，到今天的民主与法治；从原始公共机构，到今天的科层制；从民族国家的政府体制，到国际社会的联合国组织；从古代的"问策"，到今日的"资政"；从人类早期的契约理念、公正理念到文明时代的宪政理念；从革命时代的战争策略，到和平时期的社会发展纲领；从中国革命先行者孙中山的"五权宪法"设计，到改革开放和现代化建设总设计师邓小平的"一国两制"构想；从康有为、汤因比等人"世界政府"的理论谋划，到马克思"自由人联合体"的政治蓝图，制度公正在不同的历史时空、在丰富的社会生活层面上，展现着风光万象的历史画卷。不同立场的社会成员往往会持有不同的政治公正观念，其中包含着理想的公正社会图景，并据此对现存社会秩序作出评价。不同社会阶级和社会成员之间的矛盾与冲突最终促成了社会制度沿着从公正到不公正再到公正的螺旋式发展。

制度公正包含了多方面的内容，政治公正是其中的重要内容。政治公正既是一种观念，又是一种社会现实，它首先体现为一种规范性的理论和价值原则，同时又在不断地向现实挑战过程中部分地落实为社会现实。任何社会的存在或发展都要建立在秩序的基础之上。在人类历史的相当长时期内，政治权力是把社会控制在"秩序"范围之内的主导力量。麻宝斌认为:对政治权力的占有和行使以及它所提供的政治秩序是否正当的根本性追问就是政治公正问题。政治公正的内容主要包括以下几个方面:一是提供平等的机会。包含作为平等利用的机会平等和作为平等起点的机会平等。二是保证过程的公正,即要求存在对社会成员没有差别对待的普遍竞争规则,同时要求普遍的规则能够在现实中得到公正执行。三是实现公平的结果。主要的分配原则包括平等原则(如完全平等原则、需要原则)和对等原则(如贡献原则和努力原则)两类。①

公共权力资源如何合理分配也是政治公正的一个重要内容。公共权力如何配置才是公正的、合理的,必须通过制度公正来解决。公共权力的公正配置能促进社会成员自由平等权利的实现,因为,公共权力的公正配置意味着社会大多数成员都可以分享这种权力,在这个基础上,个人平等自由的权利才有可能实现。"考察政治公正的问题主要是就权利和权力两大问题而展开。对个人来讲,就是社会制度如何保障个人权利得到实现;对社会来讲,就是公共权力资源如何合理分配"②。西方思想家通常是从权利出发研究政治公正问题,他们认为对权利的侵犯就是典型的不公正,公正就是要尊重权利,而当权利遭到侵犯时应予以补偿。他们强调的个人权利主要包括自由和平等两个方面。约翰·密尔在《论自由》和

① 麻宝斌:《政治正义的历史演进和现实要求》,《江苏社会科学》2003 年第 1 期,第 160—164 页。

② 霍秀媚:《制度公正与民主政治》,《探求》2003 年第 2 期,第 29—33 页。

《代议制政府》两本书中，深入探讨了自由问题，他认为自由包括两个方面：一方面是自由价值，特别是思想自由和良心自由；另一方面是自由制度，即由“多数决定”原则支配的民主代议制度。罗尔斯对自由进一步发挥，并且和平等的原则结合起来。罗尔斯认为：“所有人都应平等地享有最广泛的基本自由，这种自由以不妨碍他人的同样自由为限，简单地说，即平等自由原则”①。罗尔斯不仅强调了个人自由的权利，同时又强调了个人为保证别人同等的自由权利而应尽的义务即遵守社会的制度和规范。公共权力的配置如何体现公正性，从来都没有一种固定的、抽象的模式，它与人类社会发展的历史阶段、与不同的政治制度类型紧密联系。“从人类社会的历史发展考察，公共权力的配置模式一般可分为集权政治和民主政治两大类，集权政治是指权力集中在一人或少数人手上，民主政治则是指公共权力掌握在大多数人手里”②。

二、经济公正

经济公正是经济伦理学的核心范畴，它侧重于从制度、权利、整体而非个人德性、义务的角度把握人的经济行为的合理性和正当性。经济公正在公正的一般意义之下，突出反映了公正的实践理性精神或现实性规定，即人的经济行为需要选

① 何怀宏：《公平的正义——解读罗尔斯〈正义论〉》，山东人民出版社2002年版，第75页。

② 霍秀媚：《制度公正与民主政治》，《探求》2003年第2期，第29—33页。

择理想的体制性目标和规范，社会经济关系及其矛盾冲突需要平衡和解决。经济公正是指社会经济生活领域或社会经济活动中的公正。由于经济活动的各个环节（如生产、交换、分配、消费）中都存在公正问题，故生产公正、交换公正、分配公正、消费公正等都属于经济公正的范畴。经济公正常常被狭义地理解为分配公正，也就是社会成员中公平合理地分配财富和物资、分配公共利益和负担。这是由经济分配公正在整个公正领域的基础地位所决定的。经济公正问题伴随着经济活动全过程，不同的经济环节都蕴涵着公正问题，生产、分配、交换、消费都要符合公正原则，都须渗透行为主体的公正追求。1. 生产公正是经济行为的关键，实现生产公正就要体现生产力标准与公正尺度的统一，强化生产目的与发展的人民性，凸显可持续发展与终极关怀；2. 分配公正是经济公正的基本形式，实现分配公正就要使分配尺度与人的发展尺度统一，效率优先，兼顾公平，不断完善社会保障制度，加大对不公正分配的矫治；3. 交换公正是道德经济的保障，实现交换公正就要弘扬等价交换的公正性，强化交易原则的公正表征，注重权利意识与法律保障；4. 消费公正是促进人的发展的重要环节，实现消费公正就要认清畸形需要与不公正消费的现实，抛弃“挥霍型消费”、“炫耀性消费”和“肤浅化精神消费”，确立正确的生活质量观；5. “类公正”是经济公正的终极准则，只有实现“类公正”，才能合理地建立世界政治经济新秩序，促进全球问题的缓解或解决，才能使人在终极关怀中得到最终解放。总之，不同的经济层次都要受公正的支配，宏观、中观、微观各个不同领域都应在公正原则指导下，体现经济规律的要求,符合人的全面发展的需要。

如何能够保证经济公正,程立显认为:“就是要切实贯彻执行‘按劳分配为主’的经济分配原则和‘社会调剂原则’”。“这种‘按劳分配为主’的经济分配原则意味着(1)按劳分配是大多数社会成员获取消费资料的主要方式;(2)但它不是唯一的经济分配原则,必须辅之于某些非按劳分配原则”①。“从总体上说,社会调控的主要目标有二:一是调节起点的不平等,二是控制结果的不平等”②。社会调控原则旨在实现机会均等,主要体现于政府在经济、文化、教育等方面对某些弱势群体的政策优惠;控制结果的不平等,是社会调控的又一目标。在社会财富的再分配中,如何通过完善税制、发展社会福利和社会保障事业,把“按劳分配为主,多种分配方式并存”的初次分配必然造成的收入差别即所谓“结果不平等”,控制在既能保持高效率,又能保证社会稳定的合理程度,达到结果的相对平等,也就是实现“平等和效率的最佳结合”,是社会公正诉诸社会调控原则的根本目标。吴忠民认为,社会公正有四原则:第一,基本权利的保证亦即保证的原则;第二,机会平等,亦即事前的原则;第三,按照贡献进行分配,亦即事后的原则;第四,进行必要的一次分配后的再调剂,亦即社会调剂的原则。③ 这四项原则也主要适用于经济公正问题。

---

① 程立显:《伦理学与社会公正》,北京大学出版社 2002 年版,第 267—268 页。

② 程立显:《伦理学与社会公正》,北京大学出版社 2002 年版,第 274 页。

③ 李君如:《社会主义和谐社会论》,人民出版社 2005 年版,第 162 页。

三、法律公正

法律公正由两部分组成:一是立法公正;二是司法公正。立法公正是司法公正的前提和基础;而司法公正是保障法律公正实现的关键环节。司法公正是法律追求的公正价值中最重要的内容,也是现代社会建立法治国家必不可少的环节。因为司法究其实质是执行和运用法律的活动,如果立法机关所制定的法律本身是不公正的,那么,司法的结果肯定是不公正的。立法公正的核心是有法可依,并且是要有良法和善法可依。司法公正分为实体公正和程序公正。实体公正是指裁判在认定事实和适用法律方面都是正确的。对诉讼当事人的合法权益提供了充分的保障,并对违法犯罪者给予了应有的惩罚和制裁。程序公正又称为形式的公正,指司法程序必须符合公正、公开、民主,对当事人诉讼权利的基本保护,切实保障法官的独立公正以及充分体现效率的原则。现代社会法律任务的核心内容便是社会公正的实现,通过法律来实现社会公正的基本形式有:立法、行政、司法,其中最重要的方式之一就是通过司法实现社会公正。"司法公正即是将合理的确定性和法则的可预见性以及法官的适度自由裁量权相结合,这种形式优于实现社会公正的其他形式"①。司法公正主要追求的是个体公正,即法律的个案公正。② 所谓个案公正,就因

---

① [英]戴维·M. 沃克:《牛津法律大辞典》,光明日报出版社 1989 年版,第 198 页。

② 何家弘:《司法公正论》《中国法学》1999 年第 2 期,第 11—19 页。

它是通过具体的人、事的处理来进行的，因而追求司法公正必须从个案着手，司法公正也正体现于一个个具体的正确的法官裁判中。司法公正集中关注的是法官自由裁量行为，而法官自由裁量行为合理性的主要依据是法官本人的价值观（伦理道德），因而，法官的伦理道德乃是实现司法公正的前提条件。司法公正源于法官高尚之品质、公正之人格，也许从这个意义上我们能进一步理解以德治国对法治国家的重要意义。离开法官的伦理道德奢谈司法公正，司法公正的实现只能是空中楼阁，并最终导致司法权威的丧失，司法这道公正的最后防线崩溃。实际上，抽象的社会公正是不存在的。社会公正的实现必须表现于个别的公正之中。司法公正是人类社会的司法理想，它不但表现为理想的司法裁判结果，而且表现为理想的司法过程。因此，司法公正实质上是法律公正的现实化。

第三节 制度公正的基本特征

一、理想与现实的统一

制度公正就是作为社会基本结构的主要社会制度安排被认为符合社会公正原则，为社会成员提供分配权利与义务的平等公正的机制，确定社会合作的利益和负担的适当分配办法。制度公正是处理人与人、人与社会以及人与自然关系的最高价值标准，是衡量制度合理性和合法性的根本标准。制度公正既是一种现实秩序，又是一种社会理想或社会意识。

制度公正作为现实的社会关系状况，是一种现实秩序，作为人们的自觉要求与价值目标，则是社会理想，其中承载着人类社会太多的美好价值。作为社会理想的制度公正，是对现实社会制度的批判性反思。公正或公正的评价产生于人类关系和人类制度的历史发展过程。公正的评价在形式上表现为人类的主观态度，但公正评价在人类历史发展中却表现为一种客观存在，同时又表现出人类改造社会的主动性。制度公正既是一种科学，也是一种价值，是科学与价值的统一。以往，人们对社会发展的研究主要集中在对社会发展的客观规律的认识上，即"是"的领域，就是对科学规律、必然趋势等的关注与倚持，然而对社会"为何发展"或"应当如何促进其发展"这一"应当"领域中的价值问题缺乏必要的关注。事实上，社会发展并不仅仅是一个"自然历史过程"，同时亦是一个价值创造过程，亦即人的主观能动性的发挥过程。在尊重社会发展的"自然历史过程"的前提下如何发挥人类的主观能动性以适应或促进社会发展的步履更是人类应特别予以关照的问题。在社会发展中发挥人类的主观能动性的媒介就在于人类所创设的制度。对制度公正性的评价是发挥人类主观能动性的前提。社会基本结构作为社会形态的重要组成部分，其发展的基础是生产力的发展。人类的生产实践包括物质生产、人自身的生产和精神生产三个子系统。物质生产实践即生产力的发展是人类其他实践的基础，亦是人类全部社会生活的基础。因此它是一切社会基本结构的决定性因素。为此，衡量社会基本结构是否公正的首要标准在于它是否适合生产力发展的根本要求。社会是由人组成的，社会发展是由人的活动来推动和实现的，社会历史规律是在人的活动中存在，并经由人的活动而实现的。所谓社会规律或历史规律，不过就是人的活动规律，即贯穿于人的活动之中并制约着人的活动的那种客观必然性。社会规律的存在离不开人的活动，社会规律的作用同样离不开人的作用，此正是“合人类活动之目的”，由此制度公正的另一显著标志就在于体现人的活动的自觉能动性，亦即人在制度建构中的“合目的性”。人类创制制度的目的是实现“美好生活”，即制度要符合人的发展的需要，符合人的价值目的。一种有效的、被认同的制度由于自身惰性和僵化可能会随着时代的发展沦为无效甚至有害，成为不公正的制度。唯有从满足人的需要和价值出发，不断改进、创新制度，使制度克服自身惰性和僵化，最大程度地实现人们的公正要求。

二、法治与德治的统一

当制度本身公正时，亦即合规律性与合目的性相统一时，对它的遵循自然能给主体的实践以正确的导引，实现主体的目的。主体对制度的自觉遵循是在普遍理性的制度安排中才能得以实现的，主体精神是其内在动力。主体精神的核心是权利意识。一个社会的主体权利意识淡薄，则制度就难以被普遍遵从。制度公正是德治与法治的统一，也就是说，制度公正不仅是道德的，也是合法的，不仅是形而上的，也是形而下的，不仅是理想的，也是可操作的，道德规定着合法，道德通过合法指导制度的实施。对于一个国家来说，没有法是不可想象的，道德则不然，道德对国家不是唯一的，道德的本质不是国家的，而是社会性的。道德对国家非唯一性的特点，决定了德治不可能是独立的、主要的，而只能是辅助性的。和道德相比，法律对国家政治更为直接。法律是国家治理的首要手段，道德不可能成为独立的治国手段，德治必须在法律实体的框架内发挥其治国的作用。法治的力量只有同道义相结合，才能产生善治的效果。而法治缺乏道德精神就可能导致暴政。如果没有一定的道德基础作支撑，法律就会缺少与社会亲和的中介，就会失去社会成员的内心认同，从而无法获得人们的普遍尊重和遵守，而只能沦为一纸空文。“制度伦理只是善治的一个必要条件，国家善治仅有制度之善还远远不够，制度伦理只是善器而已，而善器只有在善人的掌握之下，才可能产生善的效果”①。法律只能禁止损人利己而不反对为己谋利，法律只能规制非等价交易而不推行无私奉献。总之，法律面对利益纷争、物欲横流的世界只能是“禁止为恶”，而非“劝人向善”。公正离不开外在强制。公正不能自我实现，它需要外在强制来实现；同时公正也需要外在强制保护，没有外在强制的保护，没有外在强制对不公正行为的制约，公正将变得异常脆弱，因此，对于公正而言这种外在强制是必要的。人类历史表明，由个人来掌握强制必然导致不公正，外在强制除由制度来掌握外，别无更合适的选择对象，因为制度作为规则、作为人们的一种外在社会约束，构成了人们行为的社会条件，它一经产生就对范围内的个体产生一种外在的强制。但是制度

① 余玉花：《现代德治：追求和谐社会的善治》，《毛泽东邓小平理论研究》2006 年第 3 期，第 39 页。

强制带来一个问题，那就是如何使强制赢得社会认同而不是服从，因为社会认同来自社会成员的内心的真实支持。公民对基本制度的内心真实支持和认同，这是对基本制度道德合法性、道德权威的认同。一个制度要能够对社会进行有效的整合，其本身首先应当具有道德合法性与道德权威。没有道德合法性与道德权威的制度，除了仰赖强权暴力，没有他法能够有效地整合社会，而单纯依靠强权暴力的强制的制度必然是恶的非公正的制度。制度是否公正反映它在何种程度上获得社会认同，公正的制度意味着制度主要依靠社会认同而非单纯的强制来运行。

三、道德与幸福的统一

在具体的社会生活中，一个人的行为的正当性要从他的自我利益的正当性来说明，而一个人自我利益的正当性则要从他自身所拥有的基本权利和义务方面来说明。一个人具有什么样的权利和义务是由其所处的社会制度所赋予的。一个人做了自己权利允许的事或者履行自己的义务，这是正当范围内的事；一个人做了自己没有权利做的事或者不履行自己的义务，则属于不正当的范围；一个人为了别人或社会的利益而主动放弃自己的权利，或者本来不是自己应尽的义务的事，为了别人或社会的利益而主动做了，这就具有了崇高的道德价值。我们可以把这三种行为方式分别称为“正当的行为”、“失当的行为”和“崇高的行为”。制度公正就是使每个人的正当权利和义务能够得到保障的制度规范体系，其基本职能就是抑恶扬善，有效调节人的善恶行为，具体说来就是保护人的“正当的行为”,惩罚人的“失当的行为”,提倡和鼓励人的“崇高的行为”。有善不赏,君子必稀;有恶不惩,小人必猖。有善不赏、有恶不惩甚至赏罚错位(该赏的反而罚,该罚的反而赏),是一种突出的社会不公正,最易引起民愤、引发社会动荡不安。因此,德福统一问题以及与此密切相关的奖善罚恶问题,自古以来为人们所关注,成为评价社会制度、社会秩序、社会道德生活等优劣的重要尺度或标准。

迄今为止任何一种在历史上留下重大影响的道德理论、政治学说,均以自己的方式将德福统一作为其理论基石与价值目标,差别仅在于各自阐释的具体方式与内容及合理性程度不同而已。亚里士多德认为伦理学研究个体的善,个体德性是关于获得幸福的方式,政治学则研究群体的善,政治学所研究的国家的任务是为人民博取福利并使民众过道德的生活。康德宣布实践理性不是关于如何获得幸福的学问,而是配享幸福的学问,但是康德仍然通过上帝永在这一设定,以自己的方式肯定了德福一致,只不过他将问题由此岸推向了彼岸。黑格尔则以伦理实体这一客观的活的善及其对个体德性的规定的思辨方式,表达了社会宏观结构的公正性,权利与义务的一致性,提出了他理想中的德福一致。以马克思为代表的社会批判思想家,在揭露资本主义的内在矛盾,批判现代资本主义社会结构的罪恶、不公的同时,孜孜不倦地追求“合乎人性的环境”的自由人联合体,更是将社会结构、制度性安排的德福一致思想推向了一个新的境地。现代西方伦理学对“社会正义”、“道德回报”、“道德权利”越来越关注,如美国思想家莱茵霍尔德·尼布尔就认为,如果一个社会好人得不到好报，恶人受不到惩罚，却仍然要求人要无条件地讲道德，把道德的本性看做自我牺牲，就会造成个体道德与社会伦理的悖论——“道德的人与不道德的社会”①。

一个公正合理的社会，应当是善有善报、恶有恶报的社会，一个公正的制度，应当是一个德福统一的制度。如果情况恰恰相反，那么，伦理道德的感召力和制度的权威性、合理性就会丧失。我们以二战后的日本为例加以说明。二战后的日本出现了严重的社会混乱，社会风气败坏，是非观念混淆，人们对违法犯罪行为习以为常，对坑蒙拐骗司空见惯。日本伦理学家丸山敏雄说：“道德像亡国的法律，像皮包公司的空头支票，成了一片废纸，并且甚至完全丧失了它那深入人心、潜移默化的力量”②。面对这种社会现实，作为伦理学家的丸山敏雄痛心疾首，苦苦思索造成这种现象的根源。他发现，一个非常重要的原因就是日本原有的道德体系和社会秩序都不能使幸福和道德达到统一，社会现实中出现了大量“为善未必幸福，作恶未必遭难”的现象，使道德成了获取幸福的障碍，道德自然就失去了魅力和感召力。如果社会制度不能保证道德与幸福的一致性，道德就成为社会大厦的没有用处的装饰品，人们就会对道德不屑一顾，弃之如弊履。由此看来，造成德福背离的总根源就是社会制度，社会制度的不公成为社会不公平的总根源。正如亚当·斯密认为：“行善是大厦的装

① ［美］莱茵霍尔德·尼布尔：《道德的人与不道德的社会》，贵州人民出版社 1998 年版，第 209 页。

② ［日］丸山敏雄：《实验伦理学大系》，中国社会科学出版社 1991 年版，中文版序言。

饰物，而不是大厦的基础，因此，规劝即可，而决无必要强加于人。相反，正义则是支撑整个大厦的顶梁柱”①。丸山敏雄对日本的旧道德进行了猛烈的抨击：“整个旧道德最大的也是最致命的弱点在于，不考虑道德和幸福、不道德与不幸福的一致，它没有说明，有道德所以就幸福。幸福的人是由于遵守道德之故，不幸福的人则是由于违背道德所致”②。正如我国“文革”后不久某诗人所言：“高尚是高尚者的墓志铭，卑鄙是卑鄙者的通行证”。在我国现实生活中，“由于‘老实人’吃亏等现象普遍发生，导致了许多人变得异常‘成熟’起来、‘聪明’起来，变得不那么‘老实’了。久而久之，社会上的‘老实人’减少，奉献精神减弱，道德水平下降。这些都与社会环境有关，与社会行为的引导机制有关”③。“在社会生活中，如果只承认道德义务，不承认道德权利，或者说道德权利没有取得合理的地位，道德只要求人们履行义务，却又不强调回报这种奉献德行，就必然导致道德评价与道德赏罚的不公，导致义务与权利、奉献与补偿、德行与幸福的二律背反。久而久之，在社会道德生活中就会形成一种恶性循环状态，德行成了有德之人的重负，缺德倒成了无德之人的通行证……用经济学的一句话，即‘劣币驱逐良币’。一个社会如果陷入这样一种不

① ［英］亚当·斯密：《道德情操论》，中国社会科学出版社 2003 年版，第 93 页。

② 转引自龚颖、余涌编：《幸福之门》，社会科学文献出版社 1995 年版，第 35 页。

③ 莫飞平：《论道德权威》，《江西社会科学》2002 年版第 4 期，第 48—50 页。

合理状态中，那么，社会风气败坏，人际关系恶化，个人品质堕落就会成为必然”①。“善的分裂，就是存在的分裂，就是利益的分裂，就是社会结构的分裂，就是在社会结构中，一些人专司义务，一些人专享权利，一些人专门牺牲奉献，另一些人专门享受奉献，就是德与福的分裂”②。“一个社会的结构应当如此构建，在这个结构中，德行是社会唯一的通行证（此“德行”是广义的，既包括善，也包括正当、合法）。社会应当为其成员提供良好的生活环境，应当建立起公正的社会制度体制及其激励机制”③。“德行有用是立足于社会宏观结构、制度体制角度而言的，其核心是德福一致”。“德福一致的社会结构体系，是一个建立在公民平等的基本自由权利基础上的社会结构体系，因而，德福一致的社会结构体系就不仅仅是广义的公民权利与义务的公正分配制度、机制问题，还内在地包含着一个健全完善的公民社会福利保障体系问题。只有这样的社会结构体系，才有可能是真正公正的，才能保证社会在整体上的持续健康有序发展”。“一个社会应当努力构建起依靠赏罚分明机制调节社会利益分配的公正的社会结构，在宏观上创造出‘老实人’不吃亏的合乎人性生长的良好环境，保证德行是社会的通行证”④。因此，道德与幸福的统一是制度公正的基本属性。

---

① 葛晨虹：《建立道德奉献与道德回报机制》，《道德与文明》2001 年第 3 期，第 19—21 页。

② 高兆明：《制度公正论》，上海文艺出版社 2001 年版，第 174 页。

③ 高兆明：《制度公正论》，上海文艺出版社 2001 年版，第 173 页。

④ 高兆明：《制度公正论》，上海文艺出版社 2001 年版，第 176—179 页。

四、秩序与自由的统一

从人类生活来看，人可以生活在无自由有秩序的社会中，却难以生活在有自由无秩序的社会之中。霍布斯认为在“自然状态”下，人类的自由权利意味着每个人都有权自由行使自己的权利，其结果是人本性上的自利、利己甚至自私引发利益冲突的产生与人们彼此间争论和怨恨的出现，最终导致了人人相互为敌的战争状态，人对人像狼一样，而人的生命、财产、自由、权利、安全等权利都无法得到应有的保障。面对这种状况，需要一个能够协调自由人之间的自由的关系，并从中形成秩序的制度，通过制度达到以自由来限制自由，使个人自由的行使不会损害他人和社会的自由，从而实现对自由的保障。这充分表明了在人类社会中，秩序对自由的优先。但是，秩序对自由的优先并不能说秩序比自由的价值更大、更重要，相反，自由一直是人类追求的永恒价值之一，自由权利是社会制度所追求的更高价值目标。封建社会取代奴隶社会、资本主义社会代替封建社会，正是前者比后者拥有更多和更广的自由。马克思认为共产主义必然代替资本主义，因为在共产主义社会是自由人的联合体，个人的自由是社会自由的前提。制度规范人的活动，也规定人的选择机会和选择空间。就社会秩序而言，制度规定得具体、详细，就能使人们的行为变得可以预见，能够为社会交往提供一种确定的结构，从而防止混乱和任意行为，这样的社会就更有秩序。但在这样的社会环境下，制度给予人的活动空间和选择机会有可能变小，他们的自主性、创造性和积极性有可能被刚性的规则限制。公正的制度应当是秩序与自由的兼顾，是制度内人类社会必要的秩序和最大限度自由的实现。法国大革命开始之后的第一个月，一个法国人已经感到法国式自由理想的悖论："我们已经迅速地从奴役走向自由，我们正在更迅速地从自由走向奴役！"[①]这个法国人就是托克维尔。法国大革命以后，他在《旧制度与大革命》一书中说："谁要求过大的独立自由，谁就是在寻求过大的奴役"[②]。法国革命最壮观的场景是，政治公开加道德鼓动，街头啸傲，聚散无常。群众走进议会，政治走向广场，众意强奸公意，实现了无秩序的自由。这是法国革命的悲剧所在。这种绕过制度规范、一竿子插到底的广场政治，用作家雨果的话说："就是街头基层的人群和居高位者的亲昵"[③]。"这样'无政党的民主'表现在议会内外两个方面，'洞穴'内聚散无常，'广场'上浪击有常，只见旧制度崩坏塌陷，不见新制度树立权威，只见政治参与扩大、爆炸，不见政治制度化给予约束、整合。在这种情况下，全民族政治活跃，如一片活动的沙漠，沙子不能黏集为沙团、沙堆，成团粒结构，板块碰撞，只能朝聚暮散，随风漂移"[④]。

五、效率与公平的统一

制度的公平与造就的社会效率本质上是一致的，因为公

① 转引自朱学勤：《道德理想国的覆灭——从卢梭到罗伯斯庇尔》，上海三联书店2003年版，第79页。

② 托克维尔：《旧制度与大革命》，商务印书馆1992年版，第179页。

③ 雨果：《九三年》，人民文学出版社1957年版，第194页。

④ 朱学勤：《道德理想国的覆灭——从卢梭到罗伯斯庇尔》，上海三联书店2003年版，第229页。

平的社会制度给每个人提供了平等的机会和空间，使人们能够自由地、积极地发挥自己的潜能，促进人的发展。但由于社会成员社会出身、自然天赋等方面存在差别，造成了结果的不平等。这种差别的扩大化，就存在社会动荡的隐患，这就需要制度在注重效率的同时，也要特别关注公平。效率与公平都是制度的本质特征之一。效率是制度发展和制度文明的重要尺度，一个没有效率的制度，其存在价值及合理性将遭到怀疑。奴隶社会代替原始社会不是因为奴隶拥有的权利比原始部落成员多，而是奴隶社会比原始社会有更高的效率，能创造更多更高的社会财富和社会文明，满足整个社会的生存和发展。公平简单地说就是制度公正和制度平等。制度公正要求制度安排和运作应当正直合理而没有偏私，能以同一标准对待相同的人或事；制度平等体现在制度设置和运行中主体平等、机会平等、程序平等、权利与义务平等等方面。制度公正是效率与公平在制度内的统一和协调。一般来说，制度公正与效率是统一的、正相关的关系。多劳多得、优劳优酬是制度公正的基本理念，它主张人们在为社会多做贡献的同时，也能让自己得到更多的利益，从而能有效地对人们的积极性和创造性产生激励作用。因而依据这种公平观而设计的制度能有效地促进效率的提高。由于效率的优先性，所以只有在制度公正的基础上，公平与效率才能实现真正的统一。那种“均贫富”意义上的结果公平虽然在我们的社会中是不可或缺的，但这种公平观不能成为现阶段社会的主导价值观。离开效率的所谓公正的制度是不可取的，没有效率的制度会使社会停滞而没有发展，这在强调竞争发展的现实社会无异于自杀;脱离了公平原则片面追求效率的制度也不能持久,只顾效率和发展而忘记社会公平合理,会导致社会发展不平衡,不能可持续全面发展,最终效率也会被破坏。只有效率与公平兼顾的制度,才能使社会得到更合理、更全面和更持久的发展和进步。

第三章　制度公正的基本功能

公正作为一种道德传统和伦理基本概念，最一般地说就是对社会权利和义务的公平分配和安排，以及与此种分配和安排秩序相适宜的道义品质。体现了公正品质的完善的社会制度体系，就如赛场上的竞赛规则一样，能确保社会秩序的稳定，确保社会的正常运转，是社会和谐的道德前提。现实中的人是有缺陷的，而人的缺陷是制度公正的逻辑起点，公正的制度就是对人的缺陷的补救。对待人的缺陷既不能围堵，也不能放纵，而要通过公正的制度因势利导，制度公正是抑制人的缺陷的正确途径和有效方法。制度公正能够协调私利与社会公益的矛盾，正确解决个人与社会、利己与利他之间的关系；制度公正可以抑恶扬善，塑造全面发展的人的个性。

第一节　人的缺陷及其制度矫治

一、西方思想家对人的缺陷的论述

人本身是一个矛盾存在和规定，任何一种肯定性的规定，都有其否定的方面，或说任何人都会既有人的特性，又有人的缺陷。所谓人的缺陷是指对人自身来说具有否定性的方面，是人自身不成熟、不完善的因素，是人的精神状态中落后消极的东西，是人性中的丑与恶。柏拉图认为："人性总是把人类拉向贪婪和自私，逃避痛苦而毫无理性地去追求快乐"①。亚里士多德通过总结希腊各个城邦的兴亡，也得出结论："人间的争端或城邦的内讧并不能完全归因于财富的失调"②。"人类倘若由他任性行事，总是难保不施展他内在的恶性"③。奥古斯丁论证说，人类始祖犯下的罪是世代遗传下去的原罪，人的自由意志从此被罪恶所污染，因此罪恶成为人的本性。圣·奥古斯丁对人的缺陷在他描述的"地上之城"里有充分展现："自私统治着这个国度，各种自私自利的目的相互冲突，使它终将沦为罪恶的渊薮"④。帕斯卡尔说得好："使人过多看到他和禽兽是怎样等同而不向他指出他的伟大，那是危险的。使他过多地看到他的伟大而看不到他的卑鄙，那也是危险的。让他对这两者都加以忽视，则更为危险。然而把这两者都指明给他，那就非常有益了"⑤。事实上，人在生活原生态中很多时候是一片混沌的，如果任其发展，人就会表现为恶，这是人的弱点所在。马基雅维利在《君主论》中更是大量描绘了人的丑陋、罪恶与自私："关于人类，一般地可以这样

---

① 张桂琳：《西方政治哲学》，中国政法大学出版社 1999 年版，第 21 页。
② ［古希腊］亚里士多德：《政治学》，商务印书馆 1983 年版，第 10 页。
③ ［古希腊］亚里士多德：《政治学》，商务印书馆 1983 年版，第 319 页。
④ ［美］G. F. 穆尔：《基督教简史》，商务印书馆 1981 年版，第 162 页。
⑤ ［英］帕斯卡尔：《思想录》，商务印书馆 1985 年版，第 181 页。

说,他们是忘恩负义、容易变心的,是伪装者、冒牌货,是逃避危难、追逐利益的”①。哈特认为:“如果说人不是恶魔的话,人也并不是天使,他们是处于这两个极端之间的中间者,这一事实使得相互克制的制度既有必要又有可能”②。哈耶克曾指出:18 世纪苏格兰自由主义理论家清楚地认识到“人始终具有一些较为原始且凶残的本能,因此人们须通过种种制度对这些本能进行制约和教化”③。人是有缺陷的生物,如果没有国家的制约与威慑,人性卑劣的一面就会充分宣泄,甚至以放大的形式表现出来。滥用权力固然危险,滥用自由也同样会葬送自由。潘恩指出,“如果良心的激发是天日可鉴的、始终如一的和信守不渝的,一个人就无需其他的立法者。但事实并非如此”④。美国宪法之父在为其设计的国家制度辩护时把话说得非常简洁明了:“政府本身若不是对人性的最大耻辱,又是什么呢? 如果人都是天使,就不需要任何政府了。如果是天使统治人,就不需要对政府有任何外来的或内在的控制了”⑤。由于人性卑污,所以没有国家权力和法律的自然状态就是悲惨的无政府状态。通过与自然状态的反衬,显示出建立国家的必要;而借助自然状态概念对人性的解析,提供了建立国家强大权威的绝对理由。有了国家,人类才有和平

① [意大利]马基雅维利:《君主论》,商务印书馆 1985 年版,第 80 页。
② [英]哈特:《法律的概念》,张文显等译,中国大百科全书出版社 1996 年版,第 191 页。
③ [英]弗里德里希·冯·哈耶克:《自由秩序原理》,中国社会科学出版社 2000 年版,第 68—69 页。
④ [美]托马斯·潘恩:《潘恩选集》,商务印书馆 1981 年版,第 3 页。
⑤ [美]汉密尔顿:《联邦党人文集》,商务印书馆 1980 年版,第 264 页。

和文明,人类生活才步入光明之境。制度经济学家更多地从经济方面来进行论述,他们认为人的缺陷在经济活动和人的行为中的表现主要是:“搭便车”和机会主义行为。中国古代拉纤的例子可以恰当地说明这一问题:当一群纤夫拖着一只大船沿河行走时,很可能有一纤夫腰弓得很低,拉纤的号子喊得也很响,但他并没有使出多大的力气拉纤。在一些国有企业中,也常常会出现这种情形。如果每个成员都是个人效用最大化的追求者,偷懒给他带来正效用,而由于偷懒造成的企业总收益的降低则给他带来收入减少的负效用,他就会通过平衡正负效用来决定其努力水平(或称偷懒程度)。当人越多、个人在总体中越小时,偷懒的倾向就越强,组织的整体效率就越低。

关于人的缺陷,有代表性的观点主要有:(一)英国哲学家休谟的“无赖假定”说。在探讨制度必要性和它的功能设计时,休谟提出了一条著名的“无赖原则”。这条原则认为,人们在考虑制度安排时,必须持定“人人应当被假定为无赖”这样一种假设。制度设计必须达到以下效果:不仅要对“无赖”行径实施有效的钳制,而且要能防止和遏止人们萌发各种损公利己的“无赖”冲动。(二)美国宪政学家詹姆斯·麦迪逊的非“天使统治”说。他说:“如果人都是天使,就不需要政府了,如果是天使统治人,就不需要对政府有任何外来的或内在的控制了。在组织一个人统治人的政府时,最大的困难在于必须首先使政府能管理被统治者,然后再使政府管理自身。毫无疑问,依靠人民是对政府的主要控制;但是经验教导人们,必须有辅助性的预防措施”①。人不是天使，由人组成的政府也不是天使；政府是由人组成的，人的本性也是政府的本性。人必须有外在的制约，政府更必须有外在的控制。（三）法国法学家孟德斯鸠的“局限存在物”说。孟德斯鸠在《论法的精神》中说：“人，作为一个‘物理的存在物’来说，是和一切物体一样，受不变的规律的支配。作为一个‘智能的存在物’来说……他是一个有局限性的存在物；他和一切‘有局限性的智灵’一样，不能免于无知与错误；他甚至于连自己微薄的知识也失掉了。作为有感觉的动物，他受到千百种情欲的支配……这样一个存在物，就能够随时忘掉他自己；哲学家们通过道德的规律劝告了他。他生来就是要过社会生活的；但是他在社会里却可能把其他的人忘掉；立法者通过政治的和民事的法律使他们尽他们的责任”②。（四）奥地利哲学家波普的“必要的恶”说。他说：“国家尽管是必要的，但却必定是一种始终存在的危险或者一种罪恶。因为，如果国家要履行它的职能，那它不管怎样必定拥有比任何个别国民或公众团体更大的力量；虽然我们可以设计各种制度，以使这些权力被滥用的危险减少到最低限度，但我们决不可能根绝这种危险”③。（五）美国管理学家西蒙的“有限理性”说。西蒙认为人的理性具有局限性，决策理性充其量是一种“有限理性”，人的“有限理性”体现在两个方面：一方面，环境是复杂的，在非个人交换形式中，由于参加

① ［美］汉密尔顿：《联邦党人文集》，商务印书馆 1980 年版，第 264 页。
② ［法］孟德斯鸠：《论法的精神》（上册），商务印书馆 1961 年版，第 3 页。
③ ［英］卡尔·波普：《猜想与反驳》，上海译文出版社 1986 年版，第 499 页。

者很多,同一项交易很少进行,所以人们面临的是一个复杂的、不确定的世界。而且交易越多,不确定性越大,信息越不完全。另一方面,人对环境的计算能力和认识能力是有限的。因此,制度通过设定一系列规则能减少环境的不确定性,提高人们认识环境的能力并规范人自身的决策行为,从而提高决策的质量。

二、中国思想家和学者对人的缺陷的论述

说到人的缺陷,不能不提到鲁迅对中国国民性中落后方面即人的缺陷的抨击和揭露。他对国民性中"奴才"与"专制者"的两重人格的揭露;对怯弱、懒惰和贪婪的小农习性的批判;对那种既质朴愚昧又狡黠圆滑,既自尊自大又自轻自贱,既争强好胜又忍辱屈从,既狭隘保守又盲目趋时,既憎恨权势又趋炎附势……处于没有人的尊严、停滞的、苟安的生活方式中阿 Q 性格的全方位描绘及对人的缺陷的立体透视,无疑具有普遍的人性内涵,已超越了特定时代、地域、民族的界限,而成为人类某种精神状态的表征。现代实证心理学和人类学的研究表明,人性中既有诸如爱、利他、良心、仁慈等善的成分,又有诸如攻击、侵略、破坏、利己、嫉妒、贪欲等恶的成分。仅从人的动物性的自然本能来看,人是亦善亦恶。人性可塑论在中国的代表人物是告子和杨雄。告子认为性无善无不善。西汉末期的杨雄认为:"人之性也善恶混。修其善则为善人,修恶则为恶人。"①学者陈忠武认为"人是一种有缺陷和弱点

① 杨雄:(修身)法言,中国文史出版社 1999 年版。

的动物,犯错误是经常的事情,愚蠢的决定和选择时常发生,引人堕落的诱惑无处不在,无时不有。在这个问题上,从来就没有尽善尽美的解决办法,只能选择一种较好的制度安排予以约束和遏制,此岸世界并不存在一劳永逸的完美事物"①。"从人类的本性来看,趋善是人类不断追求的目标,而人类作为一种具有未完成性的生物,不仅有趋善的能力,同时也隐藏着一种'恶'的冲动"②。郑也夫认为"尽管世上有恶亦有善,政治首先要承认的却是恶,因为它更多的是要与恶打交道,甚至它的主要职责便是抑制恶。任何轻视了恶之根源、恶之本性、恶之只可抑制不会根除的政治措施都将显得幼稚和轻率"③。丛日云认为,"自霍布斯以后,国家植根于人类邪恶本性或人性的缺陷,已经成为自由主义的基本信念。这一信念以或隐或显的方式、或温和或激进的方式,深含于各种自由主义政治哲学体系中。自由主义者根据这一基本估计确定他们对国家的基本态度,设计他们的国家权力结构图式,规范国家活动的范围"④。政治制度只有以对人的全面认识、把握为基础,既肯定人性中的善,又直面人性中的恶,才能达到较为理想的政治效果。

---

① 陈忠武:《人性的烛光》,云南人民出版社2004年版,第169页。

② 任建东:《道德信仰论》,宗教文化出版社2004年版,第122页。

③ 郑也夫:《代价论——一个社会学的新视角》,生活·读书·新知三联书店1995年版,第146页。

④ 丛日云:《在上帝与恺撒之间》,生活·读书·新知三联书店2003年版,第176页。

三、人的缺陷与社会制度矫治

人是有待完善和有待塑造的,这就为人的塑造提供了多种可能性:或崇高或卑劣;或善或恶。人一半是天使、一半是魔鬼就是对人的两重性的深刻揭示。人天生既有善的一面,如慈爱、悲悯、利他等行为;也天生有恶的一面,如仇恨、狠毒、自私等行为。人的善性是与生俱来的,人的恶性同样也是与生俱来的。正如恩格斯所说:"人来源于动物界这一事实已经决定人永远不能完全摆脱兽性,所以问题永远只能在于摆脱得多些或少些,在于兽性或人性的程度上的差异。"①正因为人兽性因素的存在,决定了人的色彩的多重性,每个人都可能做出善的、利他的行为,也都有可能做出恶的、损他的行为。人性的观点奠定了一切政治理论的哲学前提和价值基础。人的贪欲使其无休止地追求财富、权力和声望,而人的软弱又使其无法抵御犯罪的诱惑以及权力的腐蚀。如果没有这些致命弱点,政府就不会败坏,权力也就不会腐化。同样,如果没有这些致命弱点,政府和公共权力也就没有存在的必要。一切制度都不过是人性的反映和折射。社会政治制度正是人类社会性和政治性的集中体现,亦即人性通过文化的透镜在社会层面的屏幕上的投射,是人性在特定的社会环境中外化与物化的结果。

人的缺陷归根到底是社会的产物,人的缺陷的矫治首先是一个社会矫治过程。人是社会的产物,这在历史、现实和逻

① 《马克思恩格斯选集》第3卷,人民出版社1995年版,第442页。

辑上是高度统一的。在《家庭、私有制和国家的起源》一书中，恩格斯引用摩尔根的话指出："自从进入文明时代以来，财富的增长是如此巨大，它的形式是如此繁多，它的用途是如此广泛，为了所有者的利益而对它进行的管理又是如此巧妙，以致这种财富对人民说来变成了一种无法控制的力量。人类的智慧在自己的创造物面前感到迷惘而不知所措了。然而，总有一天，人类的理智一定会强健到能够支配财富……只要进步仍将是未来的规律，像它对于过去那样，那么单纯追求财富就不是人类的最终的命运了……经验、理智和科学正在不断向这个阶段努力。这将是古代氏族的自由、平等和博爱的复活，但却是在更高形式上的复活。"①摩尔根和恩格斯为我们展示了不断升华的人性同不断发展的生产力相结合、推动人类走向美好未来的前景。在《德意志意识形态》中，马克思、恩格斯的分析更加鲜明："我们也曾指出，只有交往和生产力已经发展到这样普遍的程度，以致私有制和分工变成了它们的桎梏时，分工才会消灭。我们还曾指出，私有制只有在个人得到全面发展的条件下才能消灭，因为现存的交往形式和生产力是全面的，所以只有全面发展的个人才可能占有它们，即才可能使它们变成自己的自由的生活活动。"②全面发展的个人同普遍发展的生产力相结合是消灭私有制的必备条件。在《哥达纲领批判》中，马克思指出："在劳动已经不仅仅是谋生的手段，而且本身成了生活的第一需要之后；在随着个

① 《马克思恩格斯选集》第4卷，人民出版社1995年版，第178—179页。
② 《马克思恩格斯全集》第3卷，人民出版社1960年版，第516页。

人的全面发展，他们的生产力也增长起来，而集体财富的一切源泉都充分涌流之后，——只有在那个时候，才能完全超出资产阶级权利的狭隘眼界，社会才能在自己的旗帜上写上：各尽所能，按需分配！”①生产力和人的发展是社会前进的两个车轮，只有当它们充分协调地旋转起来，人类社会才能进入最高境界。当社会存在着强制性的分工，存在着私有制和社会分裂为阶级，因而特殊利益和共同利益间也存在着分裂的时候，人本身的活动对人来说就成为一种异己的、同他对立的力量，这必然造成人的片面性和畸形化。社会的缺陷是人的缺陷的主要根源。尤其是资本主义社会，人的物化倾向达到极端，物质利益成为支撑制度运转的最大原则和最终目的，甚至不惜不择手段地损人利己也在所不辞。“如果我们是由自己的社会所造就，如果我发现自己的生活不那么令人满意，在社会得到改造之前，就不可能有真正的办法”②。因此，克服人的缺陷归根到底要靠建立合理的社会制度。合理的社会制度对人的缺陷的作用表现在：作为社会思想的社会意识形态对人的发展提供正确的导引和方向。恶的实质是善的缺乏。因此，社会意识必然以其理论批判来匡正和规范人的缺陷，社会的思想必须是扬善抑恶，这包括形成扬善的社会舆论氛围、社会舆论导向及文化价值取向；同时合理的社会制度必然通过一系列的制度体系保证这一社会价值取向的

---

① 《马克思恩格斯选集》第 3 卷，人民出版社 1995 年版，第 305—306 页。

② [英]莱斯利·史帝文森：《人性七论》，商务印书馆 1999 年版，第 35 页。

实施，从根本上抑制恶的发生，为人的完善提供良好的环境。

四、人的缺陷是制度公正的逻辑起点

在经济学发展史上，每一个重大经济难题的解决，无一不是从人出发，并最终取得人的进步。相反，违背人的实际的制度安排，无论它怎样严密，都将会成为经济发展的桎梏。由于经济效率与人的行为直接相关，每个卓有成就的经济学家在研究经济问题时，不能不重视人的发现和利用。斯密所肯定的“利己心”已成为市场经济发展的强大的内在动力。人类最终选择了市场经济体制，是因为它符合人类行为的基本规则。如果没有对“利己心”的确定，市场经济体制就无法建立起来。如果没有对“利己心”的确定，市场经济就不会有今天这样蓬勃发展的局面。斯密构建经济制度的伦理学前提是人类的“利己心”。他认为：“每个人生来就主要关心自己”①，“我们每天所需的食物和饮料，不是出自屠户、酿酒师或面包师的恩惠，而是出自他们自利的打算”②。“人们追求自己的利益，往往能比在真正出于本意的情况下更能有效地促进社会利益。人们的这种行为，受着一只看不见的手的指导，去尽力达到一个并非他本意要达到的目的，即公共利益”③。经济史上的制度演进正朝着日益人性化和民主化的方向转变，因

① [英]亚当·斯密：《道德情操论》，商务印书馆 1997 年版，第 101—102 页。

② [英]亚当·斯密：《国富论》(上)，商务印书馆 1972 年版，第 14 页。

③ [英]亚当·斯密：《国富论》(下)，商务印书馆 1974 年版，第 27 页。

为人的全面发展是社会和经济发展的目标,是不可阻挡的历史潮流。在现代经济社会,那些束缚人的自由的僵死的制度已经成为生产力发展的桎梏,只有体现人性化和民主化的制度才能更有效地激发人们的创新本能和生产积极性。经济学的艺术就在于能善于发现人的缺陷、利用人的缺陷达到改进经济效率、促进经济增长、加速经济发展的目的。对于政策制定和制度安排来说,必须注意克服人的消极的一面,善于设计出变消极因素为积极因素的机制。例如,制度经济学的团队生产理论认为:"如果没有人督促他们的行为,所有人都有偷懒的动机。然而,同时工人们也有被监督的动机,因为他们的酬劳在很大程度上也会受到团队内的其他成员的偷懒行为的不利影响。这些情况解释了何以会出现被赋予奖勤罚懒责任的经理的原因"①。经济人在追求自身利益的过程中,如果没有制度的有效规制,往往会不择手段,如果他们不能实现收入的最大化,就会力图实现成本的最小化,他们的本性并不追求生产性努力,而只追求分配性努力,在经济活动中,他们并不会力图把蛋糕做得更大,而只会力图在有限的蛋糕中尽量得到最大的份额。这就需要制度对经济人的这种自利的动力进行制约,使各经济人对利益追逐的权利互不抵触,促使他们互相合作,从而形成秩序。换言之,制度通过协调人们的偏好和行为,把经济人追求利益最大化的行为限于互利的基础之上,从而使企业内部存在良好秩序。

---

① [美]小罗伯特·B.埃克伦德、罗伯特·F.赫伯特:《经济理论和方法史》,中国人民大学出版社2001年版,第476页。

人是一种生产要素，而且还是最重要的生产要素，因此，这就要求我们在制定政策和制度时，要充分考虑人的因素，充分调动和利用人的要素，不能只见物不见人。人是生产力的主体，生产力中最重要的要素就是人，生产力发展的内在动力取决于人，因此，解放生产力首先要激发和调动人的积极性。人也是一种生产资源，而且还是一种取之不尽、用之不竭的天然动力资源。国家、政府和法律起源于人的冲突，其功能也在于管理人、引导人、约束人，因此，对于人的缺陷既不能围堵，也不能放纵，而要通过公正的制度进行因势利导。开发人的资源、利用人的资源、引导人的资源是人类社会必须解决好的一个重大课题。尽管在人性问题上众说纷纭，歧义较多，但人的缺陷是古往今来许多思想家的共识。以往人们认识自我所形成的关于人自己的那些美好规定，其实并不是那么单一和纯粹。如人是理性动物，它创造繁衍文化，但人往往又做出很不理智的事情，残酷的战争就是佐证；人是最有道德的，但最不道德的也是人，等等。承认人的缺陷并不是人性论上的唯心论而是唯物论；承认人的缺陷并不是凝固不变的而是随着社会实践和社会进步而不断完善的，这是人性论上的辩证法。因人的不完善和缺陷而导致人恶的行为的可能性，使制度成为了必要。制度的基础在于人的缺陷和不完善。建构于人的缺陷基础上的制度目的在于防止权力的滥用，这是对人的缺陷的制度性弥补，更是对人性中善的因素的尊重与保护和对人的基本权利的尊重与保护。承认人的缺陷并把人的缺陷作为制度设计的理论前提时，这样的制度才是公正的、合理的；反之，不承认人的缺陷并以人的完善作为制度设计的理论前提,这样的制度由于和人的实际相脱离而失去它的公正性和合理性。因为人有缺陷,所以才有制度;因为人有超越,所以才有道德。制度是抑恶的,而道德是扬善的;制度是现实的,而道德是理想的。对善恶而言,制度是针对恶的;对公私而言,制度是针对私的;对合作和冲突而言,制度是针对冲突的。制度的设计应着眼于人的实然而非应然。不寄托于人的完美和利他主义,而应关注人的缺陷和挖掘自利资源,对制度进行符合人性的改造,加强激励和规制。因此,人的缺陷是制度公正的逻辑起点。

五、制度公正是克服人的缺陷的有效途径

如何对待人的缺陷?结合中国传统文化和我国的社会治理实践,可以总结以下几种方法:(一)精神胜利法。鲁迅笔下的阿Q就是这方面的典型人物,一方面,在行动上、物质上、客观的层面,一生备尝艰辛与欺凌;另一方面,在幻想的、精神的、主观的层面,他越来越高昂奋发,没有任何辛酸感和耻辱感,永远是一副胜利者的英雄模样。精神胜利法不仅是个体处理自己同外部世界关系时的一种精神观点,而且也是一种宇宙观和人生观,认定人对周围世界的看法和所有判断只取决于自己内心里同自己达成的契约,根本不存在客观意义上的客观性。精神胜利法是通过无限夸张主观能力而最终取消个性主体性,扑灭自己而归于自然。内心想实现某个目标但又无能为力去实现,用否认目标的价值来证明自己的境界,潜在的认可与表面的否认同时存在于一个人的内心,当欲望受到打击的时候又极力从自身一方找理由,否认失败和受

到打击。这是一种消极的回避客观世界的方法,现实的苦难在主观世界里被彻底消融化解了。(二)修身养性法。我国传统文化最为注重修身养性,甚至于把修身与治国、平天下联系起来。其主要的内容和方法是:第一,“心斋”,在精神上泯灭自我意识和主体欲求,对精神性的自我生命“大彻大悟”。所谓“存天理,灭人欲”等。第二,“贵生”,全躯保命,讲究服食,房中术等长生久视之道。① 老子曰:虚其心,实其腹;弱其志,强其骨。第三,修炼的目标是无知无识、若愚若昏的“婴儿”状态,这是修养的最高境界。道教和佛教的主要教义是:其一,去知识,无心智,自忘形骸。其二,无欲求,无冲动,精神自足。(三)“积极革命”法。在实践中比较典型的就是“一大二公三纯”的社会主义。现在看来,这种社会主义的主要弊端在于“三急”,即“急于求纯,急于求成,急于实现社会公正”。为了达到这个目的,政治上搞阶级斗争扩大化,搞以阶级斗争为纲;经济上追求纯而又纯的公有制,割资本主义尾巴,取消商品,反对商品经济,不要价值规律;思想上狠斗“私”字一闪念,斗私批修,灵魂深处闹革命;文化上搞文化专制主义,学习理论就看“老三篇、老五篇”,看戏只有几个样板戏,如《红灯记》等,电影艺术在塑造人物上的“脸谱化”和“高大全”,唱歌一律是高亢明亮的革命歌曲。薄一波在回忆录中讲到我国大跃进时期的一件事:1958 年 10 月,湖北省当阳县跑马乡的党委书记在大会上宣布,11 月 7 日是社会主义结束之日,11 月 8 日是共产主义开始之日。会

---

① 刘再复、林岗:《传统与中国人》,三联书店 1988 年版,第 217 页。

一开完,大家就上街去拿商店的东西,商店的东西拿完后,就去拿别人家的:你的鸡,我可以抓来吃;这个队种的菜,别个队可以随便跑来挖。小孩子也不分你的我的了。只保留一条:老婆还是自己的。这位乡党委书记说:不过这一条,还得请示上级。① 这是一种极端的对待人的缺陷的办法。实践证明,这种脱离人性实际的制度和政策在实践中是行不通的。以上三种对待人的缺陷的方法都不可取,精神胜利法和修身养性法都是消极的对待人的缺陷的方法,而"积极革命"法却是一种激进的对待人的缺陷的方法,即对人的缺陷采取围追堵截的办法。按照马克思主义理论,这几种方法对人的缺陷采取了主观唯心主义的态度,以为只要自己主观上不承认或者主观上的革命就可以让人的缺陷消灭,实践证明是行不通的,如果人为地强制实行,就会带来消极的后果。

制度公正是一个对制度进行评价的伦理问题,自然不能脱离人的考虑。制度公正是符合人的发展要求的产物,同时设定并付诸实施的制度又会反作用于人的发展,或者维护人性中的某些方面,或者抑制、纠正、引导人性中的某些方面。在社会中,人与人之间所以能结合在一起,形成相互信任的群体;人类社会这个复杂机器所以能维持正常运转,并朝着正确轨道前进,是由于人类自身有一种抑恶扬善的"机制",建立起一套调整人与人之间的行为规范,这就是制度,通过制度引

---

① 薄一波:《若干重大决策和事件的回顾》(下卷),人民出版社 1997 年版,第 780 页。

导克服人的缺陷。制度公正是克服人的缺陷的正确方法和有效途径，具体来说，就是要求我们在进行制度设计时充分考虑人的实际和人的需要，正视人的缺陷，这是一种科学而有效的方法，也是较现实的方法，同时，也是一种唯物主义的方法。人的利己之心原本是无所谓善恶好坏的，关键在于用什么制度去引导人的利己之心。尽管制度不是万能的，但是，人类要想建立一个美好的社会，寄希望于人性的改善不可靠，寄希望于政府干预也不可靠，相比之下最可靠的办法还是有赖于一个好的制度。实践证明，对待人的缺陷只能疏导而不能强堵，只能很好利用而不能视而不见。（详细论证见后面第二节：制度公正的私利公益功能）自 18 世纪亚当·斯密论述“经济人”的范畴以来，西方整个经济学的大厦就奠基在“经济人”假设之上，西方资本主义市场经济的发展主要应该归功于这个天才的假设。虽然“经济人”假设目前来看并不能涵盖人的全部特征，但至少部分科学地反映了人的特性，正因为这样，才有了资本主义几个世纪的飞速发展。中国历经几十年的曲折发展，从拒绝到接受市场经济，社会的天翻地覆的变化一再告诫我们：任何社会制度的设计与安排都不能脱离人的实际状况，只有建构在现实人的基础之上的社会制度才有可能有效动员社会的力量。中国目前采取的市场经济制度就很好地利用了人的特点，这种制度引导既不同于阿 Q 的精神胜利法，又不同于道家和佛家的修身养性法，也不同于“积极革命”法，这种办法既弘扬人性又约束人性，使每个人在关心个人利益的同时也促进社会公共利益的发展。

第二节 制度公正的私利公益功能①

一、西方思想家关于"私人恶德即公共利益"的思想

英国近代著名思想家曼德维尔在其名著《蜜蜂的寓言》中提出了"私人恶德即公共利益"的思想，他认为美德产生于人的荣辱感，而荣辱感又源于人性中的自私。社会之所以能够存在和发展，完全是由于人的各种激情和相互作用，克服自然障碍以满足自身物质需求的结果。他说，个人对自身利益和幸福的追求，"是使我们成为社会生物的伟大原则，是毫无例外的一切职业和事业的牢固基础、生命力和支柱；我们应当在这里寻找一切艺术和科学的真正源泉"②。曼德维尔认为："私人的恶德若经过老练政治家的妥善处理，可能被转变为公众的利益"③。"人若没有欲望的驱使，便决不会去拼力奋斗：当人们处在休眠状态时，任何东西都不能使他们奋起，其卓越与才能亦永远不能发现。人这部怠惰的机器若没有人的激情的影响，将可以被恰当地比做一台没有受到风力影响的巨

① 宋增伟:《尊重个人利益是衡量制度设计是否科学的关键》,《南京师范大学学报》2006 年第 5 期。

② [荷兰]伯纳德·曼德维尔:《蜜蜂的寓言》,肖聿译,中国社会科学出版社 2002 年版,序言第 9 页。

③ [荷兰]伯纳德·曼德维尔:《蜜蜂的寓言》,肖聿译,中国社会科学出版社 2002 年版,第 236 页。

大风磨”①。罗尔斯曾指出亚里士多德学派原则(Aristotelian Principle)中所强调的欲望对人类活动的促进作用。该原则认为,“能驱动人类活动的重要的不仅仅是肉体需求,而且还有从事那些仅是为了他们自身利益能够得到享受的事情的欲望,至少当迫切的需要得到满足的时候”②。亚当·斯密在其名著《国富论》中倡导“经济自由主义”,这是建立在“自然秩序”基础之上的,“自然秩序”是从人的本性产生又合乎人的本性的正常的社会秩序,是建立在个人自我利益追求及其积极性、创造性之上的一种秩序。人具有双重本性,既是“经济人”,又是“道德人”。人作为“经济人”是利己主义者,只关心自己的利益并尽力去追求它。社会是由个人组成的,所以社会利益就是个人利益的总和。个人越是追求自己的利益,社会利益就越大。所以,应当放手让个人追求自己的利益,让人有充分的经济自由,国家对此不可加以限制和干涉。限制和干涉的结果只能是对自然秩序的破坏,影响社会的繁荣和发展。亚当·斯密认为,让人们放任发挥自己的天性,让人间的事务在各个人的偏见和私心的竞争支配下自然地进行调节,是富国强民的关键。人们贪财追求自己的快乐,看起来是相互对立的、矛盾的、混乱的,然而,美德、秩序正是在这种竞争中产生的。他认为“良好的社会制度和政治制度将能够给那些既有益于个人完善又有助于其他人幸福的品质提供培养和

---

① [荷兰]伯纳德·曼德维尔:《蜜蜂的寓言》,肖聿译,中国社会科学出版社2002年版,第141—142页。

② John Rawls. A Theory of Justice. Harvard University Press 1971年版,第431页。

发挥作用的环境,同时,又能够有效地控制那些损人利己的恶劣品质和行径"①。密尔指出:"毋庸置疑,人们的行为服从于他们的意志;他们的意志服从于他们的欲望;他们的欲望产生于其对善或恶的理解;换句话说,产生于他们的利益"②。19世纪法国思想家托克维尔说:"个人主义是一种只顾自己而又心安理得的情感,它使每个公民同其他同胞大众隔离,同亲人疏远,和朋友疏远"③。个人主义属于伦理原则和价值观念范围,而利益则是一种经济关系的表现。个人利益表现为一定经济关系中个人的物质需求,个人利益属于社会经济范畴,作为伦理原则和价值观念范畴的个人主义与作为社会经济范畴的个人利益是不应混淆的,就是说,不能因为人人都有个人利益,就认为人人都奉行个人主义。爱尔维修认为,趋乐避苦、追求个人利益是天然人性,不可抹杀,也不能改变。在无损于他人权益的条件下满足个人的欲望和利益,是无可非议的。他认为任何时候、任何社会的公共幸福皆是个人幸福组成的,离开了个人幸福这个出发点和归宿点,社会幸福就无从谈起。自爱不仅是推动个人前进的动力,也是道德产生、社会发展的唯一动力。正如爱尔维修所指出的:当人们处于从恶能得到好处的制度下,要劝人从善是徒劳的。托马斯·潘恩

---

① Adam-smith . Theory of Moral Sentiments. Oxford university Press, 1976. Party IV, Chapter II.

② James Mill . An Essay on Government. Cambridge University Press, 1937 年版,第62页。

③ [法]托克维尔:《论美国的民主》(下卷),商务印书馆 1985 年版,第 625 页。

精辟地论述了个人利益和公共利益的关系:“公共利益不是一个与个人利益相对立的术语;相反,公共利益是每个个人利益的总和。它是所有人的利益,因为它是每个人的利益;因为正如社会是每个个人的总和一样,公共利益也是这些个人利益的总和”①。康德认为,人先验地具有联合在一起的社会性,同时又具有追求个人欲求、愿望的非社会性。非社会性就是“恶”,“恶”是因追求个人利益以至违背普遍立法的个体性。所谓人的本恶,指的就是这种劣根性。但是,又正是“恶”推动着历史的发展、人类的进步,使人的聪明才智和各种能力在与他人竞争、对抗冲突中不断发生、发展起来。康德以树木为例,说树木只有在茂密森林中,各自为争取阳光而竞相生长,才能长得高大笔直。康德肯定竞争是社会的基础,它促进文明和进步。康德的这一思想,在黑格尔那里被明确表述为一个广为人知的命题,即“恶推动历史发展”②。

二、制度设计的价值取向是“尚公重私”

关于“公”与“私”的概念,主要有三种含义:一是指生产资料所有制的范畴,“公”是指公有制,“私”是指私有制;二是

---

① [英]史蒂文·卢克斯:《个人主义》,阎克文译,江苏人民出版社 2001 年版,第 46 页。

② 《马克思恩格斯选集》第 4 卷,人民出版社 1995 年版,第 237 页。恩格斯认为:“在黑格尔那里,恶是历史发展的动力的表现形式…… 自从阶级对立产生以来,正是人的恶劣的情欲——贪欲和权势欲成了历史发展的杠杆”。

指社会物质财产的范畴，“公”是指社会公共财产，“私”是指私人财产；三是指利益的范畴，“公”是指社会公共利益，“私”是指个人利益。本书使用的是第三种含义。公私关系问题是中国传统政治文化的核心问题之一，对它们的正确认识和评价具有重要的现实意义，它关系着社会组织与社会结构的整合，关系着国家、社会和个人之间的价值取向与行为准则，关系着制度设计的基本价值取向，因此，能否正确地处理公私关系是制度设计的理论前提。公私关系在一定意义上也可以等同于国家与个人之间的关系。在思想史上，关于国家与个人之间的关系主要有三种价值取向：一是国家至上主义，或者也称为公共利益至上的集体主义，强调个人利益无条件服从集体利益，为了集体利益可以牺牲个人利益，甚至没有个人利益，用马克思恩格斯的话来说，这就是“虚幻的集体”。在这种集体中，个人得不到自由发展。二是个人利益至上的个人主义，信奉“人不为己，天诛地灭”的价值观，资本主义生产资料私有制是其典型制度模式。近代资本主义社会发展的一条重要教训，就是它的经济或社会物质财富的增长是以牺牲个人的全面发展为代价的。“具体来讲就是：物对人的统治，人仅仅成为创造物质财富的手段，使人不能真正发展；资本占有劳动，人成为资本的奴隶，使人不能平等发展；机器支配人，人成为机器的一个零件，使人不能自由发展；分工限制人，使人不能完整发展”①。用马克思的话来说，这种个人主义离开了

① 韩庆祥：《马克思开辟的道路——人的全面发展研究》，人民出版社2005年版，第3页。

集体,而离开集体,个人就失去全面发展的条件。三是马克思主义所主张的,就是要建立真实的集体,塑造健全的个人。在这种真实的集体中,个人可以获得自由发展的条件。这种真实的集体至少应具有以下特点:(一)个人的权利受到国家保障;(二)国家为个人充分发挥自己的能力,提供并建立一种相对平等竞争的机会和规则;(三)在国家的政治生活中,人们政治行为的理性自觉程度较高,注重使自己的政治行为受法制、制度和程序约束;(四)国家相对尊重个人在政治生活中的独立人格、主体性以及民意。在这种国家与个人关系中,个人能力的自由、平等和全面发展问题,在国家架构和制度设计中具有十分重要的地位。这种真实的集体就是我们制度设计所要达到的理想目标。

怎样才能实现这种理想目标?自古以来,许多思想家认为"私"是万恶之源,认为"公"比"私"好。"中国古代鲜明地坚持了'公'的主体原则,充分肯定了公对于私的决定地位。中国自古以来的传统文化就是'立公废私'和'先公后私'的价值观"①。"'尚公'是中国传统道德的基本精神之一。在中国古代尚公既是基本道德原则,也是基本政治原则,它始终受到历代统治者和思想家的大力提倡"②。因此,人们在治理国家时,自然把这种价值观作为制度设计的主要价值取向。事实上,人们对于个人利益的追求是无可厚非的,不能把人们

① 张玉:《论"尚公重私"的公私观在当代社会治理中的作用》,《天津社会科学》2004年第6期,第66—68页。

② 张锡勤:《论传统公私观在近代的变革》,《求是学刊》2005年第3期,第56—58页。

追求正当的物质欲望的满足和获得正当的个人利益的思想和行为同自私混为一谈，不能把婴儿、小孩满足其基本生理需要的行为，把成人维护自己的基本生存权利、劳动权利和获得劳动报酬的权利以及争取个性的自由发展等都列为自私的范畴而横加批判和排斥。人们诅咒自私、批判自私，要同自私的观念彻底决裂。但是，我们在从道德价值的角度对自私作理性的批判的同时，也不能不承认，有一部分自私在历史上确实有它的文化价值。如：一些保留下来的文物；有些创造发明的个人动机，等等。我国学者贺麟认为"私"也有它的积极意义："……保寿险不是为自己的儿女打算吗？却可促进公共利益。储蓄不是为自己的经济打算吗？却可以促进社会事业的发展。可以说一切重大的现代化的公共事业的发展，不是建筑在纯公正无私的道德理想上，而是建筑在假私济公的理性机巧上。无论在平时，在战时，无论治私事或治公事，不从调整公私的利益和假私济公方面用工夫，要想人绝对不自私，不仅失之'责人重以周'，甚且有一些违反本心，不近人情。"①天下为公、世界大同是人类社会的一个理想目标，其最终只有在生产力极大发展、物质财富充分涌流、人的思想觉悟极大提高的条件下才能实现，在现有的生产力条件下，不能过早地提出这样的目标，更不能从制度上政策上付诸实施。"私有观念和私有制仍在发挥它的积极作用，等价交换仍不失为联结当今人与人之间利害关系的一条基本的纽带。社会变革者看不到私有制的积极意义，看不到等价交换的重要作用，想尽快地

① 贺麟：《文化与人生》，商务印书馆1988年版，第65页。

消灭私有制、废除等价交换，即尽快地变以个人生存单位为全人类为生存单位，使全人类的利益为最高利益，就目前来说，这只能是无法实现的空想”①。英国资产阶级经济学家米塞斯认为“一个社会要想继续存在下去，就离不开财产的私有制”②。社会主义初级阶段就其实质而言乃是我国社会主义建设的准备阶段，这一阶段在很大程度上保留着旧社会的残余，不可能消灭人们的私有观念，也不可能阻止人们对个人利益的追求。而且，从理论上讲，私有或个人所有并不是与社会主义格格不入的东西，其本身是一个中性概念，不具有意识形态的性质，如劳动力个人所有制、消费资料私人所有制等经济范畴在传统社会主义经济理论中也得到广泛使用。到了共产主义社会，社会成员的私利同全社会的公共利益在更高的层次上统一起来，此时公与私的对立才得以消失。在这样的前提下，社会主义初级阶段的公有制形式只能处在由私有私用向私有公用再向公有公用过渡之中。在这一过渡时期，股份制起着承前启后的作用。当前，发达资本主义国家的资本股份化并不改变原始资本的私人属性，但却形成了社会占有、社会使用的公司法人资本。这种在保持终极产权不变条件下通过两权分离实现的社会占有和共同经营，可以说是社会所有制的初级形式。“铲除资本主义的生产资料私有制，建立社会主义的公有制，要从经济上来实现，而不是单从政治上和法

① 《主客体关系学系列丛书》撰写组：《经济是什么》，商务印书馆 1999 年版，第 101 页。

② ［英］米塞斯：《自由与繁荣的国度》，中国社会科学出版社 1994 年版，第 120 页。

律上来实现"[1]。马克思和恩格斯认为,尽管资本主义的生产资料私有制是一切罪恶和社会不公之源,应当铲除。但马克思和恩格斯并不认为,铲除私有制能够在政治的范围之内来完成,而是认为,只有在经济上才能彻底铲除私有制。在传统社会主义模式下,斯大林实现马克思恩格斯所设想的共产主义生产资料公有制、铲除私有制,却主要不是从经济上来理解,而是从政治上(行政命令式)上来理解。斯大林对铲除私有制和建立公有制的理解,在某种程度上不仅是机械的,而且是一种片面的价值判断。他认为,只要是公有制,就会使生产力比在私有制的条件下以更快速度发展。同时,公有制的建立,似乎不必考虑生产的社会化水平和社会生产力水平,只要依靠政治和法律的手段,将生产资料集中到一起,宣布为国家所有就可以实现了。基于这种思想,斯大林根本不顾私有制发展的成熟程度和对社会生产力发展的促进作用以及私有制的发展潜力,便从政治上和法律上,而不是从经济上取消了私有制,建立了单一的社会主义公有制。传统社会主义模式下对私有制的绝对否定,在很大的程度上是建立在道德伦理批判的基础之上的。卢梭和杜林对私有制的道德否定,在传统社会主义模式下得到了继承和发展。然而,对私有制的这种道德伦理上的批判,在社会革命和社会实践的层面上,是无助于将人类社会推向前进的。正如恩格斯所说:"这种诉诸道德和法的做法,在科学上丝毫不能把我们推向前进;道义上的

---

① 宋全成:《社会生产力理论研究》,安徽人民出版社2000年版,第261页。

愤怒,无论多么入情入理,经济科学总不能把它看做证据,而只能看做象征……愤怒出诗人,愤怒在描写这些弊病或者在抨击那些替统治阶级否认或美化这些弊病的和谐派的时候,是完全恰当的,可是愤怒一用到上面这种场合,它所能证明的东西是多么的少,这从下面的事实中就可以清楚地看到:到现在为止的全部历史中的每一个时代,都能为这种愤怒找到足够的资料"①。实践证明,在生产不够发展、产品还不能满足全体社会成员物质需要的时候,便废除私有制,那么,社会的统治者们必然会把对社会的领导变成对群众的剥削。结果,虽然废除了私有制,却没有消除私有制的恶果:剥削和经济异化。因此,生产高度发展达到可满足社会全体成员的物质需要的程度,是废除私有制的必要条件。

根据我国社会主义初级阶段的基本国情和现实中人的发展状况,我国学者张玉提出了"尚公重私"的公私观。他认为:"社会发展的目标体现为程序公平和结果公平的有机统一。追求程序公平,必然要肯定'合理之私',强调结果公平必然要奉行'尚公之道'"②。因此,当代中国社会经济的发展,必须以重视个体劳动价值的"合理之私"为前提,如果否定了"合理之私"的存在,也就否定了对主体创造价值的合理评价原则,必然压制主体能动创造性的发挥。但是程序公平在宏观上无法根除垄断、外部性和规模经济等与完全竞争不

① 《马克思恩格斯全集》第20卷,人民出版社1971年版,第163页。

② 张玉:《论"尚公重私"的公私观在当代社会治理中的作用》,《天津社会科学》2004年第6期,第66—68页。

一致的因素；在微观上无法根除由于个人能力、机遇不同以及财富的代际积累而造成的巨大差异，因此，它也就无法最终解决贫困和不平等。由于任何制度调整的方向都最终取决于结果公平的目标，而社会主义社会发展的目标是最终实现共同富裕，需要代表公共利益的国家通过制度调整来实现社会正义，保证结果公平。这就决定了政治国家在实现结果公平的制度调整中，必须遵循“尚公之道”。中国传统政治文化中的“立公废私”观是一种倡导虚幻集体本位的价值观，它是以压抑甚至牺牲个人利益的历史正当性为代价的。而“尚公重私”的公私观既坚持肯定个人利益的历史合理性，又强调注重公共利益的价值合理性，把公共利益和个人利益结合起来，体现了社会主义市场经济的目标取向。因此，当前我们应该把“尚公重私”作为制度设计的价值取向，把利益取向上的个人与社会的统一看做是社会主义价值观的内在要求。

三、制度公正的基本原则是尊重个人利益

人是生产力要素中唯一具有主观能动性和创造性的要素，要想最大限度地激活人力资源链条，在制度设计上就应充分考虑一个问题，即如何最大限度地调动并激活人的劳动的主动性和创造性，如何将制度的设计目标与执行者的切身利益最大限度地联系在一起。我们通过以下案例来说明问题：（一）假设三个人要分一块金币，如果由第一个人切金币并且又先挑金币，尽管你对切金币的人反复的道德思想教育，做这样那样的指示，这样就能确保他真的做到公平公正吗？答案是否定的。但如果我们从制度上这样规定，可以由你第一个

切金币,但是必须让其他两个人先挑。这样的制度设计就能够保证做到公平分配。先切金币的人会想方设法,运用一切合理手段,慎之又慎乃至纤毫必较地去切分,尽量做到平均。因为一旦分得不均,吃亏的是他自己。(二)这是发生在第二次世界大战中期美国空军和降落伞制造商之间的真实故事。当时,降落伞的安全性能不够。在厂商的努力下,合格率逐步提升到99.9%,而军方要求降落伞的合格率必须达到100%。对此,厂商不以为然。他们认为,能够达到这个程度已接近完美,没有必要再改进。他们一再强调,任何产品也不可能达到绝对的100%的合格率,除非奇迹出现。不妨想想,99.9%的合格率,就意味着一千个伞兵中,会有一个人因为产品质量问题在跳伞中送命,这显然会影响伞兵们战前的士气。后来军方改变了检查产品质量的方法,决定从厂商前一周交货的降落伞中随机挑出一个,让厂商的人装备上身后,亲自从飞机上跳下。这个方法实施后,奇迹出现了,合格率立刻变成了100%。①(三)一座城市的郊区有一座水库,每年夏天都吸引大批游泳爱好者前去游泳。而水库是城市自来水工厂的重要取水源,为了保持水源的清洁卫生,自来水厂在库区树了许多"禁止游泳"的牌子,但效果并不理想,人们照游不误。后来自来水厂换了所有的禁止类标语,公告牌上写着:"你家用的水来自这里,为了你和家人的健康,请保持清洁卫生"。结果,库区中的游泳者就不见了。这些案例充分说明:有效的制度设计要善于利用人的"自私因素",充分尊重个人利益是制

① 赵江安:《好制度造就"好人"》,《企业管理》2003年第7期,第78—79页。

度设计的基本原则，是制度合理性和有效性的根本来源，是制度可执行性的基本保证，否则，任何规则和制度都将流于形式和寸步难行。

人类社会中存在着自私的个体与公众利益之间的冲突，而且这一趋势极为盛行，整个政治哲学都建立在这一原则的基础之上。亚里士多德认为："凡是属于最大多数人的公共事物常常是最少受人照顾的事物，人们关怀着自己的所有，而忽视公共的事物；对于公共的一切，他至多只留心到其中对他个人多少有些相关的事物"①。托马斯·阿奎那也同样认为："私有财产之所以合理，是因为人们对自己拥有的东西，要比对许多人或所有人拥有的东西，照看得好得多；是因为人们为自己干活要比为别人干活卖劲得多；是因为如果财产划分清楚，就不会为如何使用公共财物而争吵，就会维持良好的社会秩序"②。因此，就公私两种行为而言，制度是针对利己行为的。

社会主义新中国在建立初期，受到苏联模式的影响，国家的基本制度设计是建立在"单位政治人"的人性假设基础上的。这种人性假设认为，社会主义国家中的人民是国家的主人，人人都具有强烈的政治参与热情，人不应该再有"私利"，每个人应该在为国家、为社会作出贡献中实现自身的价值。我们虽然并不缺乏人是生产力中最关键要素的常识，却置人

---

① [古希腊]亚里士多德：《政治学》，商务印书馆1983年版，第48页。

② 转引自薛艳丽：《人性与制度》，《理论月刊》2004年第1期，第52—54页。

之七情六欲、基本需要于不顾，忘却“天下熙熙，皆为利来，天下攘攘，皆为利往”的至理古训，主观地认为社会主义制度一经建立，人民中蕴藏的冲天干劲即得以释放，社会财富将水流泉涌般地创造出来。我们同样懂得生产关系是社会关系中最基本的关系，于是就借助上层建筑的特殊威力，不断“革命”，直至“文化大革命”，改造社会经济结构，生产资料一律公有，集体组织，共同劳作，平均分配，无视个人利益，消灭市场经济，恨不能跑步进入共产主义。人们口头无言，却以实际行动说话，硬是在神州大地上绘出一幅绝妙的图画：集体的地灰溜溜，自留地绿油油；上工大呼隆，干活磨洋工；革命生产两不误，嘴皮肚皮空对空。通过几十年的社会主义建设实践，我们认识到，在制度设计中“尚公”是我们必须坚持的一个价值取向，但是不能“废私”或者“灭私”。马克思恩格斯说：“那些有时间从事历史研究的为数不多的共产主义理论家，他们的突出的地方正在于：只有他们才发现了‘共同利益’在历史上任何时候都是由作为‘私人’的个人造成的。”①把个人自我利益追求当做“致恶之源”去“堵”或“灭”，就会使个人的积极性、创造性和社会的发展动力逐步丧失；把个人自我利益追求当做“致善之源”来放任自流，则会产生一系列道德上的混乱，中国两千多年的封建社会中对人欲的堵灭和西方近代资本主义阶段对人欲的放纵，都曾产生过不良的社会后果。实践证明，有效的制度设计必然以合理的人性假设为理论前提，必须以尊重个人利益为基本原则。

---

① 《马克思恩格斯全集》第3卷，人民出版社1960年版，第275—276页。

四、制度公正是实现私利公益目标的有效手段

任何制度和规则的主要目标是调动人的积极性，提高效率，而要做到这些就必须解决“个人利益”与“公共利益”之间的关系，即如何能够使人人像关心自己利益一样关心公共利益，这就是私利公益问题。按照通常的看法，私利与公益在价值上截然不相容，从私利出发不可能达于公益。然而，启蒙时代以来的一个最重要思想就是强调私利对于公益的基础意义：正是个人为己逐利之努力与创造性活动构成社会公共财富增长之源泉，用曼德维尔的话说就是“私人恶德即公共利益”①。究竟如何才能实现“私利公益”的目标？换言之，追求私利的个人是如何组织起来，实现自己的利益，且同时又增进社会整体利益的？茅于轼认为：“有没有可能建立一种制度，其中一切对社会有利的事统统对个人也有利；而且对个人有利的事也有利于社会。如果能设计这样一个制度并加以实施，社会的一切罪恶就不再发生，因为自利的动机在这个制度中都化解为共同的利益”②。我们知道，私利未必必然导致公益，私利也完全有可能与公益截然对立，私利公益的一致性有赖于制度公正安排这一社会背景。英国经验论者在强调自爱是人的本性的同时，就面临一个无法回避的问题：自爱的人如何能在追求自身利益中达至对于公共利益的增进？他们试图

① [荷兰]伯纳德·曼德维尔：《蜜蜂的寓言》，肖聿译，中国社会科学出版社2002年版，封面。

② 茅于轼：《中国人的道德前景》，暨南大学出版社1997年版，第149页。

通过“良好的制度”来解决这一问题，他们认为良好的制度、利益共享的规则与原则，可以有效地引导人们最佳地运用其智慧，从而可以有效地引导有益于社会的目标的实现。① 根据马克斯·韦伯的看法，新兴资本主义之所以得以确立，就在于确立起那样一种理性精神及其制度，在这种理性精神及其制度作用之下，追逐私利的行为被导向互利行为。② 霍布斯等人通过社会契约的方式从政治角度作出了自己的回答，而亚当·斯密则通过那只看不见的手从经济学的角度给出了另外的解释，用亚当·斯密的思想表达这就是通过互利的方式达到目的。③

如何从制度上实现私利与公益的有机结合？笔者认为，到目前为止，主要有以下三种主要的制度模式：第一种办法实际上主要指的是资本主义私有制，资本主义的自由经济和市场经济，崇尚的道德理念是个人奋斗、个人主义、自由主义、实用主义，强调人不为己，天诛地灭，唯利是图。人类社会自进入资本主义社会以来，确实大大推动了人类社会的发展，正像马克思所说：资本主义在它不到一百年的时间里创造的生产力比以往任何社会创造的生产力总和还要多，还要大。尽管如此，为什么马克思和恩格斯要花费毕生精力批判和推翻资

① ［英］哈耶克：《自由秩序原理》（上），三联书店 1997 年版，第 69—71 页。

② ［德］马克斯·韦伯：《新教伦理与资本主义精神》，三联书店 1992 年版，第 8 页。

③ ［英］亚当·斯密：《道德情操论》，商务印书馆 1997 年版，第 105—106 页。

本主义制度呢？这主要是因为资本主义制度自身有其不可克服的弊端和缺陷,即生产的社会化与生产资料的私人占有之间的矛盾。由于这个矛盾衍生出一系列社会不公正和不平等的现象和矛盾,如政治上的少数资产阶级统治和广大劳动阶级的被统治之间的矛盾;经济上的生产资料私有制和生产的社会化之间矛盾;分配上的劳者不获,获者不劳,富者愈富,穷者愈穷;生产上的个别企业的有计划和整个社会的无政府状态;资本主义周期性的经济危机,就是明证。由于过分追求经济上的效率和财富,使整个社会的道德水平下降,人与人、人与社会、人与自然之间出现了不可克服的矛盾和紧张状态。实践证明,资本主义制度并不是目前人类社会的理想社会和制度。第二种办法就是建国后我国"一大二公三纯"的社会主义实践。现在看来,这种社会主义的主要弊端在于"三急",即"急于求纯,急于求成,急于实现社会公正"。事实上,这两种制度和办法都有缺陷,主要是走向私有制和公有制的两个极端,资本主义是不适合生产力发展的要求,而"一大二公三纯"的社会主义是不适合落后生产力的要求;前者是落后于生产力,而后者是超前于生产力。第三种方法是在坚持社会主义根本制度的前提下,适合公有的就公有,适合私有的就私有。目前我国经济体制和政治体制改革的主要目的就是更加充分地调动每个人的积极性,使每个人像关心个人利益一样关心公共利益。主要的办法是:在经济上坚持以生产资料公有制为主体,多种经济形式共同存在和发展,即使生产资料公有制也要想方设法创造多种有效的实现形式,更好地实现经济学上所说的私利和公益的有机结合。实践证明,单一的所有制不适合目前生产力状况。在政治上正在逐渐成熟地处理国家和社会、国家与企业、政府与政党以及个人与集体之间的关系。主要的做法是政企分开、党政分开和简政放权，有效地解决政治学上的"私域"和"公域"之间的关系。

从制度分析的角度而言，一种社会形态具有更强的生命力，就在于这种社会形态的制度能够更好地协调个人私利与公共利益的关系，能够将个人追求私利之行为最终导向在使个人私利实现的同时亦增进社会公共利益。一个合理的制度设计或者制度安排，就是应当使为"我"的个人在追求自身利益的现实活动中，在增进自身利益的同时，亦增进他人与社会公共利益。哈耶克认为，"一切道德体系都在教诲向别人行善……但问题在于如何做到这一点。光有良好的愿望是不够的"。因为在扩展秩序中，包括政府在内的一切人，"如果严格地只去做那些对具体的他人明显有利的事情，并不足以形成扩展秩序，甚至与这种秩序相悖。市场的道德规则使我们惠及他人，不是因为我们愿意这样做，而是因为它让我们按照正好可以造成这种结果的方式采取行动。扩展秩序以一种单凭良好的愿望无法做到的方式，弥补了个人的无知，因而确实使我们的努力产生了利他主义的结果"。这种制度的奇特作用在于：它可以使人们"为别人提供服务，这无需他怀有真诚的善意"，"即使是坏人，为公益服务也符合他的利益"①。高兆明认为："制度体制的设计应当贯注私利公益的原则，追求

① ［英］哈耶克：《致命的自负——社会主义的谬误》，中国社会科学出版社 2000 年版，第 89 页。

个人私利必须通过增进公益的途径，实现个人私利的同时亦使公益得以实现，使私利与公益达于统一”①。

一个好的制度，则至少要同时做到以下两点：第一，只有为社会提供了某种服务，满足了社会上的某种需求，才能使自己的私利得到满足，才能得到别人提供的服务，从而每个人利己的动机都能在客观上起到利他的效果，为私的行为能达到增进公益的目的。从经济学的角度看，这也就是要使每个人的每一项活动，都是“生产性”的，都有利于使整个社会总的福利增大，而不是只想成天致力于怎么分割或重新分割一块（长不大的）蛋糕。第二，使社会上每个人所拥有的那些利他之心，无论多少，都能最大限度并最有效地发挥作用。比如建立起为社会公益或慈善事业捐款的制度、志愿服务制度等，使一切利他主义动机都能有机会、有渠道发挥出来并受到适当的鼓励。这样，无论利己和利他的动机，都能发挥出积极作用，促进经济的发展和社会的进步，同时，也自然促进整个社会道德水平的提高。实践证明，我们对个人利益的追求，既不能予以完全遏止又不能任其放纵自流，而要通过政治的、法律的、经济的、道德的各种有利有力的社会措施，把个人对自我利益的追求纳入到符合社会整体利益和历史发展趋势的轨道上，防止其越轨，不让其违背社会整体利益及他人利益，而使其成为社会发展和繁荣的动力。这是一项庞大的、艰巨的综合治理工程，这一工程要求我们要建立和健全社会的各种激励和制约机制，包括政治法律上的赏罚公正，经济利益分配中

① 高兆明：《制度公正论》，上海文艺出版社 2001 年版，第 119 页。

的合理差距政策,等等。我国建立社会主义市场经济体制以来,置身于具有健全制度、严密规范、严格法治的普遍联系与普遍依赖的市场经济体系之中,每一个人只有通过交换才能实现自己的劳动,并从市场获得自身的消费资料。个人在为自己私利劳动的同时,事实上也就在为社会创造财富,最终实现制度公正的理想目标——私利公益。

第三节 制度公正的抑恶扬善功能①

一、抑恶扬善是人类社会的理想目标

从历史和现实来看,人类追求道德理想和价值目标,是一个不断"抑恶扬善"的过程。这正是千百年来伦理道德理论和学说之所以生生不息的重要原因。在任何社会,"抑恶扬善"都是一个不容回避的现实课题。近年国内外"全球伦理"思潮的兴起从一个侧面反映出,"抑恶扬善"也是一个"全球化"的重要课题。从理论上说,"抑恶扬善"的前提是既识"善"又识"恶"。识恶的目的是制恶,充分认识到制恶的必要性和可能性,尤其要高度重视对"恶象"不能光靠"善式"的教化,更要靠"恶式"的制约。现实社会"恶"的存在,"恶象"环生,"恶人"肆意,已是不争的事实。尤其是市场经济的发展,似乎又打开了恶的"潘多拉魔盒"。人们更多的是从阶级社

① 宋增伟:《制度公正的抑恶扬善功能》,《学术论坛》2006 年第 5 期,第 1—4 页。

会，经济不发达，道德觉悟不高，或人心不古，道德教育不力，思想教育乏力等方面去理解、去责怪。毋庸讳言，这些都是一定的主客观因素，都需要认真思考、改革或加强。但如果我们换一个角度，可能会发现是与传统的伦理道德体系总是对性恶说采取排斥的态度、否定的方式有关。换言之，在市场经济条件下，要加强对恶的研究，以便充分把握恶的情状和规律，并在此基础上建立比较全面的伦理，既弘扬伦理的“扬善”之维，又铸造伦理的“抑恶”之维，从而导引社会向善的方向发展。在现实社会，在善恶并存中“恶”的表现可能还更突出、更充分，或更使人感到担心。在政治领域，有行政不公、执法违法，官僚习气、欺压百姓，贪污腐化、行贿受贿，买官卖官、权钱交易，等等；在经济领域，有唯利是图、投机倒把，不正当交易、坑蒙拐骗，逃税漏税、非法走私，等等；在文化领域，有导向混乱、放纵邪恶，盗版侵权、黄害流行，淫秽泛滥、廉耻寡闻，等等；在生活领域，有子女不孝、兄弟不悌，邻里寡交、朋友失信，赌博兴盛、淫娼泛起，集团犯罪、治安恶化，等等。这些现象说明“恶”就衍生在我们身边，恶在社会中是现实存在的，并提醒善良的人们不要仅仅停留在善良的愿望上，而是要正视现实、正视恶的存在，以便分析之、解剖之，从而有效地解决之。

比较中国与西方国家的政治文化，可以发现存在很多差异。张明澍先生用一个中国成语“抑恶扬善”①，恰如其分地形容形成不同政治文化的原因：政治的目的和功用在中国是

① 参阅张明澍：《中国政治人——中国公民政治素质调查报告》，中国社会科学出版社 1994 年版。

扬善,而在西方则是抑恶。如何理解扬善和抑恶?在西方文化中,政治产生于人性的不完善。美国开国元勋汉密尔顿说过:"如果人都是天使,就不需要政府"①,政治相对于人的本性而言,是派生的、不自然的,是为了抑制人性恶的一面而不得不强加于人类的。"康德指出,由于人天生具有趋利避害的欲求,由于利己心的作祟,人类的历史是由恶来推动的。同时还进一步指出,人必至善是历史进步的最终目标,但是这个目标的实现是由恶来推动的。人类只有经受住了善恶对抗的洗礼才有可能从自然人变成社会人,从感性人变成理性人,从不自由人变成自由人"②。与西方的抑恶相比,中国的政治目的正好是扬善。《三字经》第一句就是"人之初,性本善",中国的政治就是人的善的本性中的一个部分,是内在的、自然的。中国人的政治,目的和功用在于扬善。扬善使政治充满了伦理的色彩。在人们心目中,政治领袖具有完美无缺的品德,"圣人出,黄河清",其所作所为是为了全社会谋幸福。由于长期处于封建社会,中国传统政治心理的特点是崇拜权力,顺从权威。因此,在扬善的文化和心理背景中建立起来的政治制度,往往偏重人治,而缺乏监督、制约人的机制。抑恶则使政治中弥漫着功利的色彩,充满对人性恶的疑虑和防范。在抑恶的政治文化和心理背景中建立起来的政治制度,往往注重法治,注重互相制衡。中国传统政治文化对政府的态度

① [美]汉密尔顿:《联邦党人文集》,商务印书馆1980年版,第264页。

② 谭希培、高帆:《超越现存——制度创新论》,湖南大学出版社2002年版,第118页。

是信任有余而监督力度明显不足，西方政治文化对政府则是制衡有余而信任严重不足。中国哲学家喜欢把道德性当成人的本质，并给人性预设一个或善或恶的前提，然后专心探讨对人性的后天修习妙法，或保持善，或矫正恶，或存天理，或灭人欲，讲究一种内省和自我的内部交流。如此一来，有关道德教育、道德修养的理论就不断丰富、完善了，这使中国哲学具有了明显的伦理色彩。

二、制度对人的教育和塑造作用

黑格尔当年在评价康德时曾提及当时人们感觉到的一种经验现象："有道德的人常常遭受不幸，而不道德的人则往往是幸运的"①。出现这种现象的原因就在于他所生活于其中的那个社会制度本身出了问题，它在权利与义务关系的安排上是不公正的，它为那些不道德的人安排了更多的获利机会，它的激励机制是在鼓励人们不道德。② 道德如果仅仅是追求一种应然的善，而这种善是和现实社会相脱离的，那么这种善仅仅是美的，而不是同时也有用的，那么，这种道德及它追求的善虽然是令人仰慕的，但却可能同时又缺少强烈、普遍、持久的行为感召力与激励力，因而事实上变得软弱苍白。当然，在制度不公正、体制不健全的时候，也会出现一些秉公执法、刚正无私、清正廉洁的人物，他们的行为和精神是那样的可贵，这也正是人民群众对他们敬爱有加的地方。我们也许会

---

① ［德］黑格尔：《精神现象学》（下），商务印书馆1987年版，第141页。

② 高兆明：《制度公正论》，上海文艺出版社2001年版，第174页。

为生活中的模范人物所感动流泪乃至于所震撼，但这种震撼不能成为道德进步的主要动力，最终由于脱离现实的人性状况而失去持久的效力。实践证明，不在制度建设上面下功夫，而只是在道德上摇旗呐喊，最终是解决不了问题的。这里的"制度"是指在社会生活中得到公众认同的、稳定的不断重复出现的行为模式。制度作为一种既定的社会现象，体现在社会生活的方方面面，包括生产制度、经济制度、政治制度和思想文化制度以及一切组织形式中的制度形式。人从一出生就不可避免地受到他生存在其中的制度的制约、塑造和影响，就不能不受到社会环境和制度环境的塑造。每个人都无法脱离他生存的制度环境。所谓制度环境就是指一定的制度建设或制度安排给社会成员所提供的社会生活空间，它由一定的体制和制度所设定和规范，通过一系列由专门机关正式颁布的政策、法规、条例来体现。制度环境决定人们道德人格的养成，决定道德践行的价值趋向，同时还决定社会道德秩序的遵守。制度教育人、塑造人，制度既是人生存的保障和规范，又是影响人的发展的重要因素。"如果一个人生活在埃及、巴基斯坦或印度尼西亚的穆斯林家庭，那么他很可能成为一名穆斯林；如果一个人生活在西藏、斯里兰卡或日本的清教徒家庭，那么他很可能成为一名佛教徒；如果一个人生活在印度教徒家庭，那么他很可能成为一名印度教徒；如果一个人生活在墨西哥、波兰或意大利的基督徒家庭，那么他很可能成为一名天主教徒"①。

---

① ［美］约翰·希克：《信仰的彩虹——与宗教多元主义批评者的对话》，王志成、思竹译，江苏人民出版社1999年版，第9页。

有的学者把这种情况叫做“制度中人”。所谓“制度中人”是指，在一定制度中，行为者的目标和偏好受制度约束。从某种程度上说，每个生存于社会中的人，都是“制度中人”①。康芒斯认为，我们对于制度可以叫做“业务规则”，也可以叫做“行为的准则”，还可以称作“课税的原则”和“合法程序”等，但有一点却相同，那就是“它们指出个人能或不能做、必须这样或必须不这样做、可以或不可以做的事，由集体行动使其实现”②。这种限制或制约是维持社会生存和发展的必备条件。罗尔斯认为：“社会的制度形式影响着社会成员，并在很大程度上决定着他们想要成为的那种个人，以及他们所是的那种个人”③。“在大众层面上，一般说来，一个人事实上只能享受这个制度体系所规定的、所赋予的权利，一个人事实上必须履行这个制度体系所规定、所加予的义务”。“制度本身不仅仅是社会的一种整合机制，同时事实上还是社会的一种行为引导机制”④。“制度不单是允许人们说什么、做什么、研究什么、发表什么的规定，还是对说什么、做什么、研究什么、发表什么行为的调节”⑤。“制度之所以成为经济发展与道德进步统一的联结点，就在于它作为规范经济活动的规则，既可提高

① 龚虹波：《“制度中人”与制度的较量》《浙江学刊》，2002年第6期，第189—192页。

② [美]康芒斯：《制度经济学》，商务印书馆1997年版，第89页。

③ [美]约翰·罗尔斯：《正义论》，何怀宏译，中国社会科学出版社1988年版，第285页。

④ 高兆明：《制度公正论》，上海文艺出版社2001年版，第29页。

⑤ 鲁鹏：《制度与发展关系研究》，人民出版社2001年版，第183页。

经济效率,又具有引导人们向善的功能"①。"制度可以引导人们向善。制度中蕴藏着文化基因,是人的伦理关系、价值关系及其评判尺度的现实凝结物"②。

三、制度优于人性

人类应该相信制度还是相信人性,这主要是由于存在不同的人性假设而造成的。如果认为人性善,那就重视人性中善的张扬和道德的教化,中国古代尽管也重视制度的设立,但出发点是把道德教化放在首位,用道德来代替法律。封建统治者认为:知识、技术和制度上的事情都是"小道",只有修身养性才是"大道"。因此,应当上至皇帝、下至村野陋儒一齐起来讲求"修身"的"大道"。黄仁宇评论明朝开国措施说:"洪武皇帝所推行的农村政策及一整套的措施,对本朝今后的历史,影响至为深远。其显著的后果是,在全国的广大农村中遏止了法制的成长发育,而以抽象的道德取代了法律。上至官僚下至村民,其判断是非的标准是'善'和'恶',而不是'合法'或'非法'"③。如果认为人性恶,那就自然重视制度和规则的创建,希望通过制度来遏制人的缺陷。主张民主法治的西方思想家们,调和吸收了性善论性恶论的观点,对人性达到了比较全面的认识。他们既承认人性中有自私腐化的潜质,所以需要权力制约与民主监督;但又没有流于性恶论,对

① 鲁鹏:《制度与发展关系研究》,人民出版社 2001 年版,第 191 页。
② 鲁鹏:《制度与发展关系研究》,人民出版社 2001 年版,第 192 页。
③ [美]黄仁宇:《万历十五年》,中华书局 1982 年版,第 146 页。

于人的善良正直仍保持着相当的信任，从而为民主法治的实现提供了可能。

西方政治哲学的一个基本观点和共识就是制度优于人性，一种重要的理论分析框架就是性恶论基础上的制度设计。从柏拉图到亚里士多德，从汉密尔顿到休谟，从霍布斯到孟德斯鸠，从古代到近代，一直是许多思想家关注和论证的主题。孟德斯鸠认为："一切有权力的人都容易滥用权力，这是万古不易的一条经验。有权力的人们使用权力一直到遇到界限的地方才休止。说也奇怪，就是品德本身也是需要界限的！""从事情的性质来说，要防止滥用权力，就必须以权力约束权力"①。哲学家波普认为："虽然我们可以设计各种制度，以使这些权力被滥用的危险减少到最低限度，但我们决不可能根绝这种危险"。"我们需要的与其说是好的人，还不如说是好的制度……我们渴望得到好的统治者，但历史的经验向我们表明，我们不可能找到这样的人。正因为这样，设计使甚至坏的统治者也不会造成太大损害的制度是十分重要的"②。路德曾言，假如全世界的人都是真正的基督徒，就不需要俗世的刀剑和法律。然而他又说，整个世界是邪恶的，在千万人中难有一个基督徒，所以刀剑和法律还是必要的。③ 之所以要对权力进行限制，其深层次的原因就在于人都有趋利避害的倾

① ［法］孟德斯鸠：《论法的精神》，商务印书馆1982年版，第156页。
② ［英］卡尔·波普：《猜想与反驳》，上海译文出版社1986年版，第491页。
③ 《路德选集》（上），徐庆誉、汤清译，基督教文艺出版社1968年版，第444、446页。

向,为了满足自己的欲望,为了追求自身的快乐、荣誉、物质利益、权力,可能无所不用其极。"西方的法治以防恶为逻辑起点,以保障个体权利为归宿。公法之设,在于防范公共权力的滥用;私法之设,一方面是为了抵御公共权力对社会个体权利的侵犯,另一方面是为了防止社会个体权利的滥用。贯穿西方法治的一条主线是对人性和权力的不信任"①。宪政制度基本上正视并适合了人的真实本性:正因为人有根深蒂固的罪恶,因而对人的权力必须加以限制;正因为人有与生俱来的神性与善性,因而应当尊重人作为人所应有的尊严,保障人的生命、自由与财产等基本权利。这两方面的统一,生长出了宪政的基本精神,即对权力的限制与对权利的保护。人的利己之心是无所谓善恶好坏的,关键在于用什么制度去引导人的利己之心。如果人们只有通过损耗他人才能实现利己,那么人就会变成"魔鬼"。如果人们只有通过互利合作才能实现利己,那么人就会变成"天使"。因此,制度设计一定要顺从人的本性。尽管制度也不是万能的,但是,人类要想建立一个美好的社会,寄希望于政府干预也不可靠,相比之下最可靠的办法还是有赖于一个好的制度。

马克思主义认为:现实中的个人是怎样的,是由其生活方式和生产方式决定的,也就是说,生活方式和生产方式决定人、人性和人的本质。历史经验证明,不同的制度使人们的精神和个性表现出不同的状况和特点,有着不同的发展水平。

---

① 郝铁川:《"性善论"对中国法治的若干消极影响》,《法学评论》2001 第2期,第20—24页。

《资治通鉴》记载,有一个宰相叫裴巨,在唐朝为忠臣,在隋朝则为佞臣。遇明君则明,遇昏君则暗。法治与人治是两种不同的治国模式和制度安排,在人治的背景下,一切以领导人的好恶为转移,一切以人的权力为指针,人与人之间等级森严,人们崇拜的偶像就是掌握权力的人,有权就有一切,行政权力支配一切,人们拜倒在权力的石榴裙下,对权力顶礼膜拜,“学而优则仕,仕而优则学”,权力代替了权威,社会运作的主要方式是通过政策的贯彻,而不是通过制度的执行和遵守。在人治背景下,人格尊严服从于权力,在权力面前人性异化,人格扭曲,不重视人的权利和人的利益,公仆与主人发生错位,官僚主义盛行,特权现象屡禁不止,一言堂、家长制、官本位是人治的主要特征和表现。而在法治背景下,一切以法律为转移,在法律面前人人平等,法律高于一切,法律居于神圣的位置。在法治社会下,广大人民法治意识强,民主参政意识高,群众的权利得到法律保障,人的尊严得到保护,人与人之间是一种新型的平等的关系,领导作风民主,倾听群众的呼声,尊重群众的利益,满足群众的要求,党和政府在法律和宪法的范围内活动,国家和社会的运行主要靠法律而不是靠领导人的讲话,法高于权而不是权大于法。历史上凡是新朝刚立,没有一个不用心,没有一个不敬业,也没有一个不勤奋,但怎样才能改变“人亡政息”的王朝兴亡更替的周期律,这是所有统治者和政治家深思熟虑过的大问题。我国封建皇帝有559个,其中不乏敬业勤政、励精图治、廉洁自律的好皇帝,但最终却都跳不出这个历史的怪圈,可以说再伟大圣明的皇帝也阻挡不了这个“无可奈何花落去”的必然趋势。

“文化大革命”结束后,针对当时有些同志把许多问题都归结到毛泽东个人品质上,邓小平十分精辟地指出:“文革”的发生和发展,有着更深层次的根源,这就是在我们党和国家的领导制度、组织制度、工作制度上存在着一些根本的缺陷。他在指导《关于建国以来党的若干历史问题的决议》时指出:“过去有些问题的责任要由集体承担一些,当然,毛泽东同志要负主要责任,我们说,制度是决定因素,那个时候的制度就是那样。那时大家把什么都归功于一个人。有些问题我们确实也没有反对过,因此也应当承担一些责任。”①“单单讲毛泽东同志本人的错误不能解决问题,最重要的是一个制度问题。毛泽东同志说了许多好话,但因为过去一些制度不好,把他推向了反面。”②毛泽东说过,斯大林严重破坏社会主义法制,这样的事件在英美法这样的西方国家不可能发生。显然那时他已经认识到有比个人品质更为重要的根源。1980 年 8 月 18 日,邓小平再一次反思:“我们过去发生的各种错误,固然与某些领导人的思想、作风有关,但是组织制度、工作制度方面的问题更重要。这些方面的制度好可以使坏人无法任意横行,制度不好可以使好人无法充分做好事,甚至会走向反面。”③“不是说个人没有责任,而是说领导制度、组织制度问题更带有根本性、全局性、稳定性和长期性。这种制度问题,关系到党和国家是否改变颜色,必须引起全党的高度重

① 《邓小平文选》第 2 卷,人民出版社 1994 年版,第 308—309 页。
② 《邓小平文选》第 2 卷,人民出版社 1994 年版,第 297 页。
③ 《邓小平文选》第 2 卷,人民出版社 1994 年版,第 333 页。

视。”①在回答意大利记者“怎样才能避免或防止再发生诸如‘文革’这样可怕的事情”提问时更是一语中的：“这要从制度方面解决问题。”②是制度的好坏决定人的好坏，而不是与此相反；更重要的是人的好坏掩盖了制度的好坏。邓小平认为，我国实际存在着的领导职务终身制“是我们制度上的缺陷”，“这不是一个人的问题，是整个制度的问题。”③如果制度上不能解决这个问题，在相当长的时间，让一个国家的命运建立在一两个人的声望上面，是很不健康的，很危险的，难以为继的。“不出事没问题，一出事就不可收拾。”④

四、制度决定人的善恶取向

亚里士多德认为：“人类的善就应该是心灵合乎德行的活动，假如德行不止一种，那么，人类的善就应该是合乎最好的和最完全的德行的活动”⑤。伊壁鸠鲁认为“我们为幸福生活是我们天生的最高的善，我们的一切取舍都从快乐出发，我们的最终目的乃是得到快乐，而以感觉为标准来判断一切的善”⑥。斯宾诺莎把善同人的快乐联系起来，他认为“所谓善是指一切的快乐和一切足以增进快乐的东西而言，特别是指

---

① 《邓小平文选》第2卷，人民出版社1994年版，第333页。
② 《邓小平文选》第2卷，人民出版社1994年版，第348页。
③ 《邓小平文选》第2卷，人民出版社1994年版，第350页。
④ 《邓小平文选》第3卷，人民出版社1993年版，第311页。
⑤ 周辅成：《西方伦理学名著选辑》（上卷），商务印书馆1964年版，第237页。
⑥ 周辅成：《西方伦理学名著选辑》（上卷），商务印书馆1964年版，第103页。

能够满足愿望的任何东西而言。所谓恶是指一切痛苦,特别是一切足以障碍愿望的东西而言”①。在伊壁鸠鲁和斯宾诺莎看来,人的幸福、快乐是判断道德善恶的唯一标准,人的活动能给人自身以幸福、快乐的感觉即是善行,反之则是恶行。我国学者王海明认为:“所谓善也就是事物所具有的能够满足需要、实现欲望、达成目的的有效性,是人们所赞许、所选择、所欲望、所追求的东西”②。而善的反面就是恶。“就是指某种阻碍满足需要、实现欲望、达成目的的有效性”③。马克思主义认为:道德的善恶不能以个人的感觉为标准,也不能以人的功利为标准,而应以他的行为是否符合社会整体的利益为标准,人们的行为是否具有正当性与合理性,应主要看他的行为是否符合当时普遍公认的道德原则和社会规范,符合即是善,否则就是恶。

究竟如何利用人性中善的部分,避免人性中恶的张扬,即抑恶扬善,关键要看制度。人性是可以“致善”也可以“致恶”的,关键在于制度和规则的约束和限制,人性的善恶取决于制度。人性就如河水,告子曰:“性犹湍水,决诸东方则东流,决诸西方则西流”,因此,“性无善无不善”④;制度就像河堤,有河堤则可用河水灌溉良田,无河堤,河水泛滥,就会给社会带来灾难;制度就像篱笆,有篱笆就能国泰民安,无篱笆,则盗贼

① 周辅成:《西方伦理学名著选辑》(上卷),商务印书馆1964年版,第619页。

② 王海明:《伦理学原理》,北京大学出版社2001年版,第25页。

③ 王海明:《伦理学原理》,北京大学出版社2001年版,第26页。

④ 朱熹注:《孟子》(告子上),上海古籍出版社1987年版。

横行,永无宁日。制度是人的制度,制度是维护、改造、提升人性的重要途径和手段,是规范化、定型化了的正式行为方式与交往关系结构,它受到一定权力机构的强力保障,具有管束、支配和调节作用。政府通过制定与实施一定的法律、制度来调控社会,使社会成员在宪法、法律及各种规章制度的范围内活动,使社会生活有序化。陈忠武认为“人是一种有缺陷和弱点的动物,犯错误是经常的事情,愚蠢的决定和选择时常发生,引人堕落的诱惑无处不在,无时不有。在这个问题上,从来就没有尽善尽美的解决办法,只能选择一种较好的制度安排予以约束和遏制,此岸世界并不存在一劳永逸的完美事物”①。美国哲学家莱茵霍尔德·尼布尔在《道德的人与不道德的社会》一书中指出:单纯依靠宗教和道德说教不可能消除社会不公正。为了消除社会不公正,还必须采用“合理的强制手段”。人的本能如同半坡上的一辆机车,向下是从恶,向上是从善;虽然容易从恶但并不必然从恶。因为人是高级的社会动物,他们有制定出的制度来规范彼此的行为的能力;而且,人们是理性的,是制度导向的,一定的制度架构规定了人们什么样的观念系统和行为模式是最有利的,从而有什么样的制度就有什么样的人性:如果在一个规范的制度环境中,人们只有为社会多做贡献才能更好地满足自己的需要,那么绝大多数人就会从善如流,形成互相帮助的社会氛围和善的人性;反之,如果在一个不规范的制度环境里,若败德者受益、守德者受损,那么人们就会从恶如流而不择手段,形成恶的人

① 陈忠武:《人性的烛光》,云南人民出版社 2004 年版,第 169 页。

性。所以,人的动物本能究竟是向恶还是向善,全靠制度去驾驭。“在旧的政治体制下,实际存在的情况是:狡诈,不断狡诈,永远狡诈;无耻,不断无耻,永远无耻。在现代政治体制下信奉的格言应该是:诚实,不断诚实,永远诚实;正义,不断正义,永远正义”①。人是在制度中生活的,社会制度对个人来讲是一种先在的必然性,每个人首先为社会所规定,然后才能去规定社会。如果制度结构不合理,制度本身就不道德,那么一方面,个人做出道德行为,其实质就是不道德的;另一方面,个人即使做到了“道德”,也起不到多大的社会作用,只能独善其身。反之,如果一个社会制度本身设计合理,符合道德的精神,那么一方面,它有“权”要求个体做出道德的行为;另一方面,它也有助于个体做出道德的行为,并能对不道德的行为进行有效的控制。从实际生活来看,一个社会总是存在着君子与小人、好人与坏人、善人与恶人,不可能保证每个人的道德修养和道德境界都处于同一个层次,总会有差别,少数处于较高层次的人,就是“榜样”。社会当然要宣扬典型,弘扬正气,但社会最主要的职责在于建立一套使好人得到好报坏人得到惩罚的制度。因为榜样是有例外的,而制度是没有例外的,是一视同仁的,所以制度比榜样更具有普遍性。如果社会制度本身就善恶不辨、丑美不分,让老实人吃亏,那么人越有正气,不仅他自己会更吃亏,而且这个社会也越混乱。以“大锅饭”为例,由于干多干少一个样,一个人干的越多,不仅他

① ［法］路易斯·博洛尔:《政治的罪恶》,改革出版社1999年版,第310页。

个人得不到更多,而且以他的劳动养活了更多的懒汉,助长了这个制度的不道德。“当出力的和不出力的,出力多的和出力少的可以获得一样多的食粮时,会发生什么情况呢?如果你不想让自己的汗水被别人拿走,你就不必把你的劳动潜力发挥到极限,你唯一的办法就是让它留在人的单元性之中自然耗失。虽然你的利己动机和追求自由的欲望本不愿意发生这种自然耗失,但制度却迫使你这样做。于是,大家都变成了‘出勤不出力’”①。所以,当前应花大力气进行各项制度的改革和建设,而不是仅仅强调个人的道德建设。如果恶人和恶行得不到应有的制裁,恶行就会因为缺乏约束而横行无忌,社会主义市场经济也就不可能有正常的经济秩序、公共秩序和生活秩序。正如经济学家刘伟所说:“在这里,制度的建立、健全和严守尤为重要。只有在制度上使欺诈者必自欺,无信者必自损,才能保证新的道德秩序的真正确立”②。

五、制度公正的基本功能是抑恶扬善③

事实上,善恶是一对具有相对意义的矛盾统一体,没有善也就无所谓恶,对恶的抑制就是对善的弘扬,生活中善的缺失就意味着恶的张扬。如果一种制度不能约束和遏制人性的自私、贪婪的一面,这种制度实际上就是一种助长人性恶的制度,同时也遏制了人性中的善性。制度的精神实质上是一种

① 许明达:《第三个台阶》,社会科学出版社 2005 年版,第 224 页。

② 刘伟:《建设社会主义市场经济新秩序》,光明日报 1996—4—5。

③ 宋增伟:《制度公正与人性假设》,《社会科学》2005 年第 8 期,第 79—86 页。

社会公正。无论是中国还是西方，制度总是同公正密切相关，含有驱除邪恶之意。公正是人们对合乎制度精神的理性认识，是人们对制度所寄予的美好理想和愿望。制度公正是在一定的意识形态指导下建立起来的，是一定的价值观念、伦理精神的实体化、具体化，作为社会制度主要内容的规范体系实际就是实现价值的规范体系。一般说来，一个社会有什么样的制度就会有什么样的主导价值观念。制度的稳定性、强制性使其规定的内容发挥对人的品质、德行、思想情操及其他精神状态的反复作用，从而使制度自身内涵的意识形态、文化价值体系内化为个人的思想和个性。制度公正具有“底线”特征，是维持社会正常秩序的基本要求。对善恶而言，制度主要是针对恶的，制度公正可以有效调节人的善恶行为，它的主要功能就是抑恶扬善。对个人而言，一个公正的制度，会使人良知清醒，选择公正，少犯错误，多做好事；使坏人不能肆无忌惮，为所欲为。对社会而言，制度公正既是一种现实秩序，又是一种社会理想和社会意识，可以使公民平等、自由的权利得到有效保障，实现公民权利与义务的统一。所谓制度公正，就是给变革中的社会提供一种基本合理、公正、健全的制度体系，使社会确立一种基本的交往关系范型及行为规范体系，使社会成员在这种生活范型中，能够进行创造性劳动，他们在改变自己社会生活环境的同时，也改变着自身。制度公正的这种社会规范与引导作用的机理，就在于这种制度本身是基本公正的，是善的，能够给公民带来现实利益，具有存在的合法性，从而使社会成员产生一种强烈的敬重感、责任感，具有一种自觉遵从的内在冲动，并转化为现实行为，起到“润物细无声”的作用。反之,如果制度不公正或者有严重缺陷,即出现制度性失范或制度性腐败,生活于其中的人或大层面上的社会成员就会身不由己地趋于堕落与腐败,因为这种制度机制给人的预期受益的信息是:“在这个社会制度中,奉公守法者寒酸,贪赃枉法者富甲;弄虚作假者升迁,据真禀实者遭贬;吹须溜拍者受宠,犯颜直谏者被整;走前门正道者被拒,歪门邪道者得逞。社会的转型期就更为突出。那么,这个社会制度、体制就会制造出更多的流氓、无赖与腐败政客”。“这种流氓、无赖与腐败政客是这种社会制度、体制的复制品,只要这种制度、体制存在,这种人就会被源源不断地再制造出来”①。因此,对于制度性、体制性腐败,只有从制度、体制本身的变革中才能找到医治的良法。这说明,只有公正合理的制度、体制,才能公正地规范社会行为,塑造良好的社会秩序。

斯密、哈耶克等思想家都对制度公正作出这方面的要求,他们认为人的本性虽然是利己的,追求利益最大化的,但如果在一套适当的制度下,社会就可以防止人类最丑恶的行径,引导我们的自利在无意识中为他人也带来益处。究竟如何用制度来防恶限恶和抑恶扬善? 休谟的思路是化恶为善。他认为,议会中所有成员都追逐自我利益,但明智的政府组织通过巧妙的分权,使其中各个集团在谋求自己利益时,必然和公共利益相一致。② 在他看来,不是人性之善,而是制度,使“坏蛋也能为公众的幸福服务”。如曼德维尔认为,政府的适当职

① 高兆明:《制度公正论》,上海文艺出版社 2001 年版,第 134 页。

② 休谟:《休谟政治论文选》,张若衡译,商务印书馆 1993 年版,第 28 页。

能"就是通过创设聪明的法律架构,建立游戏规则",从而使"私心之恶转变为公益",使"人类的弱点"转变为"公民社会的优点"。他要寻求的是一种"使政府权力的任意行使最小化"的制度。① 孟德斯鸠的思路是以恶制恶。他断定:"从事物的性质来说,要防止滥用权力,就必须以权力约束权力"②。美国宪法之父们追随孟德斯鸠,他们相信:"野心必须用野心来对抗"③。在他们看来,使不同的权力(或野心)相互制约,达致某种均衡,一种野心就会受到其他野心的遏制而不致造成危害。由此看来,以恶制恶的结果也是化恶为善,两者没有什么不同。作为一种制约个人行为的外在力量,"良好的社会制度和政治制度将能够给那些既有益于个人完善又有助于其他人幸福的品质提供培养和发挥作用的环境,同时,又能够有效地控制那些损人利己的恶劣品质和行径"④。与之相反,不合乎公正的制度环境必然会导致人们以不正当的方式追求自身的利益,则利己之心就会导致社会的恶。实践证明,对统治者的本性作恶的假定,对制度作消极的安排,但却能有效地防恶限恶,反而出现了善的积极效果;性善论基础上的制度设计,对人性的善充满信心,对"至善"的统治者充满信赖,对"至善"的政治理想满怀期望,以为"理想国"或"仁政"的天

---

① 弗里德里希·冯·哈耶克:《经济、科学与政治——哈耶克思想精粹》,江苏人民出版社 2000 年版,第 582 页。

② 孟德斯鸠:《论法的精神》,张雁深译,商务印书馆 1982 年版,第 154 页。

③ [美]汉密尔顿:《联邦党人文集》,商务印书馆 1980 年版,第 264 页。

④ Adam Smith Theory of Moral Sentiments, Oxford university Press, 1976. Party IV, Chapter II。

下是君子和圣人的乐园，然而事与愿违，恶行却践踏着人们的善良本性恣意横行。“政治首先要承认的却是恶，因为它更多地要与恶打交道，甚至它的主要职责便是抑制恶。任何轻视了恶之根源，恶之本性，恶之只可抑制不会根除的政治措施都将显得幼稚和轻率”①。在17—18世纪，英国的许多犯人被遣送到澳大利亚流放服刑，私营船主接受政府的委托承担运送犯人的任务。刚开始，英国政府按上船时犯人的人数给船主付费。船主为了牟取暴利，克扣犯人的食物，甚至把犯人活活扔下海，运输途中犯人的死亡率最高时达到94%。后来，英国政府改变了付款的方式，按活着到达澳大利亚下船的犯人人数付费。结果，船主们一改以往的做法，想尽办法让更多的犯人活着到达目的地，饿了给饭吃，渴了给水喝，大多数船主甚至聘请了随船医生，犯人的死亡率最低降到1%。船主还是那些船主，为什么他们一开始刁奸耍滑，后来又变得仁慈了呢？并非他们的本性有什么变化，而是规则的改变导致他们的行为发生了变化。② 这就是制度公正所具有的抑恶扬善功能，好制度造就好人。

制度以道德为目标就是合道德性，就是制度伦理问题，其目标高远，在实际生活中没有具体的标准，往往打折扣，究竟能落实多少主要取决于人自身的觉悟和道德水平。中国几千年的统治传统主要是以德治国，事实上单纯的以德治国只是

---

① 郑也夫：《代价论——一个社会学的新视角》，三联书店1995年版，第22页。

② 赵江安：《好制度造就“好人”》，《企业管理》，2003年第7期，第78—79页。

一个理想的目标，人们只能遥遥看到它的存在，可就是不能成为人人遵守和践行的原则。制度以公正为目标，就是合公正性，就是制度公正问题，公正是道德的底线，是人人起码要做到的道德要求，公正意识随着时代的发展呈现出不同的内容，虽然不如道德那么美妙，但在现实生活中却能够成为处理人与人、人与社会、人与自然之间关系的准则和标准，看得见摸得着，实实在在。随着人的道德水平的提高，制度公正也越来越走向文明。制度公正的目标就是创造具有高尚道德、良序运行、德福统一的社会。

第四章 制度公正的基本原则

制度公正的评价有两个尺度:一是生产力标准,就是从物质生产力的发展和社会财富的增长方面来评价;一是人的发展标准,就是从人的健康和谐的发展方面来评价。从哲学层面进行审视,制度是否公正要从科学性、价值性和可操作性进行判定,它们最终表现为制度的价值取向,即人的发展。对于公正的制度,我们可以从社会发展的角度评判,如是否有利于形成良好的社会秩序、规范的社会关系并最终促进生产力的发展和社会进步。但公正的制度最直接的表现应在于它的价值取向,即应该以人为本,促进人的自由而全面发展。当代人类社会的制度发展越来越以人为中心,越来越成为服务于人的有效手段,越来越体现出人的目的、需要与本质。

第一节 制度设计的首要原则

一、公正是制度的首要美德

人类对公正的追求构成了人类生活的目标,人类追求公正的过程也就成了人生活的目的与价值本身。人总是在追求着公正,也唯有人才会去追求公正,也只有从人的角度才能真正理解这种追求。自然界无所谓公正与不公正。人类在自己的生活中深切地体验到:“有一种东西,对于人类的福利要比任何其他东西都更重要,那就是公正”①。在人的社会中,“正义是社会体制的第一美德”②。人之所以追求公正,根源在于人是历史的存在,即超越现存状态,以自身为理想目的的存在。人总是背对过去,脚踏大地,面向未来的。人追求公正,就是追求人的理想存在,目的在于以此为标准和原则,对人的行为及其结果具有的意义与价值作出终极的判断。人的公正追求,体现了人对人的尊严、价值以及自我实现的憧憬。这种追求蕴涵在人类文明与进步的发展中,在理想性与现实性统一的历史过程中生成并不断变化、更新。一旦脱离人的历史或把人抽象化,公正就会被当做远离人或非人的尺度。思想史上的“永恒正义”以及“存在即正义”的看法,就是公正脱离人的两种抽象化观点。公正理论关注的是人及其行为、关系以及生活是否促进人的发展。因此,公正在其实质上是人理想性存在的真正标准与最高原则,其真正主题是人自身的发展与人的完善。公正理论的终极关怀是人的发展与人的完善,而转换后的现实视角则是社会的发展与进步。在休谟看来,在人类社会有了一定的物质财富的积累而又尚未发展到

① 周辅成:《西方伦理学名著选辑》(下册),商务印书馆 1987 年版,第 534 页。

② [美]约翰·罗尔斯:《正义论》,中国社会科学出版社 1988 年版,第 3 页。

完全充分的状态下，公正便有了其存在的必然性，因而公正被认为是“绝对必要”的人类文明。“广义说，公正禀性由两个因素构成：一是具体内容，二是经济结构。因此作为公正具有两大特征：一是观念性特征；二是结构性特征”①。作为结构性特征，公正体现在制度中；作为观念性特征，公正体现在美德中。拉斐尔在《道德哲学》一书中说：“公正是一种美德，但不是所有的美德都叫公正。它是最基本的社会美德，因此在某种意义上它也是最重要的美德”②。公正作为结构性特征，只有落实在制度层面，才有普遍性和必然性，离开制度的公正，公正就难免会成为一纸空文。从根本上看，人人都有其自私自利的一面，社会要实现公正，需要建立必要的共守的规则以遏制人的天生的作恶倾向。这个过程也就是构建和实现制度公正的过程。

二、制度设计的价值取向

既然公正是制度的首要美德，那么，为了保证制度的公正性，就要求我们把公正作为制度设计的首要价值取向。为什么说公正是制度的首要价值呢？

第一，制度设计首先必须考虑到公正即社会公正。这是由制度设计的目的所规定的。制度设计的目的是为了建立一定的社会秩序，保障社会稳定和良性运行。社会是由无数的个人构成的，彼此之间存在着利益的冲突，存在着竞争，有竞

① 慈继伟：《正义的两面》，三联书店 2001 年版，第 3 页。

② 拉斐尔：《道德哲学》，辽宁教育出版社 1998 年版，第 86 页。

争才有压力和活力，才能产生效率。但这种活力是细胞层次的活力，这种效率是局部的效率，若无一定的制度和规矩，社会各个成员、各个局部之间的恶性竞争就会导致整个社会的无序，导致整体效率的损耗和下降，严重的甚至导致整个社会的解体和崩溃。为了维持争而不乱、治而不乱的秩序，就必须确立一定的制度，而只有公正的制度才能更好地实现这个目的。不考虑社会公正的立法和制度设计，产生的只能是恶法，只能导致周期性的混乱。

第二，公正是人们评价制度的首要标准。人们评价一个制度是不是合理，是不是认同这个制度并遵从这个制度，首先看它是不是公正的。相反，人们反对、批判或抵制一个制度，首先和主要的理由，是因为它不公正。尽管人们所持的公正观是不同的甚至是对立的，但他们总是首先诉诸公正，这说明了公正的基础性原则性地位。何清涟认为："在进行制度设计时，必须对新制度倾注社会公正与平等的思想，一个国家如不能为自己的国民寻求公平和公正，将永远不可能获得真正的发展。因此，社会公平和公正是我们评判改革的阿基米德支点，也是评价我们现代化成就的全部出发点"①。公正是一个不断深化的认识过程，这一命题的价值意义在于：它强调的不是从一个"横截面"，而是从人类社会的历史过程来认识什么是公正；它关注的不是一些抽象的基本理论原则，而是这些理论原则与具体的历史条件和环境的内在联系；它追求的不是经院式的臆造定义和进行毫无意义的文字争论，而是在实

① 转引自潘一禾：《观念与体制》，学林出版社2002年版，第41页。

践中充满活力的开拓创新精神。

第三,公正是制度权威性的根本来源,也是制度生命力的基本保障。罗尔斯认为:"一种理论,无论它多么精致和简洁,只要它不真实,就必须加以拒绝或修正。同样,某些法律和制度,不管它们如何有效率和有条理,只要它们不公正,就必须加以改造或废除"①。任何制度都意味着对人们的一定约束,所以,必须有一定的权威性才能够贯彻实施。这种权威性可以来源于道德感召力,如制度维护和执行着的以身作则的榜样性力量,更多的是来源于某种强制力,对违反制度的行为予以强制性的惩罚,所谓严刑峻法即是。但从根本上看,制度的权威性来自其公正性以及人们普遍的认同。从历史上看,一种制度越是比较公正就越是可以减少强制性力量的威慑,而一种制度越是缺乏公正性就越需要强力来维持,但主要依赖强力来维护的制度总是短命的,不能持久的。

第四,公正是理想社会的价值目标,也是以德治国的理想目标,在这个意义上,我们完全有理由认为,公正是一个社会健康发展的最基本的要求,但同时,它又是一个社会最高的理想。任何一个理想社会或社会的理想,如果缺乏公正之德,缺乏依公正建立起来的一套行之有效的社会制度和结构,那么,其最终结果必将流于镜花水月和徒托空言的幻想之中。人们在构建自己的社会国家秩序时,总是以一定的价值前提作为出发点,总是以一定的理想状态作为自己的判断依据。这个

① [美]约翰·罗尔斯:《正义论》,何怀宏译,中国社会科学出版社1988年版,第3页。

判断依据在中国古代是大同、小康，是家国一体的融融血缘秩序。在古希腊就是柏拉图、亚里士多德的理想国，在近代欧洲就是莫尔的乌托邦、康帕内拉的太阳城；在现代就是罗尔斯的公正社会，等等。马克思的自由人的联合体更是其突出代表。在这些理想根据中存在着的则是各种被具体赋值的公正。

第五，从公正与制度的本质特征的联系来看，制度的必要性来自于制度的公共性。由于制度是公共产品，也就是说它是为了所有人、针对所有人而制定的，在现代民主社会，它也是来源于公共意志，所以公正就成为制度的本质要求，构成一种制度的合理性基础。

第六，从公正与制度的其他德性之间的关系来看，制度的效率等其他德性的实现依赖于制度的公正性。一个没有公正性的制度不可能有效率，或者说只能在短暂的时间内产生某种特殊的效率，比如奴役性的劳动制度也可能在短暂的时间内产生大量物质财富，但没有理由认为这种不公正的制度能够长久地存在并产生效率。效率建立在社会成员真诚、持续的合作的基础上。只有公正的制度才能使社会成员的合作成为自觉自愿、积极主动、富于创造性的，从而才是高效的。

三、制度设计的公正原则

社会公正是人类的一种永恒追求，通过制度确认这种公正，为社会营造和保持一个有利于每个人各尽所能、各尽其才的环境，才能使每个人不同的才能得以最有效、最充分的发挥，最终实现每个人的自由而全面发展。英国学者戴维·米勒认为："如果我们真正关心社会正义，我们就要把它的原则应用到个别地或者整体地产生贯穿整个社会的分配后果的亚国家制度上去"①。公正原则作为价值判断与价值选择的最高准则集中体现着公正追求的目的与理想。从历史唯物主义观点来看，公正是人们社会实践的要求与反映。人类社会的发展是有规律的，人们在社会实践中总是处在既相互依赖、分工协作又相互矛盾冲突的种种社会关系之中，协调人们之间的种种社会关系使之符合客观规律的要求的原则就是公正。因此公正原则是由社会存在的客观性决定的，它的基础或根源是社会现实，公正原则的普遍性根源于现实的合理性，代表或指明了社会前进的方向。公正原则强调所有人的平等权利，拒绝牺牲弱者而成全强者的立场，也拒绝牺牲强者而成全弱者的主张。公正原则要求每个人都拥有平等的自由和权利，无论是强者还是弱者都不能任意侵犯他人的自由和权利。公正原则建基于人人均可了解并可能同意的一般性条件之上，从不向当事各方提出什么分外的特殊要求，公正原则不允许为了保护一部分人的利益而牺牲另一部分人的正当利益。每个人都没有为了别人的幸福而牺牲自己的幸福的道义责任，利他主义的牺牲是一种分外的要求，它不是公正原则的要求。

关于公正的原则，实际上就是对社会的各种权利和义务进行分配的原则和标准问题。18—19 世纪空想社会主义思

① ［英］戴维·米勒：《社会正义原则》，应奇译，江苏人民出版社 2001 年版，第 13 页。

想家在设计未来理想社会时都提出了自己的各种分配方案，如英国的欧文认为："这种社会的成员将通过简易、正常、健康和合理的工作，生产出满足其消费欲望还有余的为数极多的剩余产品。因此，可以让每个人都随便到公社的总仓库去领取他要领的任何物品"①。空想家卡贝说："对一切人都适用同样的原则：人人都有义务按自己的需要从各种产品中领取平等的份额"。"所以，任何人都无权剥夺别人在自然界赋予其所有儿女的共同财富中应得的必需份额，任何人也不能授权多余土地的占有者永远保留其多余土地"②。德萨米认为"本着自己的能力、知识、需要和个人才能参加共同劳动，并同样按着自己的全部需要来享用社会产品"③。勃朗认为"尽他的能力生产，依他的需要消费"④。罗尔斯则提出公正的两个著名原则：社会基本制度在分配公民的基本权利和义务以及划分由社会合作产生的利益和负担时要遵循两个公正原则：第一，平等自由原则（每个人对所有人所拥有的最广泛平等的基本自由体系相容的类似自由体系都应有一种平等的权利）；第二，社会的和经济的不平等应这样安排，使它们：1. 在与公正的储存原则一致的情况下，适合于最少受惠者的最大利益（差别原则）；2. 依系于在机会公平平等的条件下职务

① ［英］欧文：《欧文选集》第1卷，商务印书馆1984年版，第355页。

② ［法］埃蒂耶纳·卡贝：《伊加利亚旅行记》第2—3卷，商务印书馆1978年版，第376页。

③ ［法］泰·德萨米：《公有法典》，商务印书馆1982年版，第10页。

④ 转引自王海明：《公正平等人道》，北京大学出版社2000年版，第48页。

和地位向所有人开放(机会的公正平等原则)。① 王海明把社会公正的原则归纳为五条:1. 品德原则:按照品德分配权利;2. 才能原则:按照才能分配权利;3. 需要原则:按照需要分配权利;4. 平等原则:分配给每个人同等的权利;5. 贡献原则:按照贡献分配权利。② 王海明又把社会公正原则分为总原则和分原则:总原则是贡献原则和德才原则;分原则是基本权利完全平等和非基本权利比例平等。基本权利平等包括政治平等原则、经济平等原则和机会平等原则。③

第二节　制度公正的基本原则

毛泽东写道:"鹰击长空,鱼翔浅底,万类霜天竞自由。"这是一幅多么美好的自然界祥和画面。在人类社会,每个人是有各种各样需要的,人既要工作,也要休息;既要物质享受,又要精神享受;既要独处,也要社会交往。政府的主要职责就是要采取措施尽力满足他们的需要,就是让社会上的男男女女、老老少少,工人上班,学生上学,农民种地,商人经商,各司其职,各得其所,各得其乐。创建工厂,让工人上班;创建学校,让学生上学;创建公园,让市民休闲;创建影院,让人民娱乐;创建楼房,让人们居住,等等,这是人性使然,就像孙中山

① [美]约翰·罗尔斯:《正义论》,何怀宏等译,中国社会科学出版社1988年版,第60页。
② 王海明:《公正平等人道》,北京大学出版社2000年版,第40页。
③ 王海明:《公正平等人道》,北京大学出版社2000年版,第40页。

所说:世界潮流,浩浩荡荡,顺之者昌,逆之者亡。党的十六大提出:充分调动社会各界的积极性,让创造社会财富的各种要素、资金、劳动、人才、信息、知识充分涌流,这就是要创设和健全一套制度体系,这套制度体系能使每个人的积极性调动起来,八仙过海,各显其能,为创造社会财富贡献自己的聪明才智,发展生产力,解放生产力,冲破旧思想旧观念旧体制旧框框的束缚,构建和谐社会,实现全面建设小康社会理想。人是社会的主体,我们的一切制度安排都是围绕人而展开的,因此,要尊重人的尊严,重视人的权利,关注人的需要,实现人的价值。

一、需要原则

一切人类生存的第一个前提,也就是一切历史的第一个前提是:“人们为了能够‘创造历史’,必须能够生活。但是为了生活,首先就需要吃喝住穿以及其他一些东西。因此第一个历史活动就是生产满足这些需要的资料,即生产物质生活本身……第二个事实是,已经得到满足的第一个需要本身、满足需要的活动和已经获得的为满足需要而用的工具又引起新的需要,而这种新的需要的产生是第一个历史活动。”①马克思在提到人的需要时指出:人的需要是与生俱来的人的“内在规定性”。需要是生命活动的表现,具有众多需要的人,“同时就是需要有完整的人的生命表现的人,在这样的人的

① 《马克思恩格斯选集》第1卷,人民出版社1995年版,第79页。

身上，他自己的实现表现为内在的必然性、表现为需要”①。人作为有生命活动的社会存在物，只要具有生命，是活生生的人，生活在社会上，他就有需要，需要吃饭、喝水、穿衣、住房……需要维持生命运动的必需品；在解决物质生活资料的基础上，还需要识字、读书、欣赏艺术……需要维持精神活动的必需品。这就是说，需要是人的生命活动的表现，只要有生命活动的人，就有需要。需要是人的本质正是从这个意义上讲的。

人类主要有三大需要：第一，生存的需要。就是指生活资料的生产活动，关系到人类的生存需要，这就是我们所说的经济领域，是经济学研究的对象和领域，经济学主要研究人类财富的创造，这是人类社会的基础层次。第二，秩序的需要和规则的需要。就是指社会秩序的生产活动，人是社会的动物，是生产关系的产物，人类具有秩序的需要，这就是我们所说的政治领域，是政治学研究的对象和领域，政治学主要研究财富的公正分配，使社会有秩序地发展，这是人类社会发展的中级层次。第三，意义的需要。就是指生活意义的生产活动，这是我们所说的文化领域，是文化学等学科研究的领域和对象，生活意义的追求是人类活动的高级层次，也是人类特有的需要。人既有动物性也有超越性，这正是人类不同于动物性的一面，前面两个层次在一定意义上动物也具有，动物也有生存的需要和秩序的需要，只有对生活意义的追求和向往是人类社会所特有的。总之，人类的生存需要、秩序需要和意义需要由低

① 《马克思恩格斯全集》第42卷，人民出版社1979年版，第129页。

到高就构成了人类的三大需要。另外，人的需要还体现在以下三个层次上面：首先是人的生命的需要，它是以个体人的形式存在的，由不同人的不同欲望、情感、意志、理性要求所组成，由人的实践活动来贯彻。它是人类社会存在的基础，也是人类社会的基本动力机制，但它永远处于一种无序的状态，充满了矛盾和斗争、痛苦和不安。这就产生了人类的理想。其次，理想的层面。在这个层面上，不论中外古今的思想学说有什么不同，但表达的却是一个共同的世界大同的理想。但这种理想只是一种理想，是在人类的观念中形成的，而不可能完整地得以实现，它的原则在现实社会中是无力的，这就使人类不能不思考在充满矛盾和斗争的世界上生存和发展的现实原则。第三，现实原则的层面。它是以人的欲望、情感、理性要求的具体实现为原则的，但它不是人的生命力的自然表现形式，不是它的无序状态，而是通过肯定它的方式将它合法化，并把它的实现作为人的思想行为的最高标准。人的需要结构、满足人的需要的活动结构是由简单到复杂历史地发展着的，这就决定了人的本性也是历史地展现和发展的。

制度是在一定历史条件下满足人类社会生活需要的行为模式或社会规范体系。任何一种制度都是针对一种或多种需要产生的。无论是本原的制度还是派生的制度，都能满足人类的某种生活需要或解决某种社会问题。公正的制度最终是为了满足人的需要，一时的限制只为了更好的满足；不公正的制度最终是为了限制大多数人的需要，一时的满足只为了更好的限制。无论是限制和满足，制度的功能总是在特定的社会情境的运行过程中体现的。因此，社会成员需要的变化与制度运行环境的变化都会促进制度的变迁。当制度的满足功能不如限制功能显著时,个体就会对制度不断进行反抗,制度的变迁过程就将开始。但制度具有极大的惰性。“当一项制度安排虽然可以降低交易成本,并能够增加社会总福利,而又得不到实施时,原因就在于这项制度减少了某一利益集团的收益,他们为了集团的利益而继续维持一项不合理的制度安排”①。因为,制度的变迁不仅意味着利益格局的调整,更意味着权力结构的变化。最理想的制度变迁的结果是制度公正的产生。“人类进入现代社会以来,由于人对自身主体地位与人权意识的提高,使制度在发展过程中越来越体现出人性化的趋向,即制度越来越体现出以人为目的,以维护人的基本权利为价值导向,制度越来越表现出与人的本性、人的要求相一致的趋向。当代制度发展的这种人性化特征最集中地表现在制度以人为中心。这与以人为中心的社会发展观的确立直接联系,或者说以人为中心的发展观为制度的人性化发展趋向提供了思想依据,并促进着制度人性化的改革”②。制度的发展呈现这样一种趋势,制度不再是对人的限制,而是形成一种有利的环境,以人的目的为价值取向和标准,以注重和维护人的自由、人的主体地位、人的发展、人的需要为目标,以为实现人的本质创造条件。制度公正能最大限度地满足人的需要,最小限度地限制人的需要。制度所维持的社会及其发展

---

① 程虹:《制度变迁的周期》,人民出版社2000年版,第154页。

② 范志海、崔景俭:《从“道德人”到“经济人”——浅谈中国20年制度变迁的人性化逻辑》,《山西财经大学学报》2002年第3期,第8—9页。

是以人为中心的,人是制度发展的根本目标、基本动力、终极尺度,制度以人为中心的现实体现就是制度是为人服务的,为人的自由而全面发展创造条件的。

二、利益原则

追求利益是人类一切社会活动的动因。马克思认为"人们奋斗所争取的一切,都同他们的利益有关"①。利益是思想的基础,利益决定思想,利益推动生产与生活。"思想一旦离开'利益',就一定会使自己出丑"②。利益的社会本质和社会基础是生产关系。"每一既定社会的经济关系首先表现为利益"③。马克思主义利益理论认为,任何一个社会首先必须满足人们的物质生活需要,满足人们的物质要求即满足人们的物质利益要求。利益是社会发展的基础、前提和动力因素。利益是历史唯物主义的基本范畴。"利益是人类一切行为的第一驱动力"。"由于利益是一切行为的第一驱动力,因此不管这种利益是'小我利益'、'中我利益'还是'大我利益',都是制度创新的第一驱动力"④。唯物史观认为,生产力是社会发展的根本动力,而需要和利益是社会生产不断发展的内在动因。人类公正的愿望最初产生于对自我利益的公正要求。亚里士多德将公正分为分配公正和交往中的公正。"作为独

① 《马克思恩格斯全集》第1卷,人民出版社1956年版,第82页。
② 《马克思恩格斯全集》第2卷,人民出版社1957年版,第103页。
③ 《马克思恩格斯选集》第3卷,人民出版社1995年版,第209页。
④ 谭希培、高帆:《超越现存——制度创新论》,湖南大学出版社2002年版,第115页。

立的道德范畴的公正建立在互利性基础上,互利性成为公正的重要特征之一"①。"公正所表示的互利性特点,是社会成员之间的利益交换关系,然后发展为超功利的道德感情。因此,从利益层面上看,公正是人们在协调处理道德与利益的关系中所遵循的一个原则"②。公正在很大程度上就是指不损害他人利益的行为,而不公正则在于损害了他人的利益,公正成了最起码的道德要求。

利益是人们共同追求的价值目标,在一定意义上,利益与人是不可分的。人的生活利益,是人的现实生活不可缺少的重要因素,也是理想追求与人的发展的现实根基。人的公正追求,注定和人的利益关系的发展与完善相关。人所追求的这种本性真实存在于人的生活利益关系之中,存在于基于这种关系所发生的一切社会关系之中。人所追求的一切价值目的(公正、公平、自由、民主、平等)无一不与人的利益有关。人之所以产生这些要求,并把解决现存利益关系的矛盾作为理想与目的去追求,恰恰是人对人自身本性的追求。如果脱离人的本性完善与人类发展的理想,就不能克服利益关系的矛盾与不合理现象;仅仅在利益的获得与功利的满足上进行追逐就无公正可言,利益分配的公正或最大多数人的福利都会变成无根的幻想。因此,只有把利益与功利置于人的现实生活关系中,以人对人自身的理想追求以及人的发展为根据,

---

① 陈跟法:《论道德建设中的公正原则》,《伦理学研究》2004 年第 3 期,第 5—8 页。

② 陈跟法:《论道德建设中的公正原则》,《伦理学研究》2004 年第 3 期,第 5—8 页。

才能真正建立获得利益与功利的公正原则。这种原则的真实意义在于为每个人获得生活的机会与生活的意义提供合理的生活关系和必要的生活条件。利益与功利的真正来源是人类创造财富的活动。因此公正的利益分配必须有利于推动人的创造力。创造财富、分配财富历来是人类生活的两大问题。创造是个人的,分配是社会性的。本来个人创造了财富,但却不直接归个人所有,要由社会分配。社会怎么分配?按什么原则分配?分配的结果是否公平?是否激发和保护个人的创造性、劳动的积极性?这一系列问题的不同解决方式、不同原则导致利益与功利分配的公正或不公正。怎样创造财富、分配财富的社会安排具体地体现出公正与否。公正地创造、分配利益与功利,其实质应是对创造性的奖赏,对诚实劳动的报偿,对每个社会成员给予人道主义的安排。

三、平等原则

平等作为一个社会关系范畴,是指人们相对于某一个共同对象而言所具有的均等机会,它标志着人们在社会关系中具有均等权利和义务的社会关系状态。社会平等根源于社会的物质生产状况和经济关系状况,它总是具体的历史的,即一定历史阶段的平等关系和不平等关系总是相伴随而存在的,也总是要由一定的制度规范形式作为保障的。社会平等的具体性和历史性还表明,社会平等关系是一个不断发展的、连续的过程。“平等关系的发展总是对以往平等关系的修正,或者是对以往平等关系的丰富,或者是对以往平等关系的反叛"①。社会平等作为一种社会关系总是以一定的制度形式来表现和保障,因此,社会平等是制度公正与否的重要标志,也是制度公正的一项重要原则。社会平等是一个比较笼统的范畴,笔者个人认为社会平等主要包括两种:一种是权利平等,包含政治、法律、经济等权利的平等;一种是机会平等。

所谓权利平等,一方面是指人人所享有的基本权利应该完全平等;另一方面,人人所享有的非基本权利应该比例平等。所谓基本权利就是指人权,是人们生存和发展的起码的、最低的、必要的权利;非基本权利是满足人们政治、经济、思想等方面的比较高级需要的权利。② 王海明认为:"每个人因其贡献不平等而应享有相应不平等的非基本权利。即每个人所享有的权利的大小与自己所作出的贡献的大小之比例是完全平等的。这就是非基本权利比例平等原则"③。茅于轼认为:"在制度设计中,唯一可以被每个人都接受的原则就是平等,此种概念的出发点是人人生而平等,亦即人的基本权利平等"。④ 恩格斯在《反杜林论》中,在说到人权的普遍性、共时性时曾指出:"从人的这种共同特性中,从人就他们是人而言的这种平等中引申出这样的要求:一切人,或至少是一个国家的一切公民,或一个社会的一切成员,都应当有平等的政治地

① 李松玉:《制度权威研究》,社会科学文献出版社 2005 年版,第 245 页。
② 王海明:《公正平等人道》,北京大学出版社 2000 年版,第 63 页。
③ 王海明:《公正:以德治国的最重要原则》,《北京大学学报》(哲学社会科学版)2001 年第 5 期,第 45—51 页。
④ 茅于轼:《给你所爱的人以自由》,中国文联出版社 2003 年版,第 271 页。

位和社会地位。”①人是社会动物，脱离社会人便无法生存。所以，每个人的一切利益，说到底都是社会给予的；社会对于每个人具有最高效用、最大价值。而社会又不过是每个人的结合，不过是每个人所结成的大集体。因此，每个人不论如何，只要他生活在社会中，便为他人作了一大贡献：缔结和创建社会。“因为虽然人的才能有大小、品德有高低、贡献有大小，但在缔结和创建社会这一最基本最重要的贡献和因其所蒙受的损失上却完全相同——因为每个人并不是在成为总统或平民、文豪或文盲之后才来缔结、创建社会的，而是一生下来就自然地，不可选择地参加了社会的缔结和创建”②。“所以，分配给目不识丁的老百姓与名震寰宇的大总统同样多的基本权利，就决不是什么恩赐，而是必须偿还的债务”③。美国思想家潘恩曾说过：“社会并未白送给他什么。每个人都是社会的一个股东，从而有权支取股本”④。因此，人的基本权利是神圣、优先、不可侵犯、不可剥夺的。严格说来，任何一个社会，如果它是公平的、公正的，那么，在这个社会里，只要有一个人不能吃饱，没有享受到人权，那么，任何人不管他的贡献有多大，便都不应该吃好，不应该享有非基本权利。⑤ 茅于轼在《给你所爱的人以自由》一书中说：“改革之所以成功，

① 恩格斯：《马克思恩格斯选集》第3卷，人民出版社1995年版，第444页。
② 王海明：《公正平等人道》，北京大学出版社2000年版，第63页。
③ 王海明：《公正平等人道》，北京大学出版社2000年版，第67页。
④ 转引自王海明：《公正平等人道》，北京大学出版社2000年版，第67页。
⑤ 王海明：《公正平等人道》，北京大学出版社2000年版，第75页。

正是因为我们逐渐恢复了这个最重要的人的基本权利"①。"我们反复强调的人生而平等，其确切含义是说人不应由于出身、民族、居住地、信仰等任何一种原因，而在个人追求自身幸福、实现自身价值、争取为社会所承认的道路上受到任何歧视。也就是说每个人在实现自身价值的过程中应遵守同样的制度规则：在法律面前人人平等；在市场竞争中用同样的打分规则；在道德判断面前任何一类人都不被歧视"②。

所谓机会平等，"它的真正含义的最好的表达也许是法国大革命时代的一句话：前程为人才开放。任何专制障碍都无法阻止人们达到与其才能相称的，而且其品质引导他们去谋求的地位。出身、民族、肤色、信仰、性别或任何其他无关的特性都不决定对一个人开放的机会，只有他的才能决定他所得到的机会"③。"作为政治哲学的概念，其基本意义就是以'天赋人权论'为基础的人人生而平等，其次与这个含义相联系的，大多数人认为更现实的平等，应当是一种机会平等，或者叫做机会均等"④。吴忠民认为："所谓机会平等，是指社会成员在解决如何拥有作为一种资源的机会问题时应遵循的这样的原则：即平等的应当予以平等的对待，不平等的应当予以

① 茅于轼：《给你所爱的人于自由》，中国文联出版社 2003 年版，第 31 页。

② 茅于轼：《给你所爱的人于自由》，中国文联出版社 2003 年版，第 23 页。

③ [美]米尔顿·弗里德曼：《自由选择》，商务印书馆 1982 年版，第 135 页。

④ 宋惠昌：《政治哲学》，中共中央党校出版社 2003 年版，第 57 页。

不平等的对待”①。吴忠民认为机会平等包含以下几方面的基本内涵：(1)生存与发展机会起点的平等。“在社会的所有部分，对每个具有相似动机和禀赋的人来说，都应当有大致平等的教育和成就前景。那些具有同样能力和志向的人的期望，不应当受到他们的社会出身的影响”②。这是机会平等原则的最基本的要求。应该承认，出身不同家庭背景的人所享有的竞争机会是不平等的。萨缪尔森认为：“到了一周岁时，出身富有家庭并经双亲精心照料的孩子在经济和事业地位的竞争中已经略占上风。到了进小学一年级时，城市近郊的六岁儿童比贫民窟或农村同龄儿童具有更大的领先地位。在以后的 12 年到 20 年中，已经领先的人越来越走在前面”③。阿瑟·奥肯认为：“当一些人面前障碍重重时，另一些竞争者已经率先起跑了。各种家庭的社会地位与经济地位不同，使得这场赛跑并不公平”④。(2)机会实施过程本身的平等。机会的实施过程必须排除一切非正常因素的干扰。这至少要做到，“一是阻碍某些人发展的任何人为障碍都应当被清除；二是个人所拥有的任何特权都应当被取消；三是国家为改进人们之状况而采取的措施应当同等地适用于所有的人”⑤。只

① 吴忠民：《论机会平等》，《江海学刊》2001 年第 1 期，第 53—59 页。

② [美]罗尔斯：《正义论》，何怀宏译，中国社会科学出版社 1988 年版，第 69 页。

③ [美]萨缪尔森：《经济学》(下)，商务印书馆 1982 年版，第 232 页。

④ [法]阿瑟·奥肯：《平等与效率——重大的抉择》，华夏出版社 1999 年版，第 41 页。

⑤ [英]弗里德里希·冯·哈耶克：《自由秩序原理》，三联书店 1997 年版，第 111 页。

有起点和过程均是公正的，才有可能保证结果也是公正的。(3)自然禀赋的差异平等。人们在自然禀赋方面存在着许多先天性的差异，这具体表现在智力、体能、健康、性格以及运气诸方面的不同。天资不同的人会导致机会的不平等，每个人的天资努力等便是其入股社会的股本。个人的运气也会导致机会不平等。布坎南认为："耕种家庭农田的农民以标准的方式务农，并没有选择别人在他农田下面会发现石油，他完全靠运气。另外一些人由于运气不好，眼看他们的产业遭洪水、火灾或遭疫病而化为乌有……我的论点是认为：运气在一定程度上是已有定论的偶然影响因素，它在比赛中为所有人提供'本来可能'的机会"。而"运气并不破坏基本公正的准则"①。

王海明则把机会平等分为两类：第一类，竞争非基本权利的机会平等，它是形式的、表层的机会平等。第二类，发展才德、作出贡献的机会平等，它是实质的、深层的机会平等。并认为社会所提供的发展才德、作出贡献、竞争职务和地位以及权力和财富等非基本权利的机会，是全社会每个人的基本权利，是全社会每个人的人权，应该人人完全平等。反之，家庭、天赋、运气等非社会所提供的机会，则是幸运者的个人权利，无论如何不平等，他人却无权干涉；但幸运者利用较多机会所创获的较多权利，却因较多地利用了共同资源——"社会合作"，而应补偿给机会较少者以相应权利。这就是机会平等

① [美]詹姆斯·M.布坎南：《自由市场和国家》，北京经济学院出版社1989年版，第130页。

原则。① 罗尔斯提出补偿原则：获利较多者还必须给较少者以相应的补偿权利。因为获利多者比获利少者较多地利用了双方共同创造的资源："社会"和"社会合作"，同样道理，强者较弱者相比，较多地利用了社会合作。

四、民主原则

当人类历史进入近代社会以来，民主政治的制度安排越来越成为人们追求政治公正的目标模式。现代政治公正的实现过程就是一个抛弃专制制度、从集权政治向民主政治转化的过程。

在西方民主政治实践中，民主原则的具体内容主要包括：1. 人民主权原则。人民主权原则也称为主权在民原则，就是全体居民拥有决定国家事务的最高权力，国家主权属于人民，即主权在民，意思是指国家权力来源于人民，属于人民，是同主权在君或君主主权相对立的原则。2. 代议制原则。代议制度是指一国统治阶级从各阶级、阶层、集团中，选举一定数量能够反映其利益、意志的代表组成代议机关，并根据少数服从多数的原则决定、管理国家政治、经济、文化和社会生活等重大事务的制度。② 代议制度作为一种政治体制，是间接民主的一种实现形式，在现代各国，当民主成为政治国家公民普遍的价值追求时，依赖于多数裁决的民主原则成为判断政治统治合法性的程序依据，只有建立在多数人同意基础上的公共

① 王海明：《公正平等人道》，北京大学出版社 2000 年版，第 103 页。
② 周叶中：《代议制比较研究》，武汉大学出版社 1995 年版，第 10 页。

政策和法律,人民才接受。而代议制度是实现多数裁决为基础的民主的一种制度形式,是现代社会实现民主最理想的制度形式。3. 普选制原则。所谓普选制原则是指每个拥有宪法规定的权利和义务的公民,都拥有选举与被选举的权利。它是相对于有限选举权而提出的。在资本主义建立后较长历史时期内,选举权曾受到严格的限制,选举只是有产者的政治特权。广大人民群众为实现普选权同资产阶级统治者进行了长期的斗争,直到 20 世纪,西方国家才在法律上逐步规定了普选权原则。4. 多数裁定原则。所谓多数裁定原则是指在产生意见分歧的情况下为作出比较公平的决定而采取的一种决策方法,又称为多数规则。这种处于技术层面的少数服从多数,采取两种基本表决方式:(1)绝对多数原则,即某项方案能否得到通过,要根据它所能获得的支持票是否占全部选票的绝大多数,这就产生了最经常使用的简单多数规则和限定多数规则。在前一规则下只须得到半数以上的支持就可以选择方案;在后一种规则下必须达到限定的支持比例方案才能通过。(2)相对多数原则,即某项方案只要获得的支持票多于反对票就可以通过。基于少数服从多数原则的本意,该原则派生了制度层面的多数统治,就是由人民中的大多数来统治国家,直接表现为民主(The rule of the people)。

五、自由原则

自由是没有外在强制从而能够按照自己的意志进行的活动;不自由则是因为外在强制而不能按照自己的意志进行的

活动。黑格尔说，人“首先作为自然物而存在，其次他还为自己而存在，关照自己，认识自己，思考自己，只有通过这种自为而存在，人才是心灵”①。法国1789年《人权和公民权宣言》中说：“自由就是指有权从事一切无害于他人的行为。因此，个人的自然权利的行使，只以保证社会其他成员能享有同样权利为原则。此等限制仅得由法律规定之”②。“自由确实是人所固有的东西，连自由的反对者在反对实现自由的同时也实现着自由……没有一个人反对自由，如果有的话，最多也只是反对别人的自由。可见各种自由向来就是存在的，不过有时表现为特权，有时表现为普遍权利而已。”③恩格斯指出：“自由不在于幻想中摆脱自然规律而独立，而在于认识这些规律，从而能够有计划地使自然规律为一定的目的服务。这无论对外部自然的规律，或对支配人本身的肉体存在和精神存在的规律来说，都是一样的。”④自由是社会发展和人的发展的重要问题，建立在个人全面发展基础上的“自由个性”⑤既是人的全面发展的重要标志，也是人的全面发展的重要内容。人是历史运动的永恒的主题，历史发展的目的是使人类从必然王国走向自由王国，从人的单纯片面性走向人的全面发展。

---

① 《从文艺复兴到十九世纪资产阶级文学家艺术家有关人道主义的言论选辑》，商务印书馆1971年版，第530—531页。

② 《西方思想文库》，吉林人民出版社1988年版，第999页。

③ 《马克思恩格斯全集》第1卷，人民出版社1956年版，第63页。

④ 《马克思恩格斯选集》第3卷，人民出版社1995年版，第455页。

⑤ 《马克思恩格斯全集》第46卷(上)，人民出版社1979年版，第104页。

自由的基本内涵包括：第一，人的自由开始于思想的自由，思想自由是自由权的灵魂。人区别于一切兽类的特征之一在于人是能够思想的动物。正因为有了人类思想的指引和提升，我们才有了今天的科学、艺术与文化成就。自由的思想是人类文明发展最本质的动力。最为残暴的专制不是将人打入牢狱，而是禁止人们用自己的头脑去思想。第二，思想表达与交流的自由是思想自由的有机组成部分。思想只有在社会中才能产生，思想只有依靠交流才能获得存在的有效性。言论自由、出版自由是思想表达与交流的重要支持形式。思想表达与交流的自由并不是狭义的想其所想的自由，它更是一种行为的自由。第三，消极自由是自由权的一般形态，积极自由是自由权的特殊形态。所谓消极自由就是指主体依靠并且仅仅依靠自己的自主、自为就能实现的自由，就是国家不得干涉的自由。积极自由是指需要借助于国家的积极作为才能实现的自由。第四，自由权并不是恣意任性的权利，在法治社会它要受到双重限制：一是一个人的自由权须以其他人同等的自由权为限；二是法律的明确禁止。对自由最好的约束是科学与理性，科学和理性为人类自由确立了三个公理："不要损害别人，好让别人不损害你；要为别人造福，好接受别人的赐福；只有在共同的幸福中才能找到自己个人的幸福"①。

自由是达到自我实现和社会进步的根本条件，而自我实现的根本条件是个性的发挥，个性发挥的根本条件是自由。

① ［法］泰·德萨米：《公有法典》，商务印书馆1982年版，第10页。

"自由是人道的根本条件;给人自由则是人道的根本原则"。[①]"自由社会有三个条件:1. 必须是法治而不能是人治;2. 该社会的法律和道德必须由全体成员或其代表制定或认可,从而是公共意志的体现;3. 人人都必须同样地、平等地服从强制;同样地平等地享有自由"[②]。这些条件实际上都是制度作保证。制度实质上是人的本质"社会关系的总和"对象化的"他物"。人的本质对象化有一个向度,这个向度就是自由,对自由这一概念,不同的人有不同的理解。有人主张自由是对必然的认识和对客观世界的改造;有人主张自由是意志和理性的一种功能;有人主张自由是人的能力的充分发挥。[③]不管人们怎样界定自由,有一点是不容置疑的:现实中的自由是制度赋予的。制度是规则,规则即限制,规则告诉人们能做什么,不能做什么,从而为人们的活动范围划上了界限,人的活动的范围,就是现实中的人们所享有的自由空间。一方面,制度规定的空间是对自由的限制。自由从字面上来看,是不受约束和控制,自主行动。这就意味着自由是以限制为前提的,只是因为有了限制,人们才要突破它,获得自由。限制使自由具有了相对性,相对自由是人们能够得到的自由,人们能够得到的自由是具体的自由。另一方面,制度规定的空间是对自由的保障。超出制度规定的范围它限制自由。制度保障的自由是这样一种自由,它既赋予人们以权利,又

① 王海明:《公正平等人道》,北京大学出版社 2000 年版,第 151 页。
② 王海明:《公正平等人道》,北京大学出版社 2000 年版,第 153 页。
③ 孙仪凤:《西方自由主义简介》,《思想理论教育导刊》,2002 年第 8 期,第 51—59 页。

赋予人们以义务。只讲权利是绝对的自由,只讲义务的自由是"奴役",都是对自由的摧残。马克思说:"每个人的自由发展是一切人的自由发展的条件"①,而我们要说,使每个人自由的条件正是合理的制度,现代人的自由离不开现代制度的发展。

邓小平指出:"制度好可以使坏人无法任意横行,制度不好可以使好人无法充分做好事,甚至会走向反面。即使像毛泽东同志这样伟大的人物,也受到一些不好的制度的严重影响,以至对党对国家对他个人都造成了很大的不幸。"②那么,什么叫做"好制度"呢?从根本上看,好制度就是能够促进人自由而全面发展的制度,就是能够提升道德境界,展现人的力量、表现人的自由、让人获得内在丰富性的制度安排。制度好不好,关键就看它能否建立调整人们之间的责、权、利关系的合理规则和良性机制。新的体制要立足于激发每个人的价值创造能力,立足于人的个性和类潜能的自由全面发展,给人的自我价值实现提供自由、宽松的环境、制度安排以及舆论上的强有力支持。既然制度是每个人自由的条件,为了拓展每个人的自由活动空间,为了每个人更加自由而全面地发展,就必须使社会主义制度在伟大的改革和创新实践中焕发出更大的活力与生机,使它真正成为每一个人自由而全面发展的条件。

---

① 《马克思恩格斯选集》第1卷,人民出版社1995年版,第294页。

② 《邓小平文选》第2卷,人民出版社1994年版,第333页。

第三节　坚持制度公正基本原则应注意的问题

一、要注意各种价值之间的均衡

价值原则是一种侧重于主体的原则,它要求人们的认识和行动要尽量满足人的利益、需要,按照人的内在的尺度使世界为人服务,使客体为主体服务。一项制度是否公正从根本上说取决于它的理念基础是否合理、是否正当?而制度的理念基础并不是单一的,我们很难用一种单一的价值对人类社会的各方面制度安排进行统摄。实践证明,那样只会使社会停滞、制度僵化。如中国封建社会用儒家道德统摄一切,儒家制度化和儒家政治化。儒家文化本来是属于人的精神道德领域,却被统治阶级无限制地上升到了政治层面和经济层面,成为封建社会一切政策法律的依据,这恐怕也是中国封建社会长达几千年的一个重要原因。任何一种社会制度,它所追求的价值和目标不可能是单一的。不同社会制度之间的区别就在于:采取何种方法,从何处着手,以及把多种价值中的何种价值放在优先位置并对这些价值冲突进行协调、解决。美国政治学家奥森特罗姆认为,人类社会的发展需要多种多样的价值,有自由、平等、博爱、效率和公正等,不能突出某一方面的价值而忽视其他方面的价值,要注意各种价值的均衡。“政治制度设计是一项高度艺术性的工作。为操作性的政府体制设计一部宪法,不可能是任何单一价值最大化的结果,因为大多数价值边际效用递减。因此,更大的收益要求各项价值之间的均衡,在此各类价值并不维持恒定的比率。所以,综合价值的最大化往往主要派生于某一特定价值的最大化”。“完备类型的概念如完备的民主、充分的自由、彻底的平等等,是一种有用的概念,但只能作为设计的出发点,而不能当做是终极的目标”①。正如美国社会学家丹尼尔·贝尔所说:“任何单一的价值,不论是自由还是公正,如果被看做是绝对的和压倒一切的,并且被严格运用的话,就可能导致极端”②。每个人的正当利益都是共同体利益的一部分,公正原则拒绝目的论和至善论的排他性标准,也不接受单一日标的支配性要求。为了确立一种道德的至尊地位,必须打倒其他一切道德;为了确立一个目标的至善地位,必须打倒其他一切目标,公正原则拒绝这种非此即彼的极端方式。社会机体就如同人的身体一样,人类社会就像一个生病的人,需要中医、西医、手术、化疗、放疗等多种因素的综合治疗,从来没有一种一劳永逸的简单方法可以根治疾病。我们知道,中医治病是一个很好的方法,但每一付中药制剂都是由十几味甚至几十味草药配制而成的,治什么病就用不同的比例和配方,我们经常看到中药铺里配药的情景,每一种成分如当归、人参、熟地、海龙、海马等都不能多也不能少,论克算两,锱铢必较,必须掌握各种成分的均衡和比例。同样道理,人类社会中的美好价值如

① [美]文森特·奥森特罗姆:《复合共和制的政治理论》,上海三联书店1999年版,第3页。

② [美]丹尼尔·贝尔:《资本主义文化矛盾》,赵一凡等译,三联书店1989年版,第321页。

自由、平等、公正、仁爱、民主等也需要均衡发展，不能单打一，只有这些价值的均衡发展才能使人类社会健康发展。

任何一种价值都有它自身的局限性，自由有自由的限度，平等有平等的限度，民主也有民主的局限。这里以民主为例。民主作为政治意义上就是“人民统治”这样的制度安排；而从人的主体性意义上就是人与人之间唯一的交往方式。在当今时代，民主就是一种恰当的方式，最有可操作性的就是大数原则，即少数服从多数原则。其主要的缺陷是：1. 容易导致多数人的暴政。该原则的前提是认为多数是对的正确的，但当多数人错误一致的时候就会出现多数人的暴政，如古希腊历史上的“苏格拉底审判”、法国大革命的“雅各宾派专政”、德国希特勒屠杀犹太人事件等都是多数人暴政的生动事例。2. 使人丧失选择的尺度。自主性就是具有独立的人格，无依赖性和无依附性，但也存在追求另类、刻意制造与他人的不同，失去赖以存在的社会基础，人人服从偏好，表现出极大的随机性、任意性，丧失了选择的标准。在一种容易选择和宽松的环境中，人人失去了理性，正如我们买东西时由于铺天盖地的广告而不由自主地跟着广告走。3. 社会整合能力脆弱。民主社会与传统社会的最大不同就是信仰多元化，整个社会是一种发散的力量，没有了外在的强制和约束，不像传统社会具有收敛的特征，正因为如此，社会的整合力量就会减弱，传统社会是圣人统治，精英治理，现代社会是圣人缺席，谁也不当家，谁也做不了主，也没有能力来做主。我们对待民主的态度是：民主是值得追求的美好价值，但也是有缺陷的有限度的，要保持必要的警惕。

二、要注意各种价值的排序

任何制度的设计都总是在根基处承载着一定的价值承诺和假设，都总是在一定的价值理念、价值原则和价值尺度的指导下进行的（不管这种理念和原则是否被人所自觉意识和把握），这些理念、原则和尺度直接作用于制度设计的方向选择、目标设计和模式筹划，并因此对社会发展的最终结果产生关键性的影响。正如一个人信奉什么样的价值观，他便属于什么类型的人一样，一种制度选取何种价值理念、原则和尺度，它也便属于何种类型的制度，价值理念、原则和尺度构成了制度公正的灵魂。价值原则既是终极的又是历史的，任何一种价值标准在不同的国家不同的时代都具有不同的内容和形式，从来就没有一种放之四海而皆准的价值原则和价值标准。因此，评价一种价值原则和价值标准既要用道德标准又要用历史标准。一个国家特定时期的制度设计与安排也要注意价值的排序。所谓价值排序是指对现实生活中的各种价值理念按照优先次序进行词典性排列，以此来确定这些价值理念孰先孰后，在面临价值理念和原则的冲突时究竟何者居于相对优先的位置。就是说对于各种价值的追求要切实地根据本国的现实生产力状况和人的发展状况，哪些价值应该优先考虑，哪些价值应该以后考虑，都要有一个理性的考虑。亨廷顿认为：对于发展中的国家来说，"首要的问题不是自由，而是建立一个合法的公共秩序。人当然可以有秩序而无自由，但不能有自由而无秩序。必须先存在权威，而后才谈得上限制权威。在那些处于现代化之中的国家，恰恰缺少了权威，那里的政府不得不听任离心离德的知识分子、刚愎自用的军官和闹事的学生的摆布"①。丹尼尔·贝尔把人类社会的结构分为:技术—经济结构、政治结构、文化结构。每一种结构都有它们的一套价值体系所维持。在每一种结构中又都有它们的轴心价值。他认为资本主义社会是一个技术轴心时代。②

现实中的制度设计究竟应当遵循何种价值,在认识上始终处于极为混乱的状态,各种相互矛盾的价值理念、原则和尺度同时共存于人们的头脑中,并体现在实践上,导致人们进退失据、举止错位和行为犹疑不定,比较典型的如:集体本位、个体本位和类本位各持其价值诉求,难分高下;自由的价值和平等的价值孰先孰后,社会公正的价值和经济效率的价值谁高谁低,功利主义与义务主义谁更崇高谁更合乎国情,凡此种种,共存于同一时空中,让人眼花缭乱,更糟的是,这些充满异质性的价值理念都还在努力谋求占据权力话语的中心,企图以自己来控制其他价值理念、原则和尺度,并进而落实到现实生活中,影响制度公正的价值基础。我们并不反对一个社会可以有多种价值理念同时共存,但是,在一个社会的一定发展阶段,总是应该有一种或几种比较统一和稳定的、具有强大感召力的、作为主题性的价值理念来作为制度设计的追求目标,倘若一个社会长期无法形成这种比较统一和稳定的价值理念,而长期任种种方向各异、性质相反的价值理念互相摩擦,

---

① [美]亨廷顿:《变化社会中的政治秩序》,三联书店1989年版,第7页。

② [美]丹尼尔·贝尔:《资本主义文化矛盾》,赵一凡译,三联书店1989年版,第56—57页。

那么,整个社会就有可能失去对现实和未来进行准确判断的能力,就有可能失去为之奋斗的确定而连续的目标,其最终结果必然使整个社会丧失自我,陷入各种价值原则之间无穷的内耗而处于精神分裂状态。正是在此意义上,针对着目前社会各种价值的混乱状态,在进行制度设计时首先要注意各种价值的排序。要合理地进行价值排序,必须以对社会历史方位的准确判断和对中国人现实生活本质旨趣的洞察为前提,我们必须分辨清楚:在中国社会的整体发展方位和历史情境中,何种价值理念更具本源性和基础性,而何者是派生的和非紧迫的,脱离对中国社会生活特质的深层透视,价值排序无论在逻辑上多么完善,也将是屠龙之技,飘浮无据。

三、要注意各种价值之间的内在联系

制度公正是人类社会制度文明发展过程的必然产物,是由人类社会所有美好先进的理念所组成的价值体系,是永恒的人类之梦。公正原则是制度公正的首要原则,也是制度公正的最高原则。需要和利益原则是制度公正的基础和前提,也是制度公正的最基本原则。其中需要是利益的前提和基础。① 民主原则主要适用于政治活动领域,是政治公正的基本原则。利益原则主要适用于经济活动领域,是经济公正的基本原则。平等原则主要适用于法律活动领域,是法律公正的基本原则。自由原则主要适用于精神活动领域,是文化公正的基本原则。

---

① 王伟光:《利益论》,人民出版社 2001 年版,第 37 页。

与自由平等相比,公正是一个更高层次的理念。平等和自由都需要某种限制,换言之,都需要某种制衡尺度,而这种制衡尺度只能来自公正。① 自由与平等是通过思想的互证而确立的。没有人人自由,不可能有人人平等。不平等社会是建立在人没有自由意志的基础之上的。要实现人人平等,就必须承认每一个人的完整的自由意志,也就是一个人根据自己的不受干涉的推理能力,对自己的行为进行选择的自主能力。没有人人平等,也不可能有人人自由。自由的真正实现有赖于平等的社会构造。平等是自由得以生成和实现的前提条件。所以,"哪里没有平等,哪里就没有自由"②。自由与平等犹如人类的双翼,共同规划着人类由野蛮而步入文明的方向与轨迹。艾德勒认为:"在自由、平等与公正这三者中,只有公正是无限制的好事……当公正对自由与平等的追求起着支配作用时,自由与平等就能在限定的范围内和谐地扩展到最大限度。自由主义者和平均主义者中那些错误的、极端主义的、无法解决的冲突就会消失,因为公正至上纠正了这些错误,解决了它们之间的矛盾"③。乔·萨托利认为:"平等可以成为自由的最佳补充,也可以成为它最凶恶的敌人。平等与自由的关系是一种既爱又憎的关系,这取决于我们所要求的是与差异相适应的平等,还是在每一项差异中找出不平等来的平等。平等越是等于相同,被如此理解的平等就越能煽动

① 吴忠民:《社会公正论》,山东人民出版社 2004 年版,第 101 页。

② [英]约翰·洛克:《政府论》(下),商务印书馆 1964 年版,第 38 页。

③ [美]艾德勒:《六大观念》,郗庆华译,生活·读书·新知三联书店 1991 年版,第 143—145 页。

起多样化、自主精神、杰出人物,归根结底也就是对自由的厌恶"①。

公正同平等相比具有现实性和可操作性,因而可以成为现代社会当中的制度设计和政策制定的合理依据。公正是现代社会运行和发展的最为基本的理念依据。② 公正不但承认人人生而相同,主张每一位社会成员的基本尊严和基本权利应当得到保证,而且还承认人人生而有别,承认人与人之间的差别,认同个体人自由发展的空间,认同人与人之间在收入分配等方面的合理差距同防止平均主义两者有机地结合起来。以公正原则建立起来的制度规则,所体现的正是在制度面前人人平等的精神。亚里士多德说:"所谓公正,它的真实意义,主要在于平等"③。公正是以保障在一切生活领域中机会平等为目的的。尼布尔指出:"社会将公正而不是无私作为它的最高的道德理想,它的目标是为所有人寻找机会的均等"④。

自由是一种人权,人人应该平等地享有自由,在自由面前人人平等;人人应该平等地服从强制,在法律面前人人平等。这就是自由的平等原则。总之,就公正、公平、平等这三者的关系而言,公正已经包含了公平、平等的精义并同其他一些重

① [美]乔·萨托利:《民主新论》,冯克利译,东方出版社 1998 年版,第 383 页。
② 吴忠民:《社会公正论》,山东人民出版社 2004 年版,第 113 页。
③ [古希腊]亚里士多德:《政治学》,商务印书馆 1983 年版,第 153 页。
④ 尼布尔:《道德的人与不道德的社会》,贵州人民出版社 1998 年版,第 202 页。

要的价值理念的精义进行了新的整合，因而居于一以统之的位置；公平、平等只有以公正为归属，依归于公正，方可有效地起到其应有的作用，而避免走偏的可能性。①

① 吴忠民：《社会公正论》，山东人民出版社2004年版，第113页。

第五章　制度公正的实现条件

一定社会发展阶段上的制度变革和制度创新过程是一个充满辩证法的历史过程，其基本轨迹是制度不公——制度公正——新的制度不公——新的制度公正这样一个辩证否定过程。因此，一种制度公正的建立和巩固绝非是一个纯自然的过程，它需要物质条件、理论条件和人的条件等综合因素的共同作用。从客观上说，人与人之间的社会关系和利益冲突是制度公正问题产生的实践前提。从主观上说，人自身的超越本性和自我意识的发展是制度公正问题产生的思想条件。制度要与社会发展的客观规律以及特定的社会物质生产状况相符合，这是制度公正的首要前提和根本条件。要做到制度的科学性、稳定性和有效性，进而保证制度的公正性，就要求我们在制度设计的过程中进行科学的人性假设，科学的人性假设是制度公正的理论前提。一项制度公正与否首先在于它是不是符合客观实际需要，是不是符合人类政治生活所追求的理想和价值，是不是符合绝大多数人民的意愿，得到绝大多数人民的认同。

第一节　制度公正的客观条件

一、生产力发展要求

制度直接符合生产力发展的要求。这主要是指与生产过程直接相联系的制度形式,它包括生产制度和生产关系的制度。生产的过程是一个劳动者与劳动工具和劳动对象相结合的过程,在这一过程中,劳动者、劳动工具和劳动对象相结合的合理的制度形式,直接表现为生产效率的提高,最终表现为生产力的发展。在自然经济的生产形式中,生产制度与生产力的适合往往是一个被动的、自发的过程,它体现为对自然对象的消极适应,生产制度的规范性要求也相对简单。资本主义机器大工业的出现,导致了生产过程的复杂化,生产中的制度因素日益增多。生产手段复杂化、生产对象加工多层次化、劳动者社会联系密切化。在当代社会,生产过程更为复杂,科学技术在生产过程中的作用空前突出,表现为生产过程的自动化和人的行为的技术化需求日益提高和生产全球化趋势的提高。这种状况导致了生产过程中两个与制度密切相连的特征:一是生产过程中的资源配置和产品流通的空间扩大到了世界范围;二是劳动者行为的技术含量日益提高。与这两种特征相适应,与当代生产力发展相适应的生产制度必然表现为,在生产的方向上是开放性的,在生产的过程上是严密性的。[①] 生

① 李松玉:《制度权威论》,社会科学文献出版社 2005 年版,第 196 页。

产关系的制度主要包括所有制制度、分配制度以及消费制度。这些制度与生产力发展的要求相适应，表现在一定的所有制制度、分配制度和消费制度能够消除生产中的对立，调动劳动者的积极性，保证生产、交换、分配和消费的顺利进行。在这些生产关系的制度形式中，所有制制度是主要的，它是与生产力发展联系最为密切的人与人之间关系的制度形式。“所有制制度是生产力发展的直接产物。但所有制制度的实现不是一个纯自然的过程。因为它是对人与人之间利益关系的规定，必然受到人为力量的影响。当这种制度所导致的生产过程中的矛盾对立达到其所不能容纳的程度，一种新的制度形式才会出现，并代替原有的制度形式”①。在这一过程中，人的作用在于能够积极认识所有制制度与生产力之间的矛盾状况，促进新制度的产生，加速它与生产力相适应的进程。社会发展的规律表明，公有制的制度形式代替私有制的制度形式是一种历史的必然，因为公有制的制度形式能够为生产力的发展提供广阔的空间。但这种必然需要一个较长的历史过程。产权制度是所有制制度的具体实现方式，它规定了所有制制度实现的具体规范。能够促进生产要素有效结合的产权制度，对巩固其所有制制度具有十分重要的意义。

二、生产关系发展的要求

制度符合与生产力发展相适应的生产关系的要求。这主要是指一定社会发展阶段上与生产力发展相适应的生产关系

① 李松玉：《制度权威论》，社会科学文献出版社2005年版，第196页。

所直接决定的政治制度、思想文化制度和一部分社会管理制度。生产关系与生产力的发展要求相适应在其作用上表现为，通过它对人们之间经济关系的界定使生产过程中人和物的结合达到最佳状态，实现生产力最大可能的发展。因此，通过一定的制度形式维护这些关系的存在是社会生产力发展的根本要求。反之，制度与适应生产力发展要求的生产关系相适应也是制度公正的根本要求。政治制度从社会政策的制定来规定人们在社会中的地位，通过规定社会生产发展的方向来保证其经济基础（或生产关系）的存在和发展；思想文化制度通过它所规定的意识形态的功能和方式来确定一种生产关系的统治地位；由生产关系直接决定的社会管理制度在产权关系、社会交往和流通过程方面为社会的生产关系服务。在当今社会发展的过程中，政治上的民主化、法治化，管理上的科学化、规范化、公正化，思想文化方面与社会生活联系的密切程度，对社会生产关系的巩固与发展，从而促进生产力的发展方面的作用日益明显。除此之外，制度还要符合与先进的生产关系相适应的上层建筑。这主要是指由政治和思想的上层建筑所直接决定的社会的政治管理制度和意识形态方面的制度形式。在我国现阶段，由“四项基本原则”所直接决定的各种制度都属于这个范畴。总之，根据马克思主义的唯物史观分析方法，研究制度变迁最终要到社会发展规律中去寻求，要到生产力以及与之相适应的生产关系和上层建筑中去寻找。只有这样才能从根本上说明制度和制度公正沿革与变迁的历史过程。①

---

① 李松玉：《制度权威论》，社会科学文献出版社2005年版，第196—197页。

三、现实中人的发展要求

制度要与一定历史阶段上人的发展状况相适合。这是制度公正的最直接的前提条件。制度的有效运行和实施必须具备一定的条件，如经济条件、政治条件和文化条件等，但最为重要的是人的条件，也就是说制度必须与现实生活中的人相匹配、相适应。制度和制度公正尽管从根源上说是由社会生产发展的状况以及由此决定的社会关系的状况决定的，但制度和制度公正终归是由人来发现、认识、确立并以人作为规范对象的。在这个意义上，人是制度和制度公正的最直接的主体，也是最直接的客体。制度与一定时代人的发展状况相适合是制度公正的最直接的前提条件。一项制度公正与否首先在于它是不是符合客观实际需要，是不是符合人类政治生活所追求的理想和价值，是不是符合绝大多数人民的意愿，得到绝大多数人民的认同。作为一个具有利己动机的人，对不同的制度会有不同的感受，或是接受，或是抵制。这种感受其实就是生产力的感受。当一种具体的制度被大多数人在内心里抵制时，它就成了生产力的桎梏；反之，当一种具体制度被大多数人所接受时，它就会给生产力增添活力。正是通过人的感受，人类为不同阶段的生产力找到了最适合于它的“外壳”。因此，所谓生产力的要求，也就是人的要求。所谓人的发展状况是指人的本质状况以及与这种本质状况相一致的认识状况。马克思主义坚持从人的现实性出发探讨人的问题。在《关于费尔巴哈的提纲》中，马克思对人的本质作出了经典性的说明：“人的本质不是单个人所固有的抽象物，在其现实性上，它是一切社会关系的总和。”①这就是说，人的本质状况就是指人的社会关系状况。在历史唯物主义看来，人的社会关系主要是人们之间的经济关系以及由此决定的政治的和思想文化的关系。人的本质状况的发展，就是在人们之间的关系中对异化现象的消除程度。它表现为，随着生产力的发展，人与人之间在经济上、政治上平等关系的实现以及思想文化上对这种平等关系的反映程度。在马克思主义看来，人的认识状况尽管从根本上说来源于人们的生产实践，但无不受人们之间社会关系的制约，因为生产实践的过程既是解决人与自然关系的过程，同时又是一个人与人之间结成一定社会关系的过程。一定的社会关系直接决定了人们看问题的立场、观点和方法。因此，一定社会人的发展状况是指人与自然关系的状况，人与人之间的经济关系状况、政治关系状况和认识状况，其中，人与自然的关系状况是其他一切关系状况的基础，人与人之间的经济关系状况是人的发展状况的最主要内容。所谓制度与人的发展状况相适应，就是制度与人的经济关系状况相适应，与人与自然关系的状况相适应，与人与人之间的政治关系的状况相适应，与人的认识状况相适应。具体来说，在经济上表现为它适合由生产力所决定的所有制关系、人与人之间在生产过程中的地位以及产品的分配关系，最大可能地调动劳动者的积极性；在政治上表现为适合由生产力和生产关系所决定的人与人之间的政治关系，最大可能地消除人们之间政治上的对立；在认识上表现为适合一定时代人

① 《马克思恩格斯选集》第1卷，人民出版社1995年版，第56页。

们的认识水平,使人们最大可能地自觉服从这种制度规范。

马克思主义从社会的物质生产状况出发探讨制度公正的根源和产生条件,把制度公正看做是一定社会的生产力和生产关系状况的反映,是具体的、历史的。这种观点认为,社会生产力的发展以及由此决定的生产关系的发展是制度变迁的根本原因;人们认识的发展以及制度公正状况的发展归根结底是由社会的物质生产状况决定的,而不是相反。人的作用只是在于通过认识社会现实的制度需求制定和选择某种制度,不可能任意地创造或消除客观现实的制度需求。

第二节 制度公正的理论条件

一、人性假设理论在制度设计中的作用

"人性假设"是西方经济学、管理学及其他科学常用的一个概念,意在对所考察的活动主体即人的现实本性、所需所求作一种真实的理解和把握,以为人所进行的活动提供根据、原则、重点和方向。所谓人性假设就是人们对客观存在的人性特点的认识和把握,并且基于此种假定对人们在特定环境中的行为作出响应的行为和对策选择。

(一)人性假设理论在西方制度设计中的作用

在西方社会,人性假设理论在制度设计中起着十分重要的作用。人性假设理论大体经历了以下三个阶段:

1. 希腊-罗马时代的"政治人"假设。从希腊-罗马时代的"政治人"到中世纪的"原罪人"再到近代社会的"理性经济

人”,反映了西方社会对人性认识的深化。亚里士多德认为“人类在本性上是政治的动物”①,人天生是政治动物,为了寻求“善”的生活,人应该积极地参与国家生活。可以说,亚里士多德的政治学理论都是建立在他对人性的这一基本假设之上的。以“政治人”为人性假设基础的制度设计逻辑是:人生活于一定的国家制度内,国家制度是为了使人过上幸福的生活;制度设计应该保证人们积极、有序地参与国家生活。由于亚里士多德在西方政治学说历史中的特殊地位,他的这一思想深深地影响了西方政治发展史。“政治人”的人性假设是西方式民主精神的原始起源,使得西方国家的制度设计中始终重视人们对国家生活的参与,所以西方国家的制度设计具有浓厚的民主参与传统。对人的本性的研究是政治学不可缺少的重要组成部分,也是政治活动本身内在的要求。从某种意义上来说,政治活动本身是统治者对被统治者进行治理的一个过程,政治活动的主体和客体中最基本的要素是人,政治活动的客体主要是指被统治的广大民众,对被统治者人性的基本判断是统治者进行统治的重要依据。另一方面,统治者只有认真研究被统治者,确立了对被统治者的人性的基本判断,才能决定自己的统治手段和方式。统治者治理水平的高低,在很大程度上也取决于对人性的认识程度。随着历史的发展,人们对统治者人性的认识也是逐渐深化的。

2. 中世纪的“原罪人”假设。起源于基督教的“人类原罪说”认为:人是上帝创造的,上帝在创造人时授予了人类宝贵

① ［古希腊］亚里士多德:《政治学》,商务印书馆 1965 年版,第 7 页。

的智慧，同时为了使人类不至于永远无所事事，也给人类种下了“恶”的根源，人类只有不断发挥聪明才智才能抑制人类的“恶”。建立在“原罪人”基础之上的制度更多是采用防范的措施和震慑的力量来弥补人类的“原罪”，政治制度如此，经济制度也是如此。以“原罪人”为基础的制度设计是：只要社会上还有一个人是“性恶”的，他的自私自利将导致一有机会就损人利己，使得其他人也受到影响，并纷纷效仿，最终整个社会就会走向无序化，为了避免这种状况，整个社会制度就必须建立在“性本恶”的前提假定之下来制定严格的制度，以防止任何一个人“恶性”的发生。近代资本主义政治体制的设计及建立，在很大程度上是建立在对被统治者人性的这种基本判断上，“人性恶”思想是其重要的一个理论前提。

3. 近现代社会的“理性经济人”假设。“理性经济人”假设摆脱了对人性善与恶的讨论，从现实的经济关系中来探讨人性，承认了人的经济利益，实质上是在一定程度上承认了人的自主性发展需求。“理性经济人”假设认为：人都是理性的、自利的，都有一种趋利的倾向于利用商品经济的利益机制，运用市场自身调节来控制社会生产，使得资本家热衷于关注生产中的成本与收益以及市场的需求导向。这样资本主义的生产不仅提高了社会生产力，而且较好地繁荣了商品市场（但是这一制度设计倾向也造成了资本主义原始积累时期的残酷剥削）。基于此种人性假设的制度设计的成功性更好地表现在另一方面，即制度对公职人员的激励与导向上，高薪养廉、公积金制、功绩晋升制度等是“理性经济人”假设在制度建设方面的必然导向，这些制度在西方的近现代政治生活中起到了重要作用。总之,有什么样的人性理论,就会选择相应的管理思想和管理手段,而要使这种管理思想和管理手段在具体的实践中变成现实,必须建立相应的组织和机构来保证。从这个意义上来说,人性理论是设计和建立国家政治体制的一个重要理论前提。

(二)人性假设理论在当代中国制度设计中的作用

人性假设理论在当代中国的制度设计中同样发挥着重要的作用。社会主义新中国在建立初期,受到苏联模式的影响,国家的基本制度设计是建立在“单位政治人”的人性假设基础上的。这种人性假设认为,社会主义国家中的人民是国家的主人,人人都具有强烈的政治参与热情,人不应该再有“私利”,每个人应该在为国家、为社会作出贡献中实现自身的价值。以这一人性假设为基础的国家制度,在社会主义建设的初期对我国各项事业的发展起到了非常大的作用,充分调动了人的积极性。但是这种“单位政治人”的假设是简单的、抽象的,忽视了人性中消极的一面。人们以巨大的热情投入政治运动,一切工作都以政治为中心,不敢谈论经济利益,更不敢追求经济利益。此种人性假设中对人的经济利益的忽视,使得每个人不能,更不敢正当地追求自身的经济利益,最终演化成整个国民经济建设只讲产量,不讲效益。“计划经济中的工资报酬相同,干多干少、干好干坏一个样,所有人的月工资都36元的制度就差点没有万岁。在这种情况下,多做不能增加劳动者的收入,少做却能减少他体力和脑力的耗费,实现劳动者利益或效用最大化的选择只能是少做,或马马虎虎地做”。“一旦人们意识到自己的努力成为先进的概率不大,表彰先进的激励意义就所剩无几。有时它的积极作用只剩下‘听听激动,想想感动,实际难动’,一些基层单位的先进评比甚至沦落到抓阄摸彩,‘排排坐,吃果果,明年先进轮到我’的地步”①。我们本应具有起码认识,从发展生产力入手,依人性的实际需求来制定政策,发展生产,繁荣经济,推动社会全面进步,完善人的本质。遗憾的是我们却头脚倒置,过分相信人的善性,无视人的恶欲。所以,我们虽然并不缺乏人是生产力中最关键要素的常识,却置人之七情六欲、五种需求于不顾,忘却“天下熙熙,皆为利来,天下攘攘,皆为利往”的至理古训,主观地认为社会主义制度一经建立,人民中蕴藏的冲天干劲即得以释放,社会财富将水流泉涌般地创造出来。我们同样懂得生产关系是社会关系中最基本的关系,于是就借助上层建筑的特殊威力,不断“革命”,直至“文化大革命”,改造社会经济结构,生产资料一律公有,共同劳作,平均分配,无视个人利益,消灭市场经济,恨不能跑步进入共产主义。

中共十一届三中全会在当代中国历史上是一个分水岭。此前的二十余年中,我们历尽坎坷,屡受挫折,整个社会遭到极大创痛,经济凋敝,民穷国贫。此后的二十余年中,我们经济发展,社会繁荣,民生进步,综合国力极大提高。形成如此强烈反差的根由何在?中共十五大从政治和理论上已作出深刻总结:十一届三中全会以前失误的根本原因之一,就在于提出的一些任务和政策超越了社会主义初级阶段。十一届三中

① 胡海鸥:《道德行为的经济分析》,复旦大学出版社 2003 年版,第 120 页。

全会以后成功的根本原因之一,就是既抛弃了那些超越社会主义初级阶段的错误观念和政策,又抵制了抛弃社会主义的错误主张。如果我们进一步追问:社会主义初级阶段为什么就超越不得?其深层原因是不能超越社会主义初级阶段人的发展的现实水平。我们固然需要从物质层面检讨过去的成败得失,但也决不能见“物”不见“人”。社会主义初级阶段的基本特征是生产力不发达,生产关系不完善,上层建筑不成熟,根本的“根本”是生产力不发达。正因如此,社会物质资料短缺,人之动物性贪欲尚无法满足,遑论更高需求。邓小平是社会主义初级阶段的提出者,他所设计的制度改革之所以能够获得巨大的成功,正是因为充分考虑到现阶段我国的具体国情,对人的本性作出了合理假定:“不讲多劳多得,不重视物质利益,对广大群众不行,一段时间可以,长期不行……革命是在物质利益的基础上产生的,如果只讲牺牲精神,不讲物质利益,那就是唯心论。”①邓小平认为人都是有物质利益需求的,并且他把尊重人的合理的物质利益追求提高到了世界观的高度。因此,有效的制度设计必然以合理的人性假设为基础。在现阶段,无论是公有制还是市场经济体制,都只是人求得生存和发展的手段;对体制或制度的规定都是以解读人为前提,对人的认识、规定如何,则手段的确立才有依据,评价才能有参照系。“因为某人是人民公仆,所以他不会贪污、受贿”,这样我们在设立制度上就对“人民公仆”的约束弱化,直至贪污横行才有意识。因此必须对人或特殊群体的人进行再

① 《邓小平文选》第2卷,人民出版社1994年版,第146页。

假设，假设得有缺陷、不完满，只有这样，在手段或体制的设立上才能充满理想，在道德评价上才能宽容、谨慎。今天，我们仍然要一切从实际出发，绘制发展蓝图，重构社会机制。但无论如何作为，必须遵循一个基本原则：人之所向，人之所想，人之所欲，人之所趋，永远都是一种最真实而又深刻的实际，我们可以改变它的表现形式，却永远不能消灭它的存在。如果我们无视过去的教训，必定重演历史的悲剧；如果我们没有对现实人性的深刻洞察，也就难以拥有更好的未来。

二、人性假设是制度设计的理论前提

英国17世纪哈灵顿基于人性恶的考虑，最早提出分权制衡的思想，力图从制度上遏止腐败。他提出一个事例：两人分饼，甲分饼，乙选择，或者乙分饼，甲选择，不能一个人既分又选，把提出方案和选择方案由不同的机构来进行，这样就避免了不公正的分配。通过二人分饼这个事例说明：国家的奥秘就是均分和选择。① 麦迪逊指出："防止把某些权力逐渐集中于同一部门的最可靠办法，就是给予各部门的主管人抵制其他部门侵犯的必要法定手段……用这种方法来控制政府的弊端，可能是对人性的一种耻辱。但是政府本身若不是对人性的最大耻辱，又是什么呢？如果人都是天使，就不需要任何政府了。如果是天使统治人，就不需要对政府有任何外在或内

① ［英］詹姆士·哈灵顿：《大洋国》，何新译，商务印书馆1983年版，第23页。

在的控制了”①。纵观古今中外的政治制度史，钟情于理想的人性，却屡屡事与愿违，而在对人性从根本上持悲观态度的性恶论基础上，却建立起了民主法治的宪政大厦。对统治者的本性作恶的假定，对制度作消极的安排，却能有效地防恶限恶，反而出现了善的积极效果；性善论基础上的制度设计，对人性的善充满信心，对“至善”的统治者充满信赖，对“至善”的政治理想满怀期望，以为“理想国”或“仁政”的天下是君子和圣人的乐园，然而事与愿违，恶行却践踏着人们的善良本性恣意横行。社会科学的研究正是建立在人性善恶的假定基础上而演绎出一整套复杂的理论体系。近现代法治政体的兴起和发展就是基于对市场经济条件下人性趋恶而产生和发展的。基于人性恶的假定，美国建立了联邦制和权力制衡的政治体制。主张人治的哲学在解决政治权力的归属上往往都归结于拥有完善人格的统治者，这在古今中外不乏其例。从柏拉图的理想政治“哲学王的国家”，到孔子的“圣王”政治，都如出一辙，骨子里透出的还是对人性的自信。这种理论上的一相情愿和实践上的行不通，不仅被他们自己亲身经历，而且也被后世的历史所证明。贤明的君主总是可遇不可求，或许恩泽一时，但其英明只能是结果的公正，没有任何道义或程序的必然，更何况“皇恩浩荡”毕竟是一件稀罕的礼物，至于寥若晨星的“清官”，更无法刷新整个政治的颜色，他们总是被诗意的美化，仅成为一种期望的象征。主张民主法治的西方思想家们，调和吸收了性善论性恶论的观点，对人性达到了比

① ［美］汉密尔顿：《联邦党人文集》，商务印书馆1982年版，第264页。

较全面的认识。他们既承认人性中有自私腐化的潜能，所以需要权力制约与民主监督；但又没有流于性恶论，对于人性的善良正直仍保持着相当的信任，从而为民主法治的实现提供了人性可能。

三、科学的人性假设是制度公正的理论条件

制度面对的对象是人，制度所要调节的对象也是人，因此，在进行制度设计时就不能不考虑人性的因素。卢梭认为："敢于为一国人民进行创制的人——可以这样说——必须自己觉得有把握能够改变人性，能够把每个自身都是一个完整而孤立的个人转化为一个更大的整体的一部分，个人以一定的方式从整体里获得自己的生命与存在，以作为全体一部分的有道德的生命来代替我们得之于自然界的生理上的独立的生命。总之，必须抽掉人类本身固有的力量，才能赋予他们以本身之外的，而且非靠别人帮助便无法运用的力量。这些天然的力量消灭得越多，则所获得的力量也就越大、越持久"①。亚里士多德同样认为："作为一个建筑家，在建立一座大厦之前，首先必须对土壤进行检查和勘测，看看它是不是能够担负得了建筑物的重量。而明智的创制者在制定法律时，也必须在着手制定之前，首先考察一下，他要为之立法的人民，是不是适宜接受那些法律"②。"以政治人性作为政治哲学的逻辑

① ［法］卢梭：《社会契约论》，转引自州长治：《西方四大政治名著》，天津人民出版社 1998 年版，第 350—351 页。

② ［古希腊］亚里士多德：《政治学》，商务印书馆 1965 年版，第 353 页。

基础，是因为人以及人的社会性是一切政治活动的前提。霍布斯认为，政治人性是政治哲学的一个经典命题，如果说政治哲学探讨的是‘应当服从谁，以及应当如何生活’的话，那么其出发点则是‘人的模式’，即休谟所说‘对人性中恒常而普遍的原则’的理解”①。“人性的本质、人性的发展以及人们对人性的界定必然在极大程度上影响到政治的发展，它直接构成了政治哲学的历史的、逻辑的起点”②。实际的社会生活是制度及其设计的现实基础，对这一实际的社会生活中的人的本性问题的抽象——人性假设，则构成制度及其设计的逻辑前提。在人类历史上，任何制度的设计和安排都有意识或无意识地以某种人性假设为前提和基点，唯其如此，才不至于使设定的制度流于空泛或抽象。人性假设作为制度设计的坐标，为制度存在的合理性和必要性提供了基础，同时也为制度应具有的功能以及所应达到的目标提供了依据。另外，人性是什么的理论假设和制度的设计，一般都蕴涵着假设者的某种政治抱负。一种是以人为研究的核心和目的，对人性中不符合理想目标的缺陷和不足，要求加以控制、改造和完善，于是以某种制度的设计作为解决的条件或工具，以使人趋于完美和自由；另一种是设计者信仰或推崇某种理想制度，为使这种制度深入人心并能顺利得以推行，从人性入手对人性作出某种假设，以人性为工具为制度的合理性作辩护。因此良好的制度应当对健康的人性的形成作出应有的贡献，制度设计

---

① 王岩：《政治哲学论纲》，《哲学研究》2006 年第 1 期，第 77—84 页。

② 王岩：《政治哲学论纲》，《哲学研究》2006 年第 1 期，第 77—84 页。

的视野中应当纳入对人性的发展和改善的关怀。

制度是主观性和客观性的统一，也就是说制度是人设计出来的，必然具有它的主观性特征。人是推动历史前进、社会发展的主体，与特定的制度会产生一种双向互动，一种社会制度的建立和维系需要有民众观念上的认可，一定的制度框架对形成和塑造一定的人性又起着决定性的作用，不同的制度下人性的不同侧面会被突出和强化。自觉或不自觉的人性假设制约着制度设计的整个过程。不同历史时期，不同文化背景下，不同的人性假定演绎出的不同的制度价值取向，最终形成了各种制度模式。人性可以看做是制度函数中的一个自变量，如果不考虑人性这一变量在不同社会环境下的表现，各项新制度在推行过程中的被认同与被执行就会冒很大的风险。人性预设可为不同的政治目标服务，但是设计的制度能否达到预期的目的，则要看人性设定是否科学。科学的人性假设是制度合理性和有效性的根本来源，是制度可执行性的基本保证。人们在设计不同的社会制度模式时，不管在主观意图上，还是在客观实践上，都是以不同的人性假设作为理论前提的。实际上制度的制定者在设计、制定制度时，都自觉或不自觉地以对人性的某种假定作为自己理论的基点。从制度研究的角度来看，每一种制度理念与制度体系的背后都反映了制度制定者对制度所作用的范围内的人们的最基本的行为作出的预期，而这一预期又以一定的人性本质为假定前提。一种社会制度的建立和维系需要有民众观念上的认可，“一旦社会失去了超验纽带的维系，或者说当它不能继续为它的品格构造、工作和文化提供某种终极意义时，这个制度本身就会发生动荡”①。而人们的思想观念又是与人性密切相关的，因此，社会制度的设计必须从对人性的科学假定出发。这样，才能使之获得更为强大持久的生命力。人性假设就是以一定价值取向对现实中的人性的表现进行有选择的抽象和高度提炼。其实每个人心中都有对他人人性的基本假定，并据此行事。人们有意无意地根据对他人人性的假定预测自己采取某一行动时他人可能的行为反应，然后根据这一预测选择和调节自己的行动。一般说来，社会科学和人文科学往往以一定的人性假设为“公设”，并以此推导和构建其理论系统。因此，科学的人性假设就成为制度公正的理论条件。

四、怎样进行科学的人性假设

任何科学假设都是基于特定的历史条件的，脱离了特定的条件背景，假设便失去了任何意义，人性假设也不例外，所以我们在进行人性假设时，必须研究人性假设的社会条件背景，特别是现实的制度环境（人性假设虽然具有强烈的现实性，根本上受到现实社会基本制度的制约，但是历史传统、文化背景等也对人性假设起着一定的影响。限于篇幅，这里不作研究）。从根本上说人性假设是实践的、现实的需要，是人们为了更好地认识人类自身，将人性简单化后作出的一定预设，目的是为了更好地研究人与社会，促进社会的进步。所以，人性假设只是一种基于对人与社会及其基本关系一定认

---

① ［美］丹尼尔·贝尔：《资本主义文化矛盾》，赵一凡等译，山西教育出版社 1998 年版，第 45 页。

识基础上的假定,他具有强烈的现实性和针对性。人性假设是制度设计中必须充分重视的前提条件,但是这种假设只是一种假定,不能等同于现实中的人性,无论是执行主体还是被执行主体,都是现实中的人,如果缺乏对这种现实中的人性了解,制度在执行中难以被认同,便很难具体执行,这样,制度失效与制度无效便产生了。曼德维尔认为:以往的道德哲学家只教导人们"应当"怎么做人,却没有说明他们"实际"是什么样的动物。因此,他在《蜜蜂的寓言》一书的序言中强调指出,他的根本目的在于告诉人们"他们实际上是什么样的"而不是要进行"他们应该是什么样的"说教,并依此而探索社会进步的方式。[①] 任何社会总是在一定历史发展阶段上的社会,这个社会的人也是在特定的历史环境中的人。然而在过去对人性的研究中,人们常常更多地注目于一般的、抽象的层面,而忽视甚至忘记了人性的历史特殊性和强烈的现实性,更加无从说起对人性作现实制度环境的分析了。因此,对人性的考察不能只是停留在一般的、抽象的层面,而要把一般层面的、抽象的研究和特定历史时期的制度环境结合起来,在特定的现实制度背景下看待人性问题,着重从制度和人性现实关系的层面进行具体的考察,以现实社会的基本制度作为人性假设的根本的制度背景。人性假设根本依赖于社会的基本制度背景,如果人性假设脱离了这个背景,人性假设就必然会与现实社会产生错位,即"人性假设的错位"。基于错位的人性

---

① [荷兰]伯纳德·曼德维尔:《蜜蜂的寓言》,肖聿译,中国社会科学出版社 2002 年版,中文序言,第 4 页。

假设建立的社会制度会产生“制度的异化”，即制度非但达不到预期的效果，反而会出现“奴役人”、阻碍社会进步的情况，我们可以称之为“制度的负效果”。从历史的角度来看，这种强烈的现实性必然造成人性假设是一个动态的过程，具有社会历史性。所以我们不能期望找到一种永恒的、普遍的人性，我们只能结合一定的现实条件来研究人性。人性假设作为一种假设，是人类为了更好地认识人性而作出的。在人类完全认识人性之前，这种假设不可能成为真正的、现实的人性，也不可能被证明是正确的或不正确的。人性假设寻求的不是一种绝对的正确性而是一种相对的合理性；制约这种相对合理性的是人性的复杂性和现实制度环境的变化。

马克思非常重视人性的制度环境，他反对笼统的人性和人性假设概念，他把人性放在特定历史的或现实的生产力和生产关系的环境中来分析。“我们不是从人们所说的、所想像的、所设想的东西出发，也不是从只存在于口头上所说的、思考出来的、想像出来的、设想出来的人出发，去理解真正的人。我们的出发点是从事实际活动的人”，“人们每次都不是在他们关于人的理想所决定和所容许的范围之内，而是在现有的生产力所决定和所容许的范围之内取得自由的。”①可见，马克思一直把人放在现实的环境中来研究。马克思关于人的本质与人的全面发展理论是从整个人类和整个人类社会的角度对人的需求（自然性的和社会性的）最本质的揭示。从历史和人文角度看，马克思对人与人性的研究已超越了对

① 《马克思恩格斯全集》第3卷，人民出版社1960年版，第30、507页。

于人的自身现实需求的关注，将目光投放于更广阔的时空，投放于人的终极发展目标和方向，是对于人的自身发展命运和前途的最彻底的关怀。但是由于时代条件和精力的局限，马克思没有也不可能对未来社会中的人性作出具体研究。正是人们对马克思人性研究认识的不足，使得很多社会主义国家在取得社会主义革命胜利之后，在设计新的国家制度时仍然以马克思在无产阶级革命时期的人性假设为基础。由于时代背景和现实社会条件的巨大差异，这样的制度都犯了“阶级斗争扩大化”的错误。所以，我们进行人性假设必须把人性放在现实的、具体的社会环境中，以现实社会的基本制度作为人性假设的根本制度环境。

第三节 制度公正的主观条件①

制度作为调节主体活动与主体间关系的规范或规则，是在主体的实践活动中产生和形成的。它体现或满足了人自身存在和发展的需要，是人类发展自己、完善自己、不断满足自己需要的结果。制度公正是主体摆脱其原始本能的动物性存在而不断拓展其社会性的标志。因而制度是主体社会属性的一种物化形式，是社会关系的整合机制。制度公正的实现受到多种因素的制约，它不仅受制于各种具体的社会

① 宋增伟:《制度公正与人性制约》,《南京师范大学学报》2005 年第 5 期,第 25—29 页。

历史条件，如经济基础、政治资源和文化环境等，也同样受制于现实中人（尤其是人的理性和德性）的发展状况。现实的人的发展状况对制度公正的制约因素主要表现在以下几个方面：

一、制度公正的出发点是现实的人

经济学、社会学、心理学的研究表明，人既有恶的性格，也有善的性格；人既有利己的一面，又有利他的一面；人在行为决策时，既有理性的成分，又有非理性的成分。在现实中，纯粹的经济人和纯粹的道德人是不存在的。在现有生产力条件下，人是经济人和道德人的混合物。纯粹利他的人在经济领域是很少存在的。马克思曾指出："人们奋斗所争取的一切，都同他们的利益有关。"①这就要求我们在制定制度时，一定要考虑当时的人性实际，不能把制度的前提条件即人性假设得太高。我国古代在制定制度时，把道德教化放在首位，对于人性的假设放在人性善方面，即仁爱＋道德，这是一个强条件；而西方把人性恶作为制定制度和规则的前提条件，如罗尔斯在《正义论》中把原初状态的人设想为：主观上的相互冷淡＋客观上的无知之幕，这是实现制度公正的人性弱条件。实践证明，弱条件比较符合实际情况。一种制度公正与否还取决于其效力如何，能否促进生产力的发展，而这些又取决于制度与人性的适应性，被全球多数国家采用的市场经济制度，比计划经济制度表现出更多的优越性、更强的生命力，就是因

①《马克思恩格斯全集》第1卷，人民出版社1972年版，第82页。

为市场经济制度的“经济人”的人性假设符合现阶段生产力水平,人们在社会经济活动中呈现出的主流人性,较好地解决了制度与人性的适应性,为经济增长提供了强大的动力源泉和环境保证,在保证了制度合理性的同时,也保证了制度的经济绩效性。制度与人性的和谐要求对人性的顺从和规制,对人追求利益的基本要求和行为应予以保障,对人追求利益的过度要求和行为应予以抑制。如果制度对人追求自身利益的正当行为不予以确认和保障,或对人追求自身利益的不正当行为不予以禁止,则这种制度必然会低效率。我们必须指出,人对自身利益的追求是正当的,并不能认定为性恶。人为了追求幸福而获取财富在法律上和道德上应该被认定为公正,只有以邻为壑、损人利己的行为才会被认为是恶的行为,才应该被法律和道德所谴责和禁止。所以制度应该激励人对自身基本利益的追求,同时也应该抑制人对自身利益的过度追求。茅于轼认为:“从世界范围看,市场经济成长的二三百年从根本上改变了整个世界的面貌。在此期间人们生活的提高超过了过去人类历史上几千年的成就。这一成就同样是来源于个人对自己利益的追求……这是值得探讨的一个问题,为什么在市场经济之前个人私心是一切罪恶之源,而到了市场经济时代它反而成为社会进步的基本动力?答案很简单。市场经济之前个人的私心通过侵犯别人的利益来实现,私心没有使全社会的财富有所增加,只是财富的转移,而且在这种财富被转移的斗争中造成了生命财产的损失。到了市场经济时代,每个人的利益都受到保护,个人利益只能通过人们之间的合作来实现,也就是通过交换,彼此都从交换中得益。这种人际关系使得全社会的财富不断增加”①。多年来中国的社会主义实践证明,绝大多数人的觉悟没有那么高,做不到像雷锋那样无私奉献,对于多数人,如果你给予他更多的利益,他会很好地干活,如果不考虑他个人的利益,他就不好好地干活。对此,邓小平有过精彩的论述:“不讲多劳多得,不重视物质利益,对广大群众不行,一段时间可以,长期不行……革命是在物质利益的基础上产生的,如果只讲牺牲精神,不讲物质利益,那就是唯心论。”②实践证明,人性是具有时代性的,一定的经济关系和经济环境决定人在经济活动中的本性,人的发展和完善是一个历史发展的过程,决不能逾越,否则会因违反社会经济发展规律而受到惩罚。

“道德人”假设意味着所有“单位人”即使不是大公无私的人,至少也是唯命是从的人。它甚至还隐含地假定有一个超越于一切、控制着一切的计划者,不仅无私无偏,而且全知全能,这实际上已经超越“人性”而达“神性”的范畴。“道德人”假设下的制度设计者相信:人性是绝对善的,即使有私心杂念也是可以通过斗争纠正的,人的主观世界是能改造的。我们不否认,这种完美的“道德人”在制度设计者那里可能是真实的,他们完全可能是心底无私、胸怀天下的人。但是“道德人”假设脱离了大多数人的现实状况,毕竟不是人人都想当模范,因而很难实施也在情理之中。

---

① 茅于轼:《道德、经济、制度》,河南人民出版社 2002 年版,第 198—199 页。

② 《邓小平文选》第 2 卷,人民出版社 1994 年版,第 146 页。

二、人的缺陷直接影响制度公正

任何制度的运行都离不开人的因素，任何制度都是人设计的，而人是有缺陷的、不完美的，由人所设计的制度也是有缺陷的、不完美的。只要有人类存在，人自身的内在冲突就不可避免，人性的弱点和缺陷无法从根本上消除。人的知识和能力至少有三方面的限制：第一，人的知识和信息是有限的，根据不完全的知识和信息作出的制度设计不可能完全变成现实，必然要经历试错的过程；第二，受到布坎南说的"文化上逐渐形成的行为规则"和诺思说的"内含着习俗、传统和行为准则的非正规制约"的限制，这些因素在相当大的程度上是自发形成的，不可能靠制度设计来造成，而成功的或比较成功的制度创新，是不能脱离它们的。第三，受到原有的意识形态的限制，制度设计是以事实为根据的，是通过实践来修正的，但人们对事实的认识和实践经验的总结往往要经过意识形态的过滤。① "当人作为智能存在物的时候，便时常诋毁上帝创造的法律，并且更改自己制定的法律。他本应主宰自我；然而他毕竟是有其局限性的存在物；他与所有'有限的智能生物'一样，无知与错误在所难免；他不但知之甚少，就连仅有的粗浅知识也会丧失殆尽"。"作为有感知的生物，他受到无数情欲的支配"②。人类社会是如何从早期原始社会的小部落发

① 薛汉伟、王建民：《制度设计与变迁》，山东大学出版社 2003 年版，第 19—20 页。

② [法]孟德斯鸠：《论法的精神》，陕西人民出版社 2001 年版，第 8 页。

展成为巨大而复杂交往关系的巨型社会的呢？哈耶克认为是人类中某一部分群体在一个类似于自然选择的过程中，形成了一套调节人际关系的规则，它在很大程度上不是人类特意计划或追求的结果，而是在无人能预知其后果的情况下，在漫长的岁月中自发进化而形成的，这就是哈耶克的“自发秩序”思想。他认为人类自身存在一种“致命的自负”，各种学科的研究成果给人一种误解，以为人类可以为自己的发展设计一套一劳永逸的完美方案，其实，人类社会的发展表明，人类社会的发展存在两种秩序：自发秩序和扩展秩序。[①] 比如，只有我们认识到人本身的弱点，才不会盲目迷信领导者个人的智慧和德性，就会看到一个党、一个国家把命运和希望寄托在一两个人的权威和声望上面，是很不健康的，是很危险的。因此，邓小平曾指出：“还是要靠法制，搞法制靠得住些。”[②]这样对于国家权力以及掌握国家权力的人必须进行监督或制约，我们就会在观念上摈弃人治，走依法治国的道路。在制度变迁中，我们就会主动进行政治体制的改革，用民主、法治去取代个人崇拜与人治，包括对于社会主义市场经济条件下怎样建立和完善民主与法治，都需要用理性去分析、比较、借鉴、选择。

三、人的道德水平决定制度公正的实现程度

社会是由它的成员和制度构成的。社会制度的善德

---

① ［英］哈耶克：《致命的自负》，冯克利等译，中国社会科学出版社 2000 年版，第 4 页。

② 《邓小平文选》第 3 卷，人民出版社 1993 年版，第 379 页。

(Virtue)在于公正,社会成员的善德在于仁爱(Love)。当一个社会具备了这两种善德以后,才是一个理想的社会。[①] 也就是说,一个社会就好像一台电脑,而电脑是由硬件和软件组成的。制度公正是一个社会的硬件,而人的道德和仁爱就是社会的软件。人的道德水平直接决定着制度公正的实现程度。一个理想社会的实现除了制度公正之外,还需要具备人际和谐、互敬互爱的条件和环境。构建这样的社会需要发扬广大社会成员的另一种重要的道德内驱力,就是“作为社会公民的个体美德资源”,公民主体不只要有“公正感”,“最起码还要有公益心、道德宽容,甚至还需要某种或某些个体自我的道德牺牲”[②]。信春鹰在《人为什么要遵守规则》一文中讲了这么一件事:在国外,学校的制度和规则是,考试没有通过的学生,如果有医生证明学生在考试期间生病了,可以在一定时间内补考。而补考的卷子和原来的卷子基本一样。否则的话,该课程就要重修。我国许多留学生只要到唐人街找中国医生开一个证明就可以了。学校的制度是经过充分论证的,其前提假设是每个没有通过考试的学生都是诚实的人,给诚实的学生一个补救的机会,这是教育制度的合理性和公正性。这个制度在这所有着百年历史的世界名校公平而有效地适用多年,但在许多中国留学生身上竟然失效了。[③] 这样的例子

① 李志江:《制度公正与社会和谐》,《道德与文明》2006 年第 1 期,第 51—55 页。

② 万俊人:《论和谐社会的政治伦理条件》,《道德与文明》2005 年第 3 期,第 4—7 页。

③ 信春鹰:《人为什么要遵守规则》,《读者》2004 年第 21 期,第 28—29 页。

很多。从托福的分数到个人成绩单，小到个人资料，大到以国家名义进行的公证，那些以诚实为前提的规则和制度被我们的同胞一一逃避和超越。"人们按一定方式从事自己活动的行为称之为制度化行为"。"道德对讲道德的人是有效的，对不讲道德的人是无效的；法律对守法者是无效的，对违法者是有效的，二者恰可形成互补"①。规则是约束人的行为的，是社会对应然行为的抽象，抽象的行为规则就像马路上的红绿灯，很有一些符号特征。当规则适用于社会现实的时候，如果现实是虚假的或者扭曲的，制度和规则的意义就不复存在。法治国家的前提条件是诚信社会，没有诚信社会，法治国家就是镜中花、水中月。一项制度和规则的有效实行和遵守受到人自身道德水平的限制和约束。

---

① 鲁鹏：《制度与发展关系研究》，人民出版社 2001 年版，第 6 页。

第六章　制度公正与人的发展（上）

制度公正是一个历史范畴，在不同的历史阶段具有不同的内容和形式。在人类历史发展的过程中，人的发展与制度公正是相互依存、相互作用的伴生过程。制度公正与人的发展的辩证关系主要表现为：一方面，人的发展推动制度公正，即制度公正以人的发展为动力；另一方面，制度公正以促进人的发展为目的和宗旨，即人的发展又以制度公正为基础。制度公正的发展是生产力发展的结果，但其内在动力是人的发展，人的发展是制度公正的内在和直接动力。人的发展推动着制度公正的发展和演变。制度公正和人的全面发展是人类社会的两大理想目标。制度公正是实现人的全面发展的手段和途径，而人的全面发展是人的发展的高级阶段，是制度公正的终极目标，不同时期的制度公正所要追求的最终目标是人的全面发展。

第一节　制度公正与人的发展的相互关系①

一、社会制度与人的发展的相互作用

制度作为人的一种存在方式，与人自身具有密切的内在关联。人作为社会存在物，根本上说是制度的产物，制度影响着人的发展。社会经济关系是制度的终极根源，而人则是制度的直接的主体基础。制度对于生活于其下的人来说，是一种既定的力量，它构成人的发展的现实空间，形成人的现实生活世界。人发展什么、怎样发展、发展程度如何，根本上是由生产力决定的，而直接的则是由社会关系即社会制度决定的。

(一)社会制度决定人的发展

一方面，社会制度规定和限制了人的发展的方向和程度。这是它的消极作用。人的发展方向受人们所处的具体的社会关系、社会制度制约和塑造。社会是人的活动本身，也是人的活动展开的根据，社会制度是保证社会良好运行的规则，也是限制人们活动界域的框架。制度告诉人们可以做什么、应该做什么、必须做什么，也就告诉了人们不能做什么，它通过规范人的活动规定人的发展方向，这是制度对人的发展质的方面的规定。同时，社会制度的发展水平也在一定程度上规定

① 宋增伟:《制度公正与人的全面发展》,《科学社会主义》2007 年第 1 期,第 69—72 页。

了人的发展程度，有什么样的社会，就有什么样的社会制度，也就有什么样的人性表现。这是制度对人的发展作用的量的表现。

另一方面，在更为根本的、最终的意义上，社会制度激励和推动着人的全面发展。这是它的积极作用。1. 制度具有信息功能。它使得复杂的人际交往过程变得更易理解、更可预见，从而更容易协调个人之间的关系。它使人们能清楚地测度未来的收益和风险，增强了活动的信心和自由自觉性，也使人们能在制度框架内最大限度地扩展交往的边际和交往的丰富性。2. 制度具有激励功能。它构造了人们在政治、社会或经济方面发生交换的激励结构。从理论上讲，制度是人们为自身的利益设定的规则，它作为一种客观条件、客观环境必然有利于人的发展。社会制度为人的发展而存在，它只有服务于人、促进人的发展才有存在的价值。如果相反，制度走向了人的发展的对立面，成为人的发展的桎梏，必然要被人们否定和抛弃。在实践运行中，制度通过压抑某种行为而激励另一种行为，通过反对某种行为而褒扬另一种行为，从而传递某种信息，改变人们的偏好、影响人们的选择、激发人的能力的发挥、促进人的发展。3. 制度对人的活动、行为的限制只是一种手段，是通过对社会的必要规制形成稳定的良好的社会秩序，其目的是满足人的需要、促进人的全面发展。“在人本人性原则中，制度的创新，不是为了给人以限制，而是为了给人性的解放和实现输入最充分的‘能量’，提供最‘优美’的‘环境’，奠定最坚实的基础。换言之，此时创新出来的一切制度，不再是人性的限制、制约、约束、压抑，而是人的解放和实现的‘能量’、‘环境’、‘基础’等等”①。正如马克思在《神圣家族》中说:“必须这样安排周围的世界,使人在其中能认识和领会真正合乎人性的东西,使他能认识到自己是人……既然人的性格是由环境造成的,那就必须使环境成为合乎人性的环境。”②

(二)人的发展规定和制约社会制度

尽管社会制度最终是由生产力的发展要求规定的,但制度设计和制度安排的方式和内容却是由人设计和运作的,所以人的发展规定和促进制度的建设和发展。“不仅制度的结构包含着重要的人格决定,而且即使最好的制度……也常常在很大程度上依赖于相关的人。制度好似堡垒,它们得由人来精心设计并操纵”③。一方面,人的自由全面发展程度制约着社会制度的发展水平,社会制度作为一种规则、一种规范体系,其选择、设计、变革都是由人完成的,是人的对象化产物,是人的发展水平和发展要求的反映和体现。较高的人的发展水平能够制定较优越合理的社会制度,较低的人的发展水平就不能制定较好的社会制度。同时,人的发展程度也是制度设计、制度安排的重要考量。另一方面,人的发展要求是社会制度发展的内在动因。生产力是社会发展的最终决定因素,但生产力的发展要求直接通过人的活动、人的发展要求体现

① 谭希培、高帆:《超越现存——制度创新论》,湖南大学出版社 2002 年版,第 153 页。

② 《马克思恩格斯全集》第 2 卷,人民出版社 1957 年版,第 166—167 页。

③ [英]卡尔·波普尔:《开放社会及其敌人》第 1 卷,中国社会科学出版社 1999 年版,第 237 页。

出来。人的活动的主体自觉性和社会关系的丰富全面性是具体的、不断发展的,人的需要、利益追求和自由个性总是随着社会实践水平的提高而不断发展,人的全面发展必然要求为之服务的制度不断得到优化和发展,由此推动制度的变革和发展。

(三)人的发展是制度公正与否的主要标准

对于好的制度,我们可以从社会发展的角度评判,如是否有利于形成良好的社会秩序、规范的社会关系并最终促进生产力的发展和社会进步。但好的制度最直接的表现应在于它的价值倾向,即应该以人为本、促进人的自由而全面发展。从制度设计到制度创新,其出发点和目的都是围绕人和人的发展这条主线的。如果以是否有利于人的发展为标准,一定历史阶段的制度安排在性质上,存在着公正与非公正、先进与落后的区别。公正是制度的首要价值,但是,历史和现实中存在的制度安排,对于人的发展而言,并不总是具有合目的性和公正性的理想状态。中国封建专制和欧洲中世纪的神权制度,对人的泯灭和对人的发展的抑制,即是最不人道的,并无公正性可言的。马克思认为在资本主义生产方式下,少数资产者凭借对生产资料的占有权,奴役被剥夺生产资料的广大劳动者,劳动产品不是用于满足劳动者本身的生存发展的需要,而是用于壮大劳动者的异己力量。在这种劳动者非人化、主体工具化的社会制度下,人的价值被严重扭曲,人的本质力量及其外化结果同主体本身相离异、相对抗,主客倒置的主体价值严重错位和失落。当然,马克思也认为,就人的发展而言,制度安排的复杂性并不允许我们对其性质作出是与非的简单判断。历史上,封建制度对人的发展的束缚是明显的,但相对于奴隶制度下的人身依附,无疑给人提供了较多的自由空间。资本主义私有制在带来人和人的发展异化的同时,对人的个性的丰富和发展以及对人的解放产生的意义,同样不可否认。因此,以人的发展为尺度,制度为人而存在应当是具体的、历史的。当代人类社会的制度发展越来越以人为中心,越来越成为服务于人的有效手段,越来越体现出人的目的、需要与本质。人是社会发展的主题和主体,制度保障和促进社会发展的目的也是为了人的发展。

二、制度公正与人的发展的伴生过程

马克思把人类历史分为三大形态,揭示了人的发展的历史进程及其规律:“人的依赖关系(起初完全是自然发生的),是最初的社会形态,在这种形态下,人的生产能力只是在狭窄的范围内和孤立的地点上发展着。以物的依赖性为基础的人的独立性,是第二大形态,在这种形态下,才形成普遍的社会物质变换,全面的关系,多方面的需求以及全面的能力的体系。建立在个人全面发展和他们共同的社会生产能力成为他们的社会财富这一基础上的自由个性,是第三个阶段。第二个阶段为第三个阶段创造条件。”①这段话同时也说明了:在人类历史的发展过程中,制度公正与人的发展是一个统一的历史伴生过程,具体来说,经历了以下三个发展阶段:

第一阶段:商品交换不很发达的前资本主义社会。这是

① 《马克思恩格斯全集》第46卷(上),人民出版社1979年版,第104页。

人类发展的最初的制度公正形式。前资本主义时期,包括原始社会、奴隶社会和封建社会,是自然经济形态。在这种以自然经济为特征的最初的制度公正形式里,自给自足的自然经济决定了以血缘关系和等级制为基础的地域性关系,形成了“人的依赖关系”。一方面,人必须依赖自然纽带来维系。自然经济本质上是“靠天吃饭”的经济,生产主要取决于人的自然体力,分工主要依据自然生理区分,联系主要靠血缘、地理等自然纽带;另一方面,必须依赖于人群共同体。在自然经济状态下,个人必须依赖于一定的人群共同体才能生存,形成个人对人群共同体的依赖关系。“个人与其他人是按照他们在共同体内的地位、作用和职能以及自然血缘而发生关系,而不是依个人需要发生关系”①。在“人的依赖关系”的传统社会形态里,人与人之间的关系主要发生在宗族和邻里之间的稳定、持久的宗法、血缘关系,它往往是以风俗、习惯以及情感等来维系,整个社会也是呈现出胶着凝固的状态。在这样的社会里,由于人与人之间普遍发生的是宗法、血缘关系,它主要是一种伦理关系,所以,社会主要靠伦理道德来协调人与人之间的关系,道德伦理是维系人与人之间关系的基本法则,人的发展侧重于人的伦理道德方面,学术界将这个时期的人假设为“道德人”,他们崇尚道德,抑恶扬善,讲究奉献。但是这种“道德人”往往重义轻利,贬抑经济。这种“道德人”要求人们在伦理关系中确立自我,就是说你的身份和地位处于什么样

① 韩庆祥:《人的依赖—物的依赖—能力依赖—从权力本位走向能力本位》,《社会科学战线》1999 年第 3 期,第 44—51 页。

的等级;另外,“道德人”以性善为特征,它认为人天生具有为善即履行道德义务的本性,强调自我修养,把实践某一道德理想作为自己行为的出发点和归宿。中国传统道德把“修身、齐家、治国、平天下”作为人们自我修养的目标和途径,强调“家国同构”的政治伦理,道德过于政治化,政治过于道德化,使道德与政治融为一体。

第二阶段:商品经济或市场经济阶段。这是人类社会发展的第二种制度公正形式。这一时期,资本主义市场经济占据主导地位,社会化大生产方式代替小生产方式,人和社会发展到以“物的依赖性为基础的人的独立性”的商品经济或市场经济阶段。在这种形式下,市场经济“把一切封建的、宗法的和田园诗般的关系都破坏了。它无情地斩断了把人们束缚于天然尊长的形形色色的封建羁绊”①。商品经济使人们摆脱了自然性狭隘共同体的限制,摆脱了等级从属,打破了束缚人身的“自然纽带”,进入了一个相互独立又一体化的社会交往关系。商品经济从根本上满足了人们的某种需要,扩大了人们的视野和交往,推进了社会分工的发展和生产力的进步。在市场经济体系下,支配市场活动的规律是价值规律,市场行为遵循的是利益调节原则、等价交换原则和平等竞争原则。“它使人和人之间除了赤裸裸的利害关系,除了冷酷无情的‘现金交易’,就再也没有任何别的联系了”②。这就是说市场经济以金钱关系取代了自然经济下的自然关系,把对“人的

① 《马克思恩格斯选集》第1卷,人民出版社1995年版,第274—275页。
② 《马克思恩格斯选集》第1卷,人民出版社1995年版,第275页。

依赖关系”转变为“人对物的依赖关系”。人与人之间通过物与物的交换发生关系,人的价值和地位不再表现为血统、出身等自然禀赋,而是决定于财富的物化关系。在人的发展上,出现了另一个历史极端,这就是与“道德人”相反的“经济人”。所谓“经济人”是指那些崇尚经济、贬抑道德、重利轻义、求富安乐的人。他们重视信息,关注市场行情,适应市场经济变化。他们有竞争意识、创业精神,也有法制观念。但是这种人往往缺乏“人情味”,过于迷信金钱和经济力量,轻视以至否认道德作用。有的人甚至无视以至践踏道德,见利忘义,成为“经济动物”。人的发展侧重于经济方面,是随着私有制的产生,尤其是随着商品经济的出现而出现的。在资本主义社会,商品经济和自由竞争获得充分发展,与此相应的极端利己主义也迅速膨胀起来。爱尔维修说:“个人利益是人们行为价值的唯一而且普遍的鉴定者”①。资产阶级从人的本性是自私的人性论出发,主张社会利益服从于个人利益,把发财致富、追求抽象的绝对的个人自由和个人享受的一切行为都说成是高尚的美德,于是,在人的发展上,纵欲主义代替了禁欲主义,金钱成了万能。资本主义的私有制和商品经济是孕育“经济人”的经济基础,也是滋生无视以至践踏人性中的道德方面、使人失去道德品性的“经济动物”的温床。

第三阶段:共产主义阶段。这是人类社会发展的第三种制度公正形式。马克思将共产主义作为迄今为止人类最理想

---

① [法]爱尔维修:《十八世纪法国哲学》,商务印书馆1965年版,第460页。

的制度公正形式,这种制度将“以每个人的全面而自由的发展为基本原则”。在这个阶段,人的发展表现为活动和能力自由而全面的发展、自由个性以及个人与社会的和谐发展。这就是马克思所称的“全面发展的人”。陈小鸿认为:“马克思主义人的全面发展内涵主要包括三个层次:分别相对于自然界、社会和人自身来说的人的劳动能力、人的社会关系、人的素质和潜能的全面发展”①。马克思主义人的全面发展就是指“人以一种全面的方式,也就是说,作为一个完整的人,占有自己的全面的本质”②。马克思认为,作为类存在物,人的本质是自由自觉的活动,即实践活动,最集中的表现是劳动;作为社会存在物,人的本质在其现实性上是一切社会关系的总和;作为完整的个体的人,人是自然因素、社会因素和精神因素的统一体。“道德人”只承认国家和集体利益,否定了经济主体的个体利益与价值,缺乏独立性、自主性和能动性,严重地阻碍了个人的发展。而“经济人”虽然有利于人们摆脱形形色色的依附关系,成为相对独立的经济主体,但是利己主义的行为破坏了社会生活的基础,甚至使社会的存在本身也受到了威胁。只有到了共产主义时代,人的发展才能突破资本主义的物化形式,人才能在对自然、社会和自身的全面关系中具有真正意义上的主体性,形成完整的全面发展的人。完整的人具有多方面的特征,诸如有正常的生理需要和生理机能;有强烈的自主、自我实现的需要和能力;有强烈的交往

① 陈小鸿:《论人的自由全面发展》,人民出版社 2004 年版,第 355 页。
② 《马克思恩格斯全集》第 42 卷,人民出版社 1979 年版,第 123 页。

合作与爱的需要和能力;超越利己与利他的对立;有强烈的审美需要和审美能力,等等。其中,创造、发展的需要和能力是完整人格的根本特征,亦即主体活动摆脱了自然、社会的束缚,以完全自觉、自愿、自主、自为、自由的状态从事劳动创造、社会交往。从这个意义上说,完整的人的实现,也就是人的自由而全面的发展,是把人作为目的而发展。社会主义社会,尤其是改革开放和现代化建设,是旧人向新人转型的重要时期,同时也提供了建构新人格的外在环境。首先,社会物质文明建设为新人格的产生奠定了坚实的基础,"普遍的社会物质变换,全面的关系,多方面的需求以及全面的能力的体系"①正在形成。其次,以马克思主义为指导的精神文明建设不断激发着人们的能动性,使广大人民群众正以崭新的精神面貌从事创造性的活动。再次,国家制度文明和方针、政策对新人格日益起着重要的规范、导向和帮助作用。在此环境下,人们的主体性意识正在日益增强,同时带来价值观念、行为规范和生活方式的重大变化。

三、制度公正与人的发展的辩证统一关系

(一)制度公正与人的发展相互依赖、相互制约

一方面,人的发展推动制度公正,即制度公正以人的发展为动力。没有人的实践能力的提高,没有人的素质的提高,没有人的思想观念、思维方式、价值观念等方面的根本改变,没有人的社会关系的改善,就不可能有制度公正的发展,而人的

① 《马克思恩格斯全集》第46卷(上),人民出版社1995年版,第104页。

能力、素质、人格、品质,也是制度公正的实现与高效运行的重要保证。人的发展构成了制度公正的动力源,并主导着制度公正的性质与方向,推动着制度公正的发展。另一方面,制度公正又以促进人的发展为目的和宗旨,即人的发展又以制度公正为基础。人的发展不仅仅是自然界发展的产物,而且还是制度文明的产物。制度公正不断地调节生产关系的内容和性质,使生产关系不断地适应生产力的发展,提高人们改造自然和征服自然的能力,人们因此生产出更多的生活资料,人们更多的需要也因而得到满足。事实充分说明,缺乏制度公正的保障,社会发展的秩序就会受到破坏,人就很难得到发展。制度公正为人的各种才能的发展和施展以及人的价值的实现和自由个性成长,提供可以塑造和训练的空间,使人的发展更加丰富多彩、更加全面。

(二)人的发展与制度公正是辩证统一的历史过程

这是既有适应性,又有不适应性的辩证发展过程。一方面,人的发展具有决定作用,是制度公正的最终决定力量,人的向前发展迟早会引发制度公正的发展。另一方面,制度公正会引导人的发展,帮助人们转变不合理的人的发展观念,但一种制度经过创新后一旦形成,就会产生僵硬性,这种僵硬性就会从最初促进人的发展,逐渐演化成人的发展的阻碍力量。也就是说,制度只有适合人的发展的时候,才能引导人的发展,促使人转变自身发展的观念,消除人发展的障碍,推动人的发展;反之,不适合人的发展的时候,就会阻碍人的发展,成为人的发展的绊脚石。因此,制度公正有其历史发展的必然性,体现了人的发展的客观要求。当代人的发展与制度公正的关系，也是辩证统一及辩证发展的演化过程。这就要求我们在社会主义建设的事业中，首先要以人的全面发展为最高目标和宗旨，这是科学发展观的根本内涵和要求。马克思指出，后资本主义社会的人的发展是第三个阶段，就是指“建立在个人全面发展和他们共同的社会生产能力成为他们的社会财富这一基础上的自由个性”①。因此，社会主义建设的事业，人是主体，只有人发展了，才能说取得了进步。作为社会财富的物质生产过程中唯一能动的因素，人是最为宝贵的资源和核心动力，人的天赋、创造力和主体能力的发展最为根本，因为社会财富不过是人创造的产物，是人本质力量对象化的结果。如果缺乏一种能赋予制度建设以真实生命力和人的全面发展的心理基础，如果掌握当代技术、进行社会主义建设的人，不能从心理、思想、态度和行为方式上经历一个向人的全面发展的观念转变，失败和畸形发展的悲剧是不可避免的，即使再完美的现代制度和管理方法，再先进的技术工艺，也会在传统发展观念的人的手中变成废纸一堆。

（三）人的发展与制度公正的关系最终统一于人的全面发展

人的全面发展只为社会主义建设的事业提供了理想的目标，而实现这个目标却是具体的、现实的漫长过程。过去，社会主义建设在这方面曾经有过深刻的经验与教训，以为很快就能实现理想目标，进而采取大而空的制度模式。这不仅无

① 《马克思恩格斯全集》第46卷(上)，人民出版社1979年版，第104页。

法促进人的发展,而且还使社会主义建设的事业到了崩溃的边缘。在社会主义初级阶段,把人的发展作为目标,以科学发展观来定位,全面建设小康社会,这无疑是对人的发展与制度公正辩证统一的正确理解。改革开放以来,这一思想观念的转变及实践取得了空前的成果,人的实践能力、主体性、自我素质都有了极大的提高,这些通过制度化的建设,使人的本质对象化在社会物质财富上创造空前成果,经济建设的步伐迅速,但物质的丰富并未能使精神文化有相应的提高。也就是说,制度公正大多使人的本质力量对象化为人外在发展的物质层面上,而对象化为人的内在素质不够,在社会发展中产生了人文精神的失落,即制度公正的结构体系存在较为严重的缺陷:与经济制度创新相比,政治制度创新及文化制度创新明显滞后。因此,及时地克服这一缺陷无疑成为了我国目前发展的主要任务。

第二节　制度公正的内在动力

一、人的发展是制度变迁的终极动力

人的发展指的是在实践基础上,通过主体自觉的建构活动,使自然属性和社会属性、物质属性和精神属性、感性与理性等诸种要素和属性互动互补、互为中介,彼此不断渗透、交融、过滤和积淀,按照不同时代不同社会经济政治文化生活的要求,把人与时代相契合或社会所宣扬的某一部分突出表现出来的过程。作为肉体组织的人,首先要维持自己的肉体的

存在，即生命的存在，这是人的发展最起码的，也是最首要的条件。美国行为科学家亚伯拉罕·马斯洛关于“人的基本需要层次理论”指出：人类有生理需要、安全需要、爱情需要、受到尊敬的需要和自我实现的需要，它们一般是从低层次向高层次逐步发展的。只有满足了人的生理需要，人才能维持个体及其种群自身生命的存在与繁衍，才能有发展。求得生存与发展的生理需求是人的发展活动的最基本层次。维持人的发展的生理需求有食欲、性欲等，它使人的发展具备了内在的最基本的动力。这种内在的最基本的动力决定了任何一个人及其种群，不管处在什么状态，也不管采取何种方式，都必须同自然界进行物质、能量以及信息的交换，进而使人的发展与自然联系起来。人同自然进行物质、能量及信息交换，不是纯粹地进行自然的新陈代谢的过程，它的实现来自于人自己的创造性活动即自觉自为的实际活动，即通过物质生产的劳动来实现的。物质生产的劳动是从事实践活动的、进行物质生产的人，按照人的发展方式来同自然界进行物质、能量和信息的交换过程。人在进行物质生产劳动时，以自己活动的独特方式来展开人的发展，这既是适应自然和环境的过程，又是超越自然和环境的过程。面对自然，人虽然也有受动性，但与动物不同，并不是消极被动的受动性，人能够意识到自己的受动性，知道自己在这种状况下存在的问题，比如以什么样的组织框架同自然交换的问题，以及由此衍生出如何确立社会的交换方式、比率、组织等问题，并能按照这些问题提出的制度规范要求，创建相应的制度来激发自己追求的主动性，按照自己的发展的活动方式，超越与扬弃这种受动性。因此，人以自己的活动来展开的发展过程，实质上就是制度的形成过程。它使制度形成、创新与发展变化。换句话说，作为肉体组织存在的人，既以物质生产劳动作为其存在的基本方式和形式，同时在另一个角度上看，又是以制度化作为其存在的基本方式和形式。制度化使人人化，而不是动物化，它使人成为人，实现人的本质，进而把人与动物区别开来，把人从动物中提升出来。

在漫长的生存竞争中，人们逐渐认识到，人人为自己，但不能光为自己，人与人之间的交往不能光考虑自己而无视他人的正当利益。任何个体都不可能单纯承担生存的全部风险，必须相互救助以维持共同的生存，承认和尊重对方的生存权利。"因为生存和安全的需要，人类建立了原始的不依附于个体的制度机制，对丛林规则设定约束条件，以结束一切人反对一切人的丛林状态，这就是制度的公正的最初萌芽"①。正如马克思恩格斯所指出的："可以根据意识、宗教或随便别的什么来区别人和动物，一当人开始生产自己的生活资料的时候，这一步是由他们的肉体组织所决定的，人本身就开始把自己和动物区别开来"②。这种区别和提升在人发展的自我活动中，不断地深入和丰富，使制度化的内涵越来越深刻。从总体上看，制度化对人的本质的实现，对人的发展的建构过程，既是物质生产活动的精神升华，又是精神生产活动的物质化，是连接物质生活系统和精神生活系统的桥梁。一方面，它

① 陈忠武:《人性的烛光》，云南人民出版社 2004 年版，第 144 页。

② 《马克思恩格斯选集》第 1 卷，人民出版社 1995 年版，第 67 页。

把人们相互之间及人与自然之间的现实物质关系，升华为一种权力意志的精神表现；另一方面，它又把精神解释的某些意识观念，具体化为社会行为和组织框架的实践，进而促进人的发展。只有经过制度化的塑造，即通过制度化的后天的努力和训练，一方面把积极向上的人的本质潜力激励出来，另一方面抑制人的兽性等非本质因素，进而构建人与自然及人与社会的关系，并以制度化因素把两者结合起来，实现人的本质，构筑人在自然与社会层面的发展。因此，人自己的创造性活动造就了制度，使人的活动、经验、知识、智慧和才能等以制度化的方式积聚起来，并通过物质思维和语言等制度化的社会传承机制，使它们得以保存下来，成为人类的发展的共同财富。而作为人的发展活动的存在与反映的制度，则是人类共有的行为方式和价值取向的解释、规则和综合。它以一整套系统化的规则，规范着人的行为，成为人们行动的基本准则，这套准则把社会价值共有的道德秩序转化为一种权力秩序，为人的社会行为的合理性判断提供一整套强制执行的机制。在价值共有的制度化中，人们的意志追求转变为现实，并具体化为生活的规范，实现自身的社会化内容，培育独立人格，使自身的社会角色得以充分体现。依赖于制度，破坏人的发展的机会主义行为就会得到有效的限制与约束，既协调人们的各种行为，使人们避免或缓和冲突，调整人与人的各种关系，实现组织行为的有效性，促进社会向一体化发展；同时还压制与防止非一体化力量，保护个人的自由和自由发展的空间，增进劳动和产业的分工，促进人类经济的繁荣和社会的进步，使人的发展具有统一性和连续性。

二、人的发展是制度公正的内在动因

生产力的发展是整个社会发展的最终动力,从而也是制度公正发展的最终决定力量。生产力是社会发展的最终决定因素,但生产力的发展要求直接通过人的活动、人的发展要求体现出来。人的活动的主体自觉性和社会关系的丰富全面性是具体的、不断发展的,人的需要、利益追求和自由个性总是随着社会实践水平的提高而不断发展,人的全面发展必然要求为之服务的制度不断得到优化和发展,由此推动制度的变革和发展。对于好的制度,我们可以从社会发展的角度评判,如是否有利于形成良好的社会秩序、规范的社会关系并最终促进生产力的发展和社会进步。但好的制度最直接的表现应在于它的价值取向,即应该以人为本、促进人的自由而全面发展。作为人的本质实现的过程,在制度化的过程中,人的发展具有开放性。所谓开放性,就是一个系统不断地与外界进行物质、能量与信息交换的特性。人的发展的开放性既是个体成长上的开放性,同时也是在人的种群、民族或整个社会上的开放性。因而这种开放性不仅是指个体的人与外界进行物质、能量和信息的交换,而且在总体趋势上还表现为人的发展越来越自由、越来越全面。耗散结构理论认为,一个开放系统可以通过与外部环境进行物质、能量和信息的交换而形成有序的结构,而这种有序的结构是不断变化的。这是外界环境的变化必然会出现的结果,它会使系统与外界的关系方式发生改变。当这种改变达到一定程度时,系统的结构就会发生改变。与自然界物质系统的结构变化相似,人的发展的开放性也意味着人的活动方式和人本质生成是不断变化的,因此,促进人的发展的制度也是不断地发生变化的。也就是说,人的发展的开放性使制度公正得以发生。

制度公正是人的发展的结果,它是人们根据人的发展而作出的一种制度安排。制度公正既可以是引入一种促进人的发展的新制度,并在社会中加以实施,也可以是在原有制度基础上添加新内涵,使它发生改变,促进人的本质力量进一步地发挥。从制度本身的发展来看,任何一种制度都不是一成不变的,同时,向制度提供许多与自然相联系的存在方式和活动方式。这些存在方式和活动方式如果能够促进人的发展,就会得到大多数人的认可,进而提升为一般的存在方式和活动方式,形成新的制度。当这种存在方式和活动方式具有根本性的变革意义时,就会出现重大制度公正的演变和革新,比如社会制度演变,到目前为止已经经历了原始社会制度公正、奴隶社会制度公正、封建社会制度公正、资本主义社会制度公正及社会主义社会制度公正。当增加了原有制度的内涵的时候,出现的制度创新是渐进的,它使原有的制度不断地完善、不断地丰富其内容。因此,在一定意义上说,人的发展是制度公正的存在方式和表现形式,人通过制度公正的演变来创造和实现自己的本质。在制度公正的演变过程中,人不断地把自己的内在本质对象化为制度,同时又通过对象化活动及其制度进一步发展人自身。也就是说,人在制度中表现自身,在制度公正的演变和革新中塑造自己和发展自己,不仅使人与动物相区别,而且还使人的本质社会性得以充分的体现。这样一来,在制度创新意义上的人的发展,其开放性意味着人作为一个现实的、具体的、感性的、有意识的存在物,有许多物质与精神上的需求,包括生存需要、情感需要、社会生活需要、享受需要等不同的方面和层次,既有个人的需要,也有群体的和社会的需要。所有这些需求的满足都必须依赖于他外之物。在此基础上,"才形成普遍的社会物质交换,全面的关系,多方面的需求以及全面的能力的体系"①。也就是说,制度公正不断地塑造以物为依赖的人的发展的开放性,而人的发展的开放性又使"全面的关系"、"全面的能力"的制度体系得以形成与发展。

三、制度公正的直接动力:制度与人之间的矛盾

自近代以来,随着现代化的逐步展开,制度问题愈来愈成为人们理论和实践活动所关注的一个焦点问题。制度经济学所研究的制度与效率的关系,已在新制度经济学家那里取得了重大进展。然而,制度的产生往往会被人们视为是一种与人对立的产物。其实,这种观点是片面的。制度不仅具有约束机制,而且有激励机制。制度设计安排得好,其激励机制产生的激励作用就大;反之,约束机制就会束缚人的积极性。例如:美国制度学家凡勃伦认为,人类是由特定的本能所支配的更为复杂得多的生物,并且以本能的行为和习惯为特征。人具有创造性的好奇心。凡勃伦认为,人类的本能是人类制度的根基。他断定:人类"做工的本能"和天生的"无所事事的好奇心",是动态的技术制度的源泉。由于在长期以人类发

① 《马克思恩格斯全集》第46卷(上),人民出版社1979年版,第104页。

明能力和人类无所事事的好奇心为基础的技术是动态的,这种相互关系只能持续一个“很短”时期,所以,礼仪制度能够约束机器过程只是暂时的。在长期中,技术制度将决定社会的和经济的关系。机器过程是社会的动态力量,而与之相伴随的礼仪制度在给定机器过程状态的情况下则趋向于成为相对静止的结果。凡勃伦的文化和制度变迁理论正是遵循了达尔文的生物演化理论。他对技术制度与礼仪制度相互作用的分析,不仅体现出宏大的经济制度变迁观点,而且具有深刻的人性基础。他确认了两种制度:技术制度和礼仪制度。这两种制度的存在和特征依赖于人性的不变特征以及由这些特征所产生的人类历史过程。人的发展是时代进步的体现。随着知识经济的到来,人才的作用日益突出,建立良好的人文制度环境,鼓励知识工人的创新积极性,是人的发展的要求。制度环境由一系列制度或制度体系构成,与市场经济关联的法律制度,如产权保护制度、信用制度等都体现为一定的法律和法规。这些法律制度首先是针对那些侵犯他人财产权、知识产权等各种违法行为和不守信用的行为而制定的。只有严厉打击这些行为,才能使市场经济得到健康发展。否则,人类趋利避害的本性就会导致在某种扭曲的市场环境下,寻求投机取巧而不愿意实干,厌恶风险而不愿意创新,或者都变得不诚信,市场经济秩序将会彻底破坏。德国经济学家柯武刚、史漫飞指出:“现代经济是一个复杂的演化系统,在满足人类丰富而多变的目的上,它的效能依赖于各种规则。规则限制着人们可能采取的机会主义行为(我们称这些规则为“制度”)。制度保护个人的自由领域,帮助人们避免或缓和冲突,增进劳动和知识的分工,并因此而促进着繁荣。规范人际交往的规则对经济增长真是至关重要,以至连人类的生存和繁荣也完全要依赖于正确的制度和支撑这些制度的基本人类价值"。"人类的相互交往,包括经济生活中的相互交往,都依赖于某种信任。信任以一种秩序为基础。而要维护这种秩序,就要依靠各种禁止不可预见行为和机会主义行为的规则"①。在发展中国家和向市场经济转型的国家经济发展的初期(甚至到了中期),都会不同程度地存在种种侵权、失信的现象。到了市场经济的成熟阶段,相关的法律制度体系基本建立和健全,良好的市场秩序已经形成并为人们自觉遵守之后,制度的功能除了继续惩戒少数假冒伪劣或者不守信用的行为以及规范市场之外,其主要功能已逐步转向如何激励健康向上的人性,如建立积极的人才制度、环境保护制度、公平竞争制度等,以使人类增强可持续发展的能力和获得更大程度的自由。这就是柯武刚和史漫飞分析的"有效协调和信任、保护个人自主领域、防止和化解冲突以及权势和选择"四大基本功能在新时期的体现。

马克思恩格斯从人的发展的角度考察了制度,制度的发展史构成了马克思考察人的发展的主体脉络。在他们看来,人的发展是人的对象性关系、能力的发展,具体表现为生产力、社会关系、个性需要等方面的发展以及对这些发展成果的占有程度的提高。人的发展是在一定的社会制度环境中并在

---

① [德]柯武刚、史漫飞:《制度经济学》,韩朝华译,商务印书馆 2003 年版,序言。

其制约下实现的，制度的发展构成了人的发展的背景。人的发展通过自身的行为、关系表现出来，人的行为、关系构成了制度调控的主要内容。马克思将共产主义作为人类最理想的制度状态，这种制度将“以每个人的全面而自由的发展为基本原则”①。马克思恩格斯从人类与自然的矛盾出发，全面深刻地分析了社会生产关系层面的制度和包括政治、法律、道德等在内的上层建筑层面的制度，并在此基础上提出了制度的本质就是在社会分工协作体系中不同集团、阶层和阶级之间的利益关系的深刻见解。人类社会生活发生、发展的最终原因在于人类改造现实的实践活动，在于生产力和生产关系的矛盾运动。事实上，生产力与生产关系的矛盾在一个方面就表现为人与制度的矛盾。我们知道生产关系在现实中的种种表现就是各种制度，包括所有制、分配制度、管理制度等。生产力并不是一个神秘的力量，它决定生产关系，但不能制造生产关系，制造生产关系的是人。马克思曾经嘲笑蒲鲁东只知道人们是在一定的生产关系范围内制造呢绒、麻布和丝织品，却不明白“一定的社会关系同麻布、亚麻等一样，也是人们生产出来的”②。制度就其本质而言是人的社会关系总和的对象化，而生产关系是社会关系的一个方面，所以用制度来代替生产关系，应该说是涵盖了生产关系的所有内容。“而生产力是主体在对象性活动中有效地获取物质、能量和信息推动社会发展的能力，是标志人的自由实现和人类解放程度的哲

① 《资本论》第1卷，人民出版社1975年版，第649页。

② 《马克思恩格斯选集》第1卷，人民出版社1995年版，第141页。

学范畴”①。从哲学意义上分析,人是生产力当中最核心、最重要,也是最活跃的部分,没有积极、主动、创造的主体,生产工具无非就是社会中的所有制结构、分配制度和社会关系的总和,说到底就是社会的基本制度。所以说,制度与人的矛盾事实上是生产力与生产关系矛盾的一个表现。

从另一个角度来说,人类社会生产实践活动对社会制度变迁的决定力量是借助于主体活动来实现的。我们知道,在马克思主义看来,决定人类社会向前发展的最终动力来自于人改造自然、社会、自身的实践活动,是实践活动的不断深入和全面拓展,逐步打破现有社会规范、制度体系对人的束缚和限制,实现了人类社会制度的更新和前进。但是人类实践活动对制度安排及其变化的决定作用不是直接的,而是借助于人——实践活动的主体这个中介来实现的。也就是说,实践活动的发展决定制度变革的过程不是自动地实现,它需要而且只能通过人们的自觉活动才能实现。那么人为什么会自觉对制度进行变革或创新呢?原因在于这些旧有的制度已经不再适合于人自身的发展了,对人的发展形成一种桎梏,所以人决定以自觉的行动突破制度的牢笼,对其进行修正、完善、发展、创新,以利于自身的发展和创造性的发挥。一句话,实践活动的深入推动了人的发展水平的不断进步。但是由于制度的相对稳定性,常常使现有制度安排落后于人的发展。这样,原先推动人的发展的制度就变成了制约人的发展的否定力

① 恭廷泰:《生产力理论的主体性特征》,《江海学刊》1999 年第 6 期,第 94—98 页。

量,原先有利于人的主观能动性发挥的制度变成了阻碍人的自由发展的绊脚石。在这种情况下,就要改革或完善制度使之适应人的发展要求。从这个过程来看,与其说实践与制度的矛盾构成了制度公正的动力,倒不如说制度公正的直接推动力量在于制度与人的矛盾。正是制度与人之间的关系从基本适应到适应再到不适应的转变,推动了制度在现有基础上对那些不适应人的发展的部分进行变革、调整、完善和更新,一步步地实现了制度的公正化过程。当然我们不是从发生学的意义上来阐述制度公正的最终动力,而是从现实根据的视角来观察的。在现实生活中,正是人类社会实践活动的不断发展,推动了人的整体水平的不断进步,使人的主体性地位不断得到实现、确立和高扬,主体的需要不断得到满足和丰富,对权益、幸福以及自由而全面发展的要求就愈强烈,对制度公正的渴望也就愈强烈。当这一切变化达到一个临界点时,制度创新就被提上了日程。因此,从哲学或者人学的角度来描述,制度公正的过程是这样的:人类社会实践活动推动了人的发展,导致了人的发展要求与现存制度的矛盾,从而推动了制度公正的发展。

第三节　制度公正的理想目标

一、制度公正的终极目标

制度对于生活于其下的人来说,是一种既定的力量,它构成人的发展的现实空间,形成人的现实生活世界。人发展什么,怎样发展,根本上是由生产力决定的,直接的则是由社会关系即制度来决定的。近代资本主义社会发展的一条重要教训,就是它的经济或社会物质财富的增长是以牺牲个人的全面发展为代价的。“具体来讲就是:物对人的统治,人仅仅成为创造物质财富的手段,使人不能真正发展;资本占有劳动,人成为资本的奴隶,使人不能平等发展;机器支配人,人成为机器的一个零件,使人不能自由发展;分工限制人,使人不能完整发展”①。针对资本主义社会中人的发展的悲惨境遇,马克思恩格斯期望建立一个以每个人的自由、平等和全面发展为基本原则的新社会。在描述未来理想社会的一般特征时,马克思指出,共产主义是“以每个人的全面而自由的发展为基本原则的社会形式”②。可见,在马克思那里,未来的新社会不是物对人的统治,而是物为人的全面发展服务,人能获得真正的发展;不是资本占有劳动,而是劳动占有资本,劳动者能获得平等的发展;不是机器支配人,而是全面发展的人驾驭机器,人能获得自由的发展;消灭了旧式分工,人能获得完整的发展。总之,不是物的原则占主导地位,而是人的自由、平等和全面发展的原则占主导地位,人的全面发展是共产主义社会的基本原则。马克思一直把人的全面发展同社会发展和社会制度紧密相连,认为人的全面发展是一个逐步提高、不断发展的奋斗过程和量的积累过程,是社会生产力和生产关系高度发展的产物,是社会发展的终极目标。马克思说,一个人

① 韩庆祥:《马克思开辟的道路——人的全面发展研究》,人民出版社2005年版,第3页。

② 《马克思恩格斯全集》第23卷,人民出版社1972年版,第649页。

正是通过某种制度才成为农奴或地主、工人或资本家的。基于此，马克思在批判资本主义社会中人的异化状态、探讨人的全面发展的现实道路时，始终把矛头指向资本主义制度，认为资本主义私有制和人的异化是紧密联系在一起的，强调推翻资本主义制度，消除旧式分工，消灭私有制，实现对社会关系的全面占有和共同控制，"只有在共同体中，个人才能获得全面发展其才能的手段"①。这里的共同体是以公有制为基本特征的共产主义制度。只有在真正的共同体中，个人才有可能"在自己的联合中并通过这种联合获得自己的自由"②。马克思把人的自由而全面发展作为历史归宿，作为未来新社会的本质要求和人的本质的最高、最完美体现。他所说的人的全面发展至少包含以下几个方面：一是各种能力的发展。如恩格斯说要"使社会全体成员的才能得到全面的发展"③。马克思特别强调人的体力、智力和潜能的发展，主张人要适应各种劳动，全面的活动"使我们的一切天赋得到充分的发挥"④。二是人的自由个性和主体性的发展。马克思认为，在资本主义社会中，人依赖于物，个性难以形成，主体没有独立性，只有到了共产主义社会，个性才能充分、自由地发展，人才能成为自然界、社会和自我发展的主体。三是发展各种关系，达到个体和社会的和谐统一。人的社会关系表现在许多方面，如人同自然、世界、自身的关系。马克思指出："社会关系实际上

① 《马克思恩格斯选集》第1卷，人民出版社1995年版，第119页。
② 《马克思恩格斯选集》第1卷，人民出版社1995年版，第119页。
③ 《马克思恩格斯选集》第1卷，人民出版社1995年版，第243页。
④ 《马克思恩格斯全集》第3卷，人民出版社1960年版，第286页。

决定着一个人能够发展到什么程度”①,“一个人的发展取决于和他直接或间接进行交往的其他一切人的发展”。② 只有人能够按照自己的方式来生活,才算社会关系的真正丰富。四是充分实现个人价值。全面发展最终要实现人的价值,所以要充分发挥其社会性、实践性和能动性,满足社会需要,以自己的贡献获得社会的承认,等等。现实的人的发展既是马克思主义理论的出发点,也是马克思主义创始人关注社会发展的核心问题和终极关怀。马克思恩格斯对未来理想社会制度的设想与描绘总是与人的发展联系起来,综观马克思主义创始人的大量著作,应该肯定他们对资本主义社会的批判的深层目的在于解脱人的枷锁,实现人的解放。他们关于未来共产主义的学说,正是人类对未来的美好愿望和对未来人的全面自由发展的构想,具有科学意义的新人理论还应归功于马克思主义的创始人,是他们经过科学的调查分析,在《共产党宣言》中最早描述了共产主义新人形象的本质特征,即每个人全面而自由的发展,这也正是人类未来的前景和目标。这里,人的自由发展、人的全面发展是马克思主义的终极关怀。因此,人的全面发展是马克思主义关于人彻底解放的理论,也是社会发展和制度公正的出发点与终极目标。

二、制度公正的具体目标

(一)人的需要的全面发展

① 《马克思恩格斯全集》第3卷,人民出版社1960年版,第295页。
② 《马克思恩格斯全集》第3卷,人民出版社1960年版,第515页。

人首先是有需要的人，个人需要在某种程度上决定了其一定的生存方式和生活状态。在不同时代中，人的需要也会随之发生变化。在前资本主义社会中，对血亲关系和权利的需要占主要地位；在资本主义社会中，则表现为对物或金钱的需要；在未来社会，主要表现为通过劳动多方面实现其内在本质力量的需要。前两种需要属于“占有性”需要，人追求的是占有什么和为我所有，这不是人的本质需要；后一种属于“实现性需要”，是人的本质需要，即劳动成为全面发展的人的第一需要或本质需要。“人的需要的全面发展表现为对狭隘的‘人情关系’、‘权力’和‘物’的占有性的需要的超越，进而通过劳动实现其内在本质力量，并发展其丰富的需要”①。人的需要是多层次的，恩格斯曾划分为三种：生存需要、享受需要和发展需要。美国学者马斯洛则把它划分为五个递进的层次：生理需要、安全需要、社交需要、尊重需要和自我实现需要。

（二）人的活动及其能力的全面发展

人是实践活动的存在物，人的发展其实就是实践活动的发展，全面发展也就是各种活动的全面发展。人的活动的全面发展，首先表现为活动的内容和形式充分达到丰富性、完整性和可变动性。实践在广义上是指人所特有的全部生产和生活活动，这种活动既服从于一定主体的需要，指向一定的目的，又作用于一定对象，受到客观规律的制约。对象世界的复

---

① 韩庆祥：《马克思开辟的道路——人的全面发展研究》，人民出版社 2005 年版，第 138 页。

杂性和主体需要的多样性要求,形成了人的活动内容和方式的丰富性与多样性。概括地说,实践活动主要包括:改造自然界的活动,即物质生产活动,解决的是人与自然的矛盾;改造社会的活动,即社会交往活动以及组织、管理和变革社会关系的活动,解决的是人与社会、人与人之间的矛盾;改造人自身的活动,表现为教育活动、道德活动、艺术活动、审美活动等,解决的是人与自身的矛盾,最终目的是要改造人的主观世界或精神世界。人的活动的全面发展,意指上述活动内容的全面生成和高度丰富,同时也指个人活动形式的完整性和可变动性。也就是说,人们不再屈从于被迫的分工和狭隘的职业,每个人能按自己的天赋、特长、爱好,自由地选择活动领域,不仅从事体力活动,而且从事脑力劳动,不仅参加物质生产活动,而且能够参加经济、政治、社会生活的管理活动,进行科学艺术的创造活动等。

人的实践活动是人的活动能力,即人的本质力量的运用和发挥的过程,也是人的能力的形成和发展过程。“人的能力主要是在社会实践中形成,并在主客体的对象性关系中表现出来的客观的能动力量,是人的综合素质的集中体现,是作为主体的人所具有的为了满足自身的社会需要,而在一定社会关系中从事对象性活动的内在可能性”①。与人的活动相对应,人的能力也是多方面的。主要包括:个体能力和集体能力;“自然力”和社会能力;“潜力”和现实能力;体力和

① 韩庆祥:《马克思开辟的道路——人的全面发展研究》,人民出版社2005年版,第139—140页。

智力。① 人的能力是一个由多种因素有机结合而成的复杂系统,人的能力的全面发展,意味着"全面地发展自己的一切能力",也意味着在实践中发挥其全部才能和力量。

(三)人的社会关系的全面发展

"人是一切社会关系的总和,社会关系是什么样的,人也就是什么样的,个人的发展取决于同他直接或间接进行交往的其他人的发展"②。社会关系是实践活动的展开,人是社会关系的产物和承担者,社会关系使个体变成社会的人,形成独特的社会品质。人的存在主要是人在社会关系中的存在,人的发展现实地表现为社会关系的发展。人的全面发展,意味着人的社会关系的全面丰富、社会交往的普遍性以及人对社会关系的全面占有和共同控制。所谓社会关系,是指人与人之间的关系,它包括与人的生存和发展相联系的一切历史的、现存的、自然的、社会的条件和关系。其中与劳动相联系的生产关系、经济关系以及在阶级社会中的阶级关系,是最基本的社会关系。社会关系的全面丰富,不仅意味着个人与他人是作为社会群体中某一成员身份而出现,而且还作为个人与他人发生相互关系而存在;也意味着人们摆脱了以往个体、分工、地域和民族的狭隘局限性,形成了各方面、各领域和多层次的社会联系;同时还意味着人们的经济关系、政治关系、法律关系、伦理关系、文化关系等的全面生成,由贫乏变得丰富、

① 韩庆祥:《马克思开辟的道路——人的全面发展研究》,人民出版社2005年版,第140页。

② 韩庆祥:《马克思开辟的道路——人的全面发展研究》,人民出版社2005年版,第141页。

由封闭变得开放、由片面变得全面,并且得以协调和谐的发展。随着生产力、分工和交换的发展,个人越来越积极地参与各领域、各层次的社会交往。同无数其他个人,从而也就同整个世界的物质生产和精神生产进行普遍的交换,从而也使社会交往的内容、范围、手段、对象等,从贫乏、狭隘、单一逐渐转向更丰富、广泛、复杂、多样化。人的全面发展不仅表现在人的社会关系丰富性上,而且表现在人对社会关系的全面占有和共同控制上。马克思抨击资本主义制度对人的发展的限制,主要是由于资本主义生产关系对工人的奴役,人不能使自己成为衡量一切生活的尺度,不能按照自己的本质去估价这些关系,不能真正依照人的方式、根据自己的需要来安排世界。正是这种以剥削和压迫为基础的资本主义生产关系,使社会所有成员的发展都贫乏化、片面化和畸形化。因此,人的全面发展,在社会关系方面还表现为废除一再生产非人关系的私有制,使个人之间的关系成为他们自己的共同关系,从而使联合起来的个人实现对他们社会关系的全面占有和共同控制。

(四)人的个性的全面发展

托洛茨基曾在他的《文学与革命》一书中说:"人会变得无比强大、聪明、敏感;他的身体会变得更加和谐,他的动作更有节奏,他的声音更加动听。生活的形式会变得富有戏剧性。普遍的个人会升华到亚里士多德、歌德或马克思的高度。而且在这个山脊之上,新的高峰将会升起"①。马克思把人理解

① 转引自丹尼尔·贝尔:《资本主义文化矛盾》,赵一凡等译,三联书店1989年版,第216页。

为追求自由个性的人，这样的人是在历史发展过程中逐步实现的：在前资本主义社会，个人依附于血缘共同体，而且作出很大牺牲，人格没有独立；在资本主义社会，虽然个人具有一定独立性，但从根本上却受物的统治。而未来社会的基本原则和价值目标，是每个人能力的全面发展，其最高成果，是自由个性的实现，而每个人能力的全面发展是未来社会的目的本身。人的个性是由不同子系统所构成的具有整体功能和综合功能的特殊系统。它主要包括：1. 个人倾向性特征，如人的需要、动机、兴趣、理想、信仰和价值观等；2. 个人心理特征，如气质、性格和能力等；3. 个人的社会人格特征，主要指个人的道德风貌、习惯、社会形象、社会角色等。① 因此，人的个性发展从内容构成上来说，是指个人的兴趣、志向、信仰、需要等得到充分展现和满足，个人的体力、智力水平得到提高和发挥，个人的气质和性格更加完美，社会形象得到优化以及各种个性要素相互协调等。韩庆祥认为，人的个性发展主要表现在以下两个方面：第一，个人主体性水平的全面提高。个性是人的主体性的个体表现，主体性是指人作为活动主体在对客体的作用过程中所表现出来的自觉能动性、创造性和自主性。人的个性发展从根本上表现为个人主体性水平的全面提高，也就是人的自觉能动性、创造性和自主性的全面发展。第二，个人独特性的增加和丰富。个性的发展必然表现为个人独特性的增加和丰富。个人独特性的增加和丰富意味着个性的模式化、同步化、标准化的消除，以及个性的

① 黄楠森：《人学原理》，广西人民出版社2000年版，第311—312页。

单调化、定型化的打破。每个人都追求并保持着独特的人格、理想、社会形象和能力体系,社会因此而充满生机和活力。

第七章　制度公正与人的发展(下)

在人类制度文明发展史上，人的发展水平体现一个时代和一个社会制度文明的进化程度，而制度文明的发展归根结底是人自身的进步和发展。公正理论是一种价值理论，关乎人的行为、社会关系和社会制度合理与否的评价。人所追求的制度公正就不仅仅是对某种社会关系的肯定与否定，也不仅仅是把人控制在一定范围内的行为规范，而是为了每个人都能获得发挥创造性的机会，促进人的自由全面发展和人类的进步。制度公正在人的发展过程中起着积极的作用，反之，制度不公对人的发展有着极大的消极作用，制度不公导致人的异化。因此，在当代中国的制度公正建设过程中，对人的关注和思考应该具有优先的和终极的价值，制度公正建设必须以人为出发点和归宿，关注人、思考人、研究人，满足人的普遍的需要，实现人的全面发展。

第一节　制度公正在人的发展过程中的积极作用[①]

一、制度公正是人的发展的基础和保障

制度公正是人类社会永恒的基本价值追求和基本行为准则。在某种意义上可以说,人类对公正的追求过程就是人类社会由落后到发达、由不合理到合理的无限发展过程。公正的实现过程,也为人的全面发展不断开辟新的道路,为人的全面发展提供一个有益的外部环境,并决定着人全面发展的程度和最终目标与归宿。实现制度公正,归根结底是解放人、实现人的价值,调动人的积极性、主动性和创造性的问题。制度公正的运行机制就是充分利用人性和规范人性来运作的,它既对人的发展产生重要影响,又要求相应的人格来作为建立和实现制度公正的基础。因此,实现制度公正,对人的素质的提高具有重要意义,它是人的全面发展的前提和基础。

第一,制度公正能激发社会活力,从而促进个人的全面发展。任何社会都是由无数个人组成的有机整体,每个社会成员均具备一定的潜能,社会也具有个人不曾具有的潜能。制度公正保证每个成员的平等权利、自由权利、实现机会平等、社会调剂和按贡献分配的原则,以激励每个成员进行广泛的

① 宋增伟:《制度公正与人的全面发展》,《科学社会主义》2007 年第 1 期,第 69—72 页。

社会合作，最终将社会和社会成员的潜能有效地释放出来，推动社会的不断发展，从而也不断推动和促进人的全面发展。促使个人不断追求上进，学习科学文化知识和各种技能，使人得到发展。

第二，制度公正能保证人人共享社会财富，使每个社会成员普遍受益，从而为每个人的全面发展提供物质保障。社会发展的成果，对于绝大多数社会成员来说，应当具有共享的性质，即随着社会的进步，每个社会成员的人格尊严应当更加得到保证，每个社会成员的潜能应当得到不断的提高，每个社会成员的基本需求应当持续得到满足。制度公正是实现人人共享、普遍受益、自身潜能得到充分发挥必不可少的条件。通过制度公正，不仅每个人的尊严及基本权利得到保障，而且通过制度公正使社会和个人都得到充分发展，为人的民主意识、平等意识、创新意识等崭新观念的形成提供物质保障。

第三，制度公正为人的能力的发挥提供了广阔天地。标准统一和机会均等是制度公正的重要内容和原则要求，其目的都是为了保证每个社会成员无论是强者还是社会弱者在政治、经济、文化等各个方面享有法定的平等权利，防止一部分人享有特权和另一部分人被非法剥夺权利，并且激励每个公民正确使用平等权利，积极劳动，努力学习，掌握各种技能，发挥自己的潜力，拼搏上进，并鼓励个人发挥主观能动性，将自己的能力充分发挥出来，在现有社会条件下，使每个人得到充分而自由的发展。

第四，制度公正为每一个人的自由全面的发展奠定了基础。每个人的自由全面的发展是马克思主义追求的最高境界,也是社会发展的最终目标,“每个人的自由发展是一切人的自由发展的条件”①,这种真正实现了的人的自由个性,是以人对物的依赖关系转变为“自由人联合体”为前提的,其社会基础即在于个人的全面发展和他们共同的社会生产能力成为他们的社会财富。而制度公正不仅能保证为人的发展提供日益丰富的物质生活资料和精神生活食粮,而且将为人的自由全面发展创造一种良好的社会环境,以促进社会发展和个人发展的协调一致,为人的全面发展奠定了社会基础。

二、制度公正是实现人的发展的现实途径

我国学者唐代兴认为“中华民族是一个伦理思想异常发达和道德情操特别高尚的民族。然而,我们民族的伦理思想传统和道德理想传统主要表现为对个人的道义规范和美德要求,社会普遍公正的道德要求,尤其是社会制度公正的道德规范意识,则一直处于非社会意识状态”②。“人类自进入国家社会时代以来,一切不平等、所有非道德和反道德因素与行为,都与规则(制度)的非道德或反道德倾向相关,并且都始终根源于规则的非道德和反道德倾向。人类社会要真正走向普遍道德主义,必须寻求规则道德化:规则道德建设是人类生存发展能走向普遍道德的根本前提。对规则进行公正的和道德的诉求是21世纪人类生存发展的核心问题”③。制度公正

① 《马克思恩格斯选集》第1卷,人民出版社1995年版,第294页。

② 唐代兴:《公正伦理与制度道德》,人民出版社2003年版,第1页。

③ 唐代兴:《公正伦理与制度道德》,人民出版社2003年版,第4页。

的意义在于通过制度的合理安排使各种复杂的社会利益关系得到正当解决，这是道德建设的前提和基础。如果个人主观的道德理想和价值判断得不到现实生活的制度支持，与现实生活的社会秩序是不协调的，甚至存在严重的冲突，那么原本崇高的理想信念和价值追求就会在不讲道义的利益纷争中消解。正如罗尔斯所说，离开制度的正当性来谈个人的道德修养和完善，甚至对个人提出各种严格的道德要求，那只是充当一个牧师的角色，即使个人真诚地相信和努力遵奉这些要求，也可能只是一个好牧师而已。① 就我国现在的具体情况而言，由于存在一定程度的社会道德危机，以及绝大多数不道德行为的发生都是行为者明知不对而仍要为之，这就意味着我国目前的道德建设状况不佳，主要原因不在于道德说教的不到位，而是制度安排存在问题。长期以来主要是靠道德教化来调节规范人们的行为，没有注意制度建设、法制建设，所以维系人们行为的主要手段没有起到应有的作用，人们处于信念危机、道德失范、行为失控的状态。

人是在制度中生活的，社会制度对个人来讲是一种先在的存在，是一种必然。每个人首先是为社会所规定，然后才能去规定社会，如果制度结构不合理，制度本身就不道德，那么一方面要求个人做出道德行为就是不道德的；另一方面，个人即使做到了“道德”，也起不到多大的社会作用，或者只能是

① [美]约翰·罗尔斯：《正义论》，何怀宏译，中国社会科学出版社 1988 年版，第 22 页。

独善其身,或者助长这个社会的不道德。反之,如果一个制度本身设计合理,符合道德精神,一方面,它有“权”要求个体做出道德的行为;另一方面,它也有助于个体做出道德的行为,并能对不道德的行为进行有效的控制。因此制度德性比个人德性更具有普遍性,制度德性是个人德性的基础和前提。这里就涉及了一个理论问题,即个人与社会的关系问题,在这个问题上,我们往往片面强调个人对社会的道德责任和道德义务,典型的观点是:社会正气的上扬取决于个人正气的伸张。此话有一定道理,但这只是个人与社会关系的一个方面。我们知道,人来到这个世界上,首先的任务是适应服从这个世界,即使我们成了人,有足够的认识能力和判断选择能力,具有了一定的行为能力之后,相对于社会来说,个人的能力依然是弱小的、有限的。这并不是要突出环境决定论或宿命论,而是要提醒:不能脱离社会现实,尤其是不能脱离社会制度来孤立地谈人。从实际生活来看,一个社会总是存在着君子与小人、好人与坏人、善人与恶人,不可能保证每个人的道德修养和道德境界都处于同一个层次,总会有差别,少数处于较高层次的人就是“榜样”。那么社会如何呢?社会当然要宣扬典型,弘扬正气,但社会最主要的职责在于建立一套使好人得到好报、坏人得到惩罚的制度。因为榜样是有例外的,而制度是没有例外的,是一视同仁的,所以制度比榜样更具有普遍性。如果社会制度本身就善恶不辨、丑美不分,让老实人吃亏,那么人越有正气,不仅他自己会更吃亏,而且这个社会也就越混乱。以大锅饭为例,由于干多干少一个样,一个人干的越多,不仅他个人得不到更多,而且以他的劳动养活了更多的懒汉,助长了这个制度的不道德。正如爱尔维修所指出的，当人们处于从恶能得到好处的制度下，要劝人从善是徒劳的。所以应加大力度进行各项制度的改革和建设，而不仅仅强调个人的道德建设。“背景制度的公正与否，构成了人是否真心自愿接受人生职责的前提。背景制度不公正的社会，实际上是一个不讲规则、没有道德基础的社会，在一个不具备道德基础的社会里，很难激发人自愿接受人生职责”①。“在计划经济之前和它的初期，中国人的勤劳朴实、任劳任怨等优良品德曾经为世人所称道，但是，在计划经济体制中，农民不好好种地，写诗作画，敞开肚皮吃饭；工人‘以革命名义’，不学技术，不好好干活，写批判文章，练嘴巴工夫；学生不认真学习，考试交白卷还振振有辞，大学变成了‘大家学’，等等，我国社会道德水平一度下降到令人非常痛心的地步”。② 我国目前制度的道德性尚处于完善之中，社会道德风气、伦理道德格局也不可避免地处于不规范之中。在这种情况下，“用一种脱离现实社会结构和体制的抽象的道德原则、观念来衡量人们的道德意识和道德实践”，一味地指责个人的道德意识和道德实践是本末倒置的。因为相对于体制的道德性，人的道德性始终处于一种从属的派生地位，个人的思想意识和实践活动的边界总是被体制的道德性所预先限定；对整个社会客观存在着的道德伦理格局的影响，对权利和义务分配现状的影响，则更

① 唐代兴：《公正伦理与制度道德》，人民出版社 2003 年版，第 282 页。
② 胡海鸥：《道德行为的经济分析》，复旦大学出版社 2003 年版，第 125 页。

显得微弱。诸如分配不公、假冒伪劣的问题,决不是依靠提高个人道德意识水平就能解决的,而必须通过提高有社会体制的道德性,才能得到解决。现实的选择只能走以体制的道德建设为主、个体道德建设为辅的路子。①

三、社会主义公正是实现人的全面发展的必由之路

社会公正是人们追求的理想,是人类社会的最高境界。现在我们所选择和实行的是社会主义公正。社会主义公正是一种以人民为本位,以追求个人和社会全面发展为目标的社会境界,人在社会主义公正中历史必然地具有至上的地位和至高的价值,它从本质上要求把塑造"四有"新人、实现人的全面发展作为社会发展的根本目的和最高尺度。显然若离开人的全面发展,社会公正的合理性和社会公正的精神价值就无从显示,不仅个人的发展甚至连社会的发展也将无法实现。只要我们选择社会主义公正,把实现社会公正作为奋斗目标,就必须相应确立人的全面发展的价值目标和手段体系,将推动和实现人的全面发展作为社会主义公正的本质属性和本质要求。同时,人的发展进程,也必将推动社会公正的发展,并努力追求充满公正的社会境界。而社会公正又将对人的全面发展起促进作用,并对人的发展程度提出更高的要求。总之,社会公正与人的全面发展是相互联系、相互促进的,是辩证统一的。正确理解共产主义社会是人的自由全面发展的阶段,

① 胡承槐:《体制的道德性与目前道德伦理格局》,《哲学研究》1997 年第 8 期,第 17—24 页。

也是实现和充满社会公正的阶段。共产主义社会的基本原则是人的自由全面的发展。社会公正实现的最高境界就是共产主义社会，因而也具备实现人的自由全面发展的全部条件。马克思认为：共产主义社会是“以每个人的全面而自由的发展为其基本原则的社会形式”①。这是由于：其一，生产力高度发达，物质财富极大丰富，人们只需用少量时间就能解决生活问题，因而有余暇从事其所愿意从事的事情。其二，生产力的高度发展打破了社会的旧式分工。人们将可以在各种职业间自由流动。其三，阶级和阶级差别的消灭，私有制和剥削制度的消灭，脑力劳动与体力劳动之间、城乡之间和工农之间三大差别的消灭，真正实现了人与人的平等，使人们能够在完全平等的起点上发展自身。其四，科学和文化的高度发达，人的精神境界的极大提升，使人们对全面发展有了自觉的追求。劳动已经不再是为谋生而不得已为之的活动，而是成为生活的第一需要。因此，全面发展劳动能力，发展体能和智能，发展社会交往能力，就成为人的生活的目标。

第二节　制度不公对人的发展的消极影响

一、人的异化的存在及其原因

“异化”的原意是转让、疏远、脱离，它表现为这样一种形

---

① 《资本论》第1卷，人民出版社1975年版，第649页。

态:主体的活动和成果变成与主体脱离甚至对立的东西,这个概念曾被马克思以前的思想家大量使用。卢梭用“异化”概念来探讨社会契约论,认为个人为了自由而将权力转让给国家,国家则反过来制约公民。黑格尔用“异化”来描述主体和客体(包括劳动者和产品)之间的分裂和对立。费尔巴哈用“异化”来批判宗教,认为人借助于幻想把自己的本质异化为上帝并对其膜拜。只有当人充分认识到上帝的本质就是人的本质时,才能消除异化,废除对上帝的迷信。人类是存在于既定的生产力结构和特定的社会形态中的,作为一个现实的个人,受到外部制度环境的制约。当这种制约成为个人不能抗拒的力量时,就出现了马克思所说的人的异化现象,即制度与人的目的相背离。“人的异化”是私有制产生后人的发展出现分裂的状况,是指人的价值的贬值和物的价值的增值成正比关系;是物支配人,而不是人支配物;是物的地位、财富的地位对人的地位的压抑和否定。马克思说:“人同自己的劳动产品、自己的生命活动、自己的类本质相异化的直接结果就是人同人相异化。”①也就是说,劳动产品的异化,劳动过程的异化,最终会导致为“类本质”的异化。当代西方马克思主义者,在挖掘马克思的劳动异化理论时,强调了三点:第一,异化不是资本主义的特殊现象,而是与人类文明共生共存的现象。弗洛姆认为,异化“从原始社会进入文明社会的时候起,它就必然地存在了”。第二,这种异化不仅仅是劳动成果的物质归属,它与人的心理体验、主观感受有关。弗洛姆说:“异化

① 马克思:《1844 年经济学哲学手稿》,人民出版社 2000 年版,第 59 页。

主要是作为与客体相分离的主体被动地接受一切体验世界和他自身"①。第三,这种异化把人有没有实现自我价值作标准。马克思提出劳动异化理论主要是为了批判资本主义私有制对劳动的异化,但这并不意味着劳动异化只有在资本主义社会中才发生。除了所有制的原因以外,劳动成熟程度的低下也是产生劳动异化的原因。谋生劳动对于人来说,是一种不自由,人不可能热爱谋生的劳动。所以,只有在社会主义生产力的基础上建立的社会主义公有制才有可能消灭异化。只要生产力不合格,尽管有了财产社会所有,也不可能把劳动异化一笔勾销。

二、封建制度导致人的异化

由于人随着社会生活的发展而不断变化发展,所以不同时代的人,随着社会存在方式——生产方式、实践方式、生活方式、交往方式——的变化,具有不同时代的特点。正如马克思所说:"人,作为人类历史的经常前提,也是人类历史的经常的产物和结果……"②人是历史的前提,人用自己的活动创造社会联系;人又是历史的产物,人是在社会联系中历史地形成和发展的。马克思主义认为:现实中的个人是怎样的,是由其生活方式和生产方式决定的,也就是说,生活方式和生产方式决定人和人的本质。马克思对制度决定人有着精彩的论

① 弗洛姆:《在幻想锁链的彼岸》,转引自邱少全《人及其世界》,上海人民出版社2000年版,第19页。

② 《马克思恩格斯全集》第26卷(下),人民出版社1974年版,第545页。

述:“专制制度的唯一原则就是轻视人类,使人不成其为人……专制君主总把人看得很下贱。他眼看着这些人为了他而淹在庸碌生活的泥沼中,而且还像癞蛤蟆那样,不时从泥沼中露出头来”。“专制制度必然具有兽性,并且和人性是不相容的”。[①] 马克思说:普鲁士制度存在是由于普鲁士庸人的存在。“无论是宗教专制还是政治专制,都无一例外地将人变成工具和无机的物件,所有人都不再是完整的人,而是非人,治于人者是如此,治人者也是如此”[②]。黄仁宇在《万历十五年》一书中,具体考证了明朝几个典型的历史人物,如张居正、申时行、李贽、海瑞等人,展现了在封建专制制度下,皇帝是励精图治还是苟且偷安;首辅是乾纲独断还是调和凑合;将军是独创还是现实;文官是廉洁还是贪污;思想家是激烈还是保守,结果都是一样——无法改变现状。张居正是个有抱负、有作为的改革家,但他不是“救世主”,他也像其他普通人一样深深地嵌入在制度之中,是一个摆脱不了制度对其行为和视野约束的“制度中人”。当我们把张居正置于当时的制度背景之中,从制度对改革者的束缚,以及“制度中人”殚精竭虑变革制度而无法克服制度中抗拒变迁的构造性因素来解读这幕历史时,或许能更深刻地理解这出“制度中人”与制度较量所留下的悲剧。[③] 在以德、礼结合的政治制度下,一个人只

---

① 马克思:《马克思恩格斯全集》第1卷,人民出版社1956年版,第411—414页。

② 陈忠武:《人性的烛光》,云南人民出版社2004年版,第357页。

③ 蔡苏龙:《政治制度中的角色冲突:海瑞及其命运的思考》,《松辽学刊》2002年第1期。

要熟读四书五经、精通人伦天理就能入仕为官，在这一点上，海瑞无可厚非，把他称之为“模范官僚”也当之无愧。但他的耿直、忠君、爱民甚至于他的忠孝，都统统遭到了非议，他从政不过二十年，却有过数次大起大落。这一具有“传奇色彩”的经历，又让他贴上了“古怪的”标签。那么是什么塑造了海瑞这样一位“古怪的模范官僚”呢？不是别的，正是中国以道德为根本的皇权政治制度。个人在强大的制度环境下是无能为力的，即使像海瑞这样的伦理道德信徒，也实在难免与这种制度发生激烈的冲突，在没有法律和技术可以依赖的情况下，必然显得无力无助，最后成为封建皇权制度的装饰物和牺牲品。“海瑞一生的经历，就是这种制度的产物。其结果是，个人道德之长，仍不能补救组织和技术之短”①。他的所作所为一般人是学不来的，当朝的思想家李贽把海瑞比做“万年青草”，“可以傲霜雪而不可以任栋梁者”②。《资治通鉴》记载，有一个宰相叫裴巨，在唐朝为忠臣，在隋朝则为佞臣。遇明君则明，遇昏君则暗。可见，“在专制和人治社会里，官场是贪官淘汰清官的官场，市场是劣币驱逐良币的市场，社会是恶人吃掉好人的社会”③。“在体制力量的挤压下，多少人胸怀兼济天下的大志登上舞台，最后无不以独善其身的选择黯然退场”。“离开了基本制度的支持，指望个体的道德勇气和慷慨悲歌能起多大的作用是不切实际的，个体的力量毕竟有限”。

---

① [美]黄仁宇：《万历十五年》，中华书局 1982 年版，第 135 页。

② [美]黄仁宇：《万历十五年》，中华书局 1982 年版，第 226 页。

③ 陈忠武：《人性的烛光》，云南人民出版社 2004 年版，第 202 页。

“在公民的基本人权得不到保障的情况下,南桔北枳的故事每天都在发生,个体生命的自觉和抵抗不足以逆转制度的罪恶和不义”①。“无论是明君还是清官,都不过是缀在专制和人治锁链上的一束玫瑰花,中看不中用,并不能改变什么,他们的存在不可能从总体上推动人类文明进入人性化轨道”。“人类对平等、自由、公正的价值诉求不能依赖于个人的道德修养和冲天一怒,制度建设不能寄希望于好人执政的道德假设,必须通过制度来约束人的行为”②。“只要制度的公正不能成为公共生活的支配性力量,人们在秩序的范围内就会而且只能祈盼明君和清官的出场。明君和清官更具道德优势,也更容易获得普通人的心理认可和情感认可,但他们和昏君、贪官在制度意义上是一体两面的关系,均源于‘为民作主’的专制和人治的等级秩序而非‘由民作主’的民主和法治的公民社会”③。因此,“在一个公正的社会制度中,道德应当是有用的。善只有变得有用时,才能成为民众的普遍自觉行为”④。

封建专制的体制下,不可能出现现代独立的人格,只会产生和培养人的奴性文化。有什么样的体制就有什么样的人,反之,有什么样的人就有什么样的体制。国民性的改造与体制的改造相一致。奴性的存在同体制相关。消除奴性必须改革体制,但体制是人的存在方式,是人的本质体现,因此,在强

① 陈忠武:《人性的烛光》,云南人民出版社 2004 年版,第 369 页。
② 陈忠武:《人性的烛光》,云南人民出版社 2004 年版,第 203 页。
③ 陈忠武:《人性的烛光》,云南人民出版社 2004 年版,第 201 页。
④ 高兆明:《制度公正论》,上海文艺出版社 2001 年版,第 174 页。

调体制改革的同时，要注重国民性的改造。“人性的充分实现，需要制度的条件。但是，在阶级社会中，人性的扼杀、人性的摧残、人性的泯灭，也是由于制度的条件”①。梁启超曾说过：“中国数千年之腐败，其祸极于今日，推其大原，皆必自奴隶性来，不除此性，中国万不能立于世界万国之间。而自由云者，正使人自知其本性，而不受钳制于他人，今日非施此药，万不能愈此病”②。“故今日而知民智之为急，则舍自由无他道矣。中国于教学之界则守一先生之言，不敢稍有异想；于政治之界则服一王之制不敢稍有异言。此实为滋愚滋弱之最大病源”③。这就是说，中国愚弱的根源就在于人们的奴隶性。因此，中国要“致富强”，就必须从根本上打破学术上和政治上的专制主义，破除这种专制主义对国民的束缚，改造国民的奴隶性，实现个性解放，塑造全新的人格理想。梁启超指出：“世界之政体本有多途，国民之所宜也有多途”④。他特别强调：“言自由者无他，不过使之得全其为人之资格而已。质而论之，即不受三纲之压制而已，不受古人之束缚而已”⑤。梁启超通过对自由含义的重新解释，并分析了中西方社会发展史，充分肯定了自由在社会发展中的不可替代的重要价

---

① 谭希培、高帆：《超越现存——制度创新论》，湖南大学出版社 2002 年版，第 138 页。

② 梁启超：《致康有为书》，《梁启超文集》，燕山出版社 1997 年版，第 689 页。

③ 丁文江：《梁启超年谱长编》，上海人民出版社 1983 年版，第 235、237 页。

④ 梁启超：《饮冰室合集·文集之三》，中华书局 1936 年版，第 31 页。

⑤ 丁文江：《梁启超年谱长编》，上海人民出版社 1983 年版，第 236 页。

值。他说:“自由者,天下之公理,人生之要具,无往而不适用者也”①。1902年至1905年间,梁启超在《新民丛刊》上发表了一大批以“新民”为主题的文章。他用饱含感情的笔触,深刻而全面地揭露了旧的思想观念、风俗习惯和封建专制制度对人的束缚和压制,指出是封建社会使人变成奴隶、变成妾妇、变成机器,使人不成其为人。正如鲁迅所说“最要紧的是改革国民性,否则无论是专制,是共和,是什么什么,招牌虽换,货色照旧,全不行”。“一方面轰轰烈烈,兴师问罪,‘替天行道’,‘汤武革命’,毁坏既成的秩序,重新分配财富;另一方面又像死一样寂静,骚动仅仅是骚动,并未带来不同寻常的结果,‘替天行道’之后不过是旧秩序的重建,旧主子被清算,换一帮新主子;旧奴隶侥幸做了主子,立即制造一批新奴隶”②。由于中国旧的传统根深蒂固,鲁迅曾说过:“我们极容易变成奴隶,而变成了之后还万分喜欢”③。许全兴认为:“个人崇拜之所以能搞起来,教条主义之所以屡批屡犯,家长制之所以长盛不衰,固然有体制上的原因,但最基本的则是国民缺乏独立自主性”。“现在有一种倾向,在论到个人崇拜、教条主义、家长制等现象时,人们往往只讲体制上的原因,忽视主体自身的原因,这显然是不妥的。体制固然重要,但体制的存在是同人的存在直接相关的。有什么样的人就有什么样的体制。体制

① 阮青:《中国个性解放之路——20世纪中国个性解放思潮研究》,华东师范大学出版社2004年版,第119页。

② 刘再复、林岗:《传统与中国人》,生活·读书·新知三联书店1988年版,第178页。

③ 《鲁迅全集》第1卷,人民文学出版社1981年版,第211页。

上的缺陷是人自身缺陷的反映”①。

三、资本主义制度与人的异化

（一）马克思对近代资本主义社会人的异化的批判和揭露

第一，利己主义的个人是资本主义社会的产物。当资本主义制度取代封建制度之后，带来的绝不仅仅是生产力的巨大增长，同时也是人们观念和个性的改变。“资产阶级在它已经取得了统治的地方把一切封建的、宗法的和田园诗般的关系都破坏了……它把宗教虔诚、骑士热忱、小市民伤感这些情感的神圣发作，淹没在利己主义打算的冰水之中。它把人的尊严变成了交换价值，用一种没有良心的贸易自由代替了无数特许的和自力挣得的自由。”②在资本主义社会里，金钱确定了人的社会地位及其价值。“在资产阶级看来，世界上没有一样东西不是为了金钱而存在的，连他们本身也不例外，因为他们活着就是为了赚钱，除了快快发财，他们不知道还有别的幸福，除了金钱的损失，也不知道还有别的痛苦。”③“在资本主义生产条件下，人的社会地位的改善仅仅取决于金钱，而每个人都能幻想他有一天会成为路特希尔德……资本主义生产，像基督教一样，本质上是世界主义的。所以，基督教也是资本所特有的宗教……对于基督教来说，一切取决于人有

① 许全兴：《人的自由全面发展与现代性》，《江苏社会科学》2005 年第 1 期。

② 《马克思恩格斯选集》第 1 卷，人民出版社 1995 年版，第 274—275 页。

③ 《马克思恩格斯全集》第 2 卷，人民出版社 1979 年版，第 564 页。

没有信仰,而对于资本来说,一切取决于他有没有信用。此外,当然在第一种场合还要附加上天命,而在第二种场合要附加上一个偶然因素,即他是否生下来就有钱。”①“作为资本家,他只是人格化的资本。他的灵魂就是资本的灵魂。而资本只有一种生活本能,这就是增殖自身,获取剩余价值,用自己的不变部分即生产资料吮吸尽可能多的剩余劳动。资本是死劳动,它象吸血鬼一样,只有吮吸活劳动才有生命,吮吸的活劳动越多,它的生命就越旺盛”②。“因此,货币不仅是致富欲望的一个对象,而且是致富欲望的唯一对象。这种欲望实质上就是万恶的求金欲”③。

第二,在资本主义制度下,工人不过是一架为别人生产财富的机器,成为某种局部劳动的工具。“在现代制度下,如果弯腰驼背,四肢畸形,某些肌肉的片面发展和加强等,使你更有生产能力(更有劳动能力),那么你的弯腰驼背,你的四肢畸形,你的片面的肌肉运动,就是一种生产力。如果你精神空虚比你充沛的精神活动更富有生产能力,那么你的精神空虚就是一种生产力,等等,等等。如果一种职业的单调使你更有能力从事这项职业,那么单调就是一种生产力。难道资产者、工厂主关心工人发展他们的一切才能,发挥他们的生产能力,使他们象人一样从事活动因而同时发展人的本性吗?”④“工场手工业把工人变成畸形物,它压抑工人的多种多样的生产

① 《马克思恩格斯全集》第26卷(下),人民出版社1974年版,第495页。
② 《马克思恩格斯全集》第23卷,人民出版社1972年版,第260—261页。
③ 《马克思恩格斯全集》第46卷(上),人民出版社1979年版,第494页。
④ 《马克思恩格斯全集》第42卷,人民出版社1972年版,第261—262页。

志趣和生产才能，人为地培植工人片面的技巧。这正象在拉普拉塔各州人们为了得到牲畜的皮或油而屠宰整只牲畜一样。”①“在资本主义体系内部，一切提高社会劳动生产力的方法都是靠牺牲工人个人来实现的；一切发展生产的手段都变成统治和剥削生产者的手段，都使工人畸形发展，成为局部的人，把工人贬低为机器的附属品，使工人受劳动的折磨，从而使劳动失去内容，并且随着科学作为独立的力量被并入劳动过程而使劳动过程的智力与工人相异化；这些手段使工人的劳动条件变得恶劣，使工人在劳动过程中屈服于最卑鄙的可恶的专制，把工人的生活时间变成劳动时间，并且把工人的妻子儿女都抛到资本的札格纳特车轮下。”②

第三，竞争最充分地反映了流行在资本主义社会中的一切人反对一切人的战争。恩格斯在《英国工人阶级状况》一书中非常详细地描述了这种状况：“只要在大街上挤了几天，费力地穿过人群，穿过没有尽头的络绎不绝的车辆，只有到过这个世界城市的‘贫民窟’，才会开始察觉到，伦敦人为了创造充满他们的城市的一切文明奇迹，不得不牺牲他们的人类本性的优良品质；才会开始觉察到，潜伏在他们每一个人身上的几百种力量都没有使用出来，而且是被压制着，为的是让这些力量中的一小部分获得充分的发展，并能够和别人的力量相结合而加倍扩大起来。在这种街头的拥挤中已经包含着某种丑恶的违反人性的东西。难道这些群集在街头的、代表着

---

① 《马克思恩格斯全集》第23卷，人民出版社1972年版，第399页。

② 《马克思恩格斯全集》第23卷，人民出版社1972年版，第707—708页。

各个阶级和各个等级的成千上万的人，不都是具有同样的属性和能力、同样渴求幸福的人吗？难道他们不应当通过同样的方法和途径去寻求自己的幸福吗？可是他们彼此从身旁匆匆地走过，好像他们之间没有任何共同的地方，好像他们彼此毫不相干，只在一点上建立了一种默契，就是行人必须在人行道上靠右边走，以免阻碍迎面走过来的人；同时，谁也没有想到要看谁一眼。所有这些人愈是聚集在一个小小的空间里，每一个人在追逐私人利益时的这种可怕的冷淡、这种不近人情的孤僻就愈是使人难堪，愈是可恨。虽然我们也知道，每一个人的这种孤僻、这种目光短浅的利己主义是我们现代社会的基本的和普遍的原则，可是，这些特点在任何一个地方也不像在这里，在这个大城市的纷扰里表现得这样露骨，这样无耻，这样被人们有意识地运用着。人类分散成各个分子，每一个分子都有自己的特殊生活原则，都有自己的特殊目的，这种一盘散沙的世界在这里是发展到顶点了。这样就自然会得出一个结论来：社会战争，一切人反对一切人的战争已经在这里公开宣告开始。”①“竞争最充分地反映了流行在现代市民社会中的一切人反对一切人的战争。这个战争，这个为了活命、为了生存、为了一切而进行的战争，因而必要时也是你死我活的战争，不仅在社会各个阶级之间进行，而且也在这些阶级的各个成员之间进行；一个人挡着另一个人的路，因而每一个人都力图挤掉其余的人并占有他们的位置。工人彼此竞争，资

① 《马克思恩格斯全集》第2卷，人民出版社1979年版，第303—304页。

产者也彼此竞争。”①“这种困难处境的真正原因究竟在哪里呢？小资产阶级的破产、贫富之间的鲜明的对照、商业的不景气和由此而产生的资本浪费的现象是由什么引起的呢？就是人们的利益彼此背离。我们大家辛勤劳动的目的只是为了追求一己之利，根本不关心别人的福利。”②

第四，奴隶式的分工使人畸形发展，使人变成片面的人。“现代工业的全部历史都表明，如果不对资本加以限制，它就会不顾一切和毫不留情地力求把整个工人阶级弄到这种极端退化的绝境。”③“就个人自身来考察个人，个人就是受分工支配的，分工使他变成片面的人，使他畸形发展，使他受到限制。”④因此，社会分工的结果，一方面造成了工人的残缺，另一方面是劳动行为的残缺，即终生单调机械地重复同一动作。社会分工把人固守在特定的劳动领域和职业上，屈从于它们，使人失去了肉体和精神的自由。因为每个人都有一个既定的、专属的活动领域，这样就限制了他，使他摆脱不了，他只能一辈子是猎人，是渔夫，是牧人，或是艺术家、文学家、教师和医生。在社会分工条件下，个人受制于分工的经济前提，失去了自由，也不能有效地开展与他人的合作，个人的普遍性要求无法展现，只能束缚在特定的劳动领域和职业上。个人想进行创造性的劳动或通过劳动进行自由的创造，都没有可能。只有分工造成的专门发展停止，个人对普遍性的要求以及全

① 《马克思恩格斯全集》第2卷，人民出版社1979年版，第359页。
② 《马克思恩格斯全集》第2卷，人民出版社1972年版，第605页。
③ 《马克思恩格斯选集》第2卷，人民出版社1995年版，第90页。
④ 《马克思恩格斯全集》第3卷，人民出版社1972年版，第514页。

面发展的趋势才能显露出来。

(二)当代西方思想家对现代资本主义社会人的异化的批判和揭露

当代西方思想家揭示了资本主义物质繁荣背后的人性冷漠,对资本主义制度下人的发展状况及其存在方式予以批判。

1. 人与自然的异化。全球性生态危机日益加重,"人类中心说"使人的主体性越来越强劲,导致自然越来越与人相异化,海德格尔在20世纪30年代就发出"拯救地球"的呼吁,为整个人类生存敲响了警钟。海德格尔强调人与自然的和谐共荣关系,人不是自然的主人,自然是人的母亲,人像植物一样植根于大地,"大地是万物之母"。那种把人当做自然的中心与主宰,把自然当做人所统治、利用的客观对象的思维框架,将最终把人"连根拔起",断送人类的生存。因此,善待自然、崇尚自然、尊敬自然,彻底改变人对自然的霸权野心才是走出人与自然困境的唯一正途。

2. 人与人相异化。萨特毕生关注人的自由,讴歌人的自由。他甚至把自由提到与人的存在同等地位的高度。在他看来,人生来就是自由的,自由就是人的存在。萨特明确提出,人的自由在人的本质之前,人的存在先于人的本质。① 在这个世界中,除人以外所有存在物都是不自由的,它们不能自由地挑选自己的本质。在《存在与虚无》这部著作中,萨特详细分析了我们与他人的关系,对人不能掌握自己的命运,对人的

① [法]萨特:《存在与虚无》,陈宣良等译,上海三联书店1997年版,第55页。

可悲存在进行了揭示。萨特用“他人就是地狱”来概括人与人之间的关系，意即他人在窥视我，把我变成客体，变成物，同时也不能正确地理解我；然而，我需要他人，因此就产生了他人的折磨，即地狱。萨特揭示了在资本主义制度下，人与人从本体上无法沟通与理解的现状，这是人与人精神层面上的异化。萨特认为，世界是无可名状的，一切都是丑恶的，没有希望，存在但虚无，像腐烂的树叶、肮脏的垃圾和骚动前爪的苍蝇，令人恶心。深沉的烦恼像寂静的雾，遍布于生存的深渊，把外在事物、他人和我们自己莫名其妙地搅在一种普遍的冷漠之中。这种烦恼显示出生存的全貌。这是萨特对资本主义制度下人的异化的深刻揭露。

3. 人的畸形发展：单向度的人。“One-dimensionality”（单向度性）一词是马尔库塞用以标定当今发达工业社会特征的专用术语。马尔库塞认为，发达工业社会是一个富裕社会，也是一个病态社会。病态社会的具体体现就是它的单向度性。“单向度性”主要是指技术控制造就了资本主义社会统治规范和支配模式，它同化了资本主义社会中的反抗力量，消除了一切革命的企图，排除了一切异己存在的可能性，从而使生活在发达资本主义社会中的所有人们都认同这个社会，自觉地融入这个社会，成为其驯服的公民。① 由此导致这样一个局面：发达资本主义社会在一切方面——无论是经济制度、政治制度，还是科学、工艺、艺术抑或哲学和日常思维，都趋向一个维度、一个色调、一种声音，就是说，本来是批判、否

① [德]马尔库塞：《单向度的人》，上海译文出版社1989年版，第6页。

定与维护、捍卫双峰对峙，现在变成维护、捍卫，一枝独秀，使得生活在这个社会中的人都丧失了一个向度，只留下另一个向度，而丧失的那个向度就是具有创造性的社会批判的唯一原则——批判与否定的原则。这就是所谓社会与人的“单向度性”表现。弗洛姆认为，人会患精神病，使社会成为病态的、不健全的社会。他指出，判断一个社会是否健全，是看一个社会能否满足人的基本精神需要，是否有利于人的自我实现，是否有利于人的健康发展，而当代资本主义社会中的原则占据一切，精神受到压抑，人得不到发展，因而是病态的社会。弗洛姆认为，资本主义是一种以占有为存在方式的社会，这种方式把世上的万事万物包括自我都据为己有，成为“我”的财产。随着近代以来私有制和资本主义关系的发展和巩固，占有的方式不断加强，20 世纪到了极点，人们热忱地追求财富、金钱，而不顾人情和爱，因而把世界推上了灾难的边缘，暴力、侵略、战争不断。

西方思想家始终贯穿着一个主题思想，那就是人应该过一种有创造性的生活，使自身的潜力得到全方位实现。他们强调，任何社会都应该是人比物重要，应该关心人、关注人、尊重人。在人与制度关系上，一方面，他们看到了人的发展对于制度变迁的意义，主张通过人性革命、生存方式革命、文化革命、意识革命等一系列的方式和方法来彻底塑造人、净化人，借此实现社会的完善和人与制度的和谐发展。因此，他们主张一切制度都应当以人为本，有利于实现人的全面发展。另一方面，他们片面地强调人对制度的影响作用，而忽视了制度对人的决定作用。认为只要对人进行“人性革命”、“爱的教育”，使在资本主义制度下异化了、扭曲了的人性重新唤醒，就可以实现人与人、人与世界、人与自然关系的和谐发展。西方思想家从不同的方面揭露了资本主义的弊病，在分析人的异化存在原因时，法兰克福学派把其归之为科学技术；而弗洛姆却归因于人性；马尔库塞则归结为人的行为。他们没有正确指出人的异化存在的原因，没有把人的异化归结为资本主义根本制度，因此他们根治社会弊病的药方只能是治标不治本。在消除人的异化的途径上，或者寄希望于人性革命，或者寄希望于具有新感性的新人出现。他们批判的矛头没有指向资本主义制度本身，而是把社会变革的终极原因寄托在人的主观性方面，把价值观念的更新作为克服异化、消除资本主义制度弊端的现实途径，因此，他们关于未来社会的蓝图不可避免地成为一种美丽的乌托邦。

第三节　当代中国制度公正建设与人的全面发展

一、人的全面发展的实现途径

道德教化和制度规范是实现人的全面发展的主要途径。所谓道德教化即通常所说的有关思想品德的宣传教育或思想政治工作之类，它是用语言文字、画面声音、榜样示范等方式向受教育对象传输正确的道德观念，晓之以理，动之以情，使之明白什么是对错是非，什么是善恶美丑，什么是应该做的，什么是不应该做的以及其中的道理所在。无论东方还是西方,在文明史的最初阶段,那些思想史上的先贤智者们,就在各自的文明体系中确立了这样一个伟大的精神,即道德教化乃是人性的一个最基本方面,人类可以也必须用道德教化来追求人的全面发展。从柏拉图的理想国、莫尔的乌托邦、康帕内拉的《太阳城》、安德里亚的《基督城》,到圣西门的"实业制度"、傅立叶的"和谐社会"、欧文的共产主义"劳动公社",在他们所设计的理想社会里都无一例外地把人的觉悟和品德作为实现理想社会的根本途径,人们依靠觉悟和品德来治理社会,社会公正的原则不是法律而是社会觉悟,人的品德和品质远比政治和法律规则重要,推崇和依赖于"贤人政治"。贤人政治的社会历史观是,人类社会的进步取决于具有高度觉悟、知识和理性的天才人物,希冀有一个拯万民于水火、创万代之幸福的"哲学王"。正如马克思指出的,这种社会历史观"最后得出的一个答案:应该由贵人、贤人和智者来统治"①。

我国古代的内圣之学,强调"恕道",强调齐家、治国、平天下,以正心、诚意、修身为先,通过内圣导出人际之间的良序,即一方面通过提高个体道德修养,使个体自觉地遵守和维护各种规则与制度;另一方面,通过个体对人际之间的冲突与矛盾的道德消解,以达成人际之间的和谐。有人统计,《论语》中讲"仁"109次,讲"礼"74次,讲"德"38次,法律意义上的"法"字只字未提,讲"刑"4次。② 孔子面对礼崩乐坏的社会动荡局面,提出了"安上治民,莫善于礼"、"上好礼,则民莫

① 《马克思恩格斯全集》第7卷,人民出版社1959年版,第307页。
② 齐延平:《人权与法治》,山东人民出版社2004年版,第162页。

敢不服;上好信,则民莫敢不用情。夫如是,则四方之民襁负其子而至矣”的劝君治世良策。可见,孔子由“仁”到“礼”,是极力提倡德治、礼治的。孔子所言的“礼”,是在非常抽象的层面上、能够跨越时空的永恒价值标准,合礼是至仁的途径,其动力源自人们内心的信仰和自律能力。他们通过对人类自身及宇宙万物的静默体认获得灵感和思想,目光落处便是性、心、圣、修身、仁、礼、义、孝之类,孔子的终极关切是通过超越而内在的方式成圣成贤,内圣外王,而实现这一理想的途径则是“反躬修己”,其精神方向是超越而内在。孔子的“仁”学是建立在对人性的空想及主观判断基础上,以人的自然情感和道德自觉为依托,以孝悌、慈爱、恭敬为内容的。孔子思想中含有极强的超现实的理想主义因素,他往往是从理想的角度,从终极性的层面把握人性,这就难免会陷入脱俗有余、贴实不足的窘境。“在这个至善王国里,个人存在始终没有立足之地,制度安排亦无法落实,只有道德的日常状态与道德的非常状态交替出现,周期震荡。整个民族的近代化转型,难亦哉,难于上青天。政治国家与市民社会以中间无数个人牺牲为战场,进行一场推移往复的道德战争,要么是前者吞没后者,要么是后者冲毁前者,几经震荡,最后两败俱伤,剩下的只是一堆道德理想国的残垣断壁”①。在世界各民族中,没有哪一个民族像中华民族这样注重国人的道德实践,但最终中国并没有因此而成为一个天使或圣贤的王国。必须承认,在现有文

① 朱学勤:《道德理想国的覆灭——从卢梭到罗伯斯庇尔》,上海三联书店2003年版,第99页。

明状态下,大多数人都无法达到绝对无私的境界,他们不可能没有私欲、没有基于私利的理性谋划。古典小说《镜花缘》通过对“君子国”、“大人国”的描写,让世人看到了一个令人神往的境界,它保持了人类最美好的风尚,让一切生活在尔虞我诈、懒馋占贪、见利忘义的环境中的良心未泯的人们羡慕不已,让那些锱铢必较、唯利是图的人们自惭形秽、无地自容。这是一个人人好让不争的礼乐之邦。他们在交易过程中唯恐自己占便宜,别人吃了亏。物质的丰富使“君子国”人民别无他求,他们的买卖不是为了获利,而仅仅是为了调剂。“大人国”的突出之处,是善善恶恶的道德风尚。这里的民众,“遇见恶事,都是藏身退后,遇见善事,莫不踊跃争先,毫无小人习气”(第十三回)。而这种道德风尚的形成,与“大人国”的一种特殊的标志有关。这里人人脚下托有云彩,其云彩有各种颜色,“或登彩云,或登黑云,其色全由心生,总在行为善恶,不在富贵贫贱。如果胸襟光明正大,足下自现彩云;倘或满腔奸私暗昧,足下自生黑云;贫贱之人,反登彩云。话虽如此,究竟此间民风淳厚,脚登黑云的竟是百无一二。盖因国人皆以黑云为耻”(第十四回多九公语)。作者用黑云代替道德法庭,企图以此改变社会风气,这想像既奇特,又单纯。真是如此,世上的事情就好办了。①

制度规范则是社会根据需要为人们的各种活动设计、制定、供给一定的正式规则,如:政策政令、法律法规、规章规范、条例纪律等。从形式上看,制度规范是一种强制性的规范,道

① 刘明华:《大同梦》,上海文艺出版社 1999 年版,第 134—138 页。

德规范则是非强制性、非制度化的，但就实质内容而言，二者都是社会规范文化的主体，都是适应人类社会生活而产生的，对维系人类社会的存在和发展具有特殊的价值。相对于道德规范而言，制度规范是绝对优先的。因为道德问题的最终解决、理想信念和价值观的真正确立，都必须以现实社会中制度对各种利益关系的合理解决为前提。只有通过制度规范（制定法律、政策和规章）对有限的社会资源进行合理的分配，使唯利是图、巧取豪夺或“搭便车”的行为都受到法律的制止，使各种利益的矛盾和冲突都受到制度的规范和有效调控，社会才能保持它的公平和正义，良好的市场秩序和社会生活秩序才会出现，道德精神的力量也才能得到充分的彰显。如果没有制度规范来奠定和保持社会公平正义的伦理基础，那么道德自律在利益冲突面前是很难维持和巩固的，整个社会将处于一种精神信仰混乱不堪的价值失范状态。显然制度规范的合理与否及其结果，从根本上决定着道德教化的成败。按照罗尔斯的说法，离开制度的正义性来谈个人道德的修养和完善，甚至对个人提出各种严格的道德要求，“那是充当一个牧师的角色，即使本人真诚相信和努力尊奉这些要求，充其量也只是一个好牧师而已”，“因此，造成社会道德‘失范’的原因主要不在于个人道德修养，而是制度本身的正当性发生了问题或引起社会成员的怀疑乃至否定”①。要使人们的道德意识真正转化为普遍的道德自觉，仅仅有道德教化是不够的。

① 贺培育：《制度学：走向文明与理性的必然审视》，湖南人民出版社 2004 年版，第 73 页。

因为,一方面,道德教化总是以假定的、理想的人性和道德图景为前提,虽然可以陶冶人的主观世界和提升人的精神境界,激励和引导现实的人们为实现超现实的理想目标和意义世界而努力,但它无法解决理想和现实的矛盾,只有理想的劝导不可能让每个人在现实的利益冲突面前保持崇高的道德。另一方面,由于道德教化是通过传统习惯、社会舆论、思想劝导、榜样示范等柔性手段和途径来进行的,要通过主观世界的自我接受和认可才起作用,它对那些有较高道德责任感和较坚定的道德信念者是有效的,特别对那些不明事理、不知如何行为的教育对象更有作用,但对那些道德建设的逃避者、违规者、破坏者,它除了给予良心和道义上的谴责以外往往是无能为力的,不能保证社会道德规范的共同遵守。"这是一种极不稳定的政治模式。在散漫无常的动沙流水之上,直接矗立着公共意志的最高主宰。两者之间没有任何制度化的政治参与团粒结构,下面的极端民主制与上面的绝对权威对接,互为补充,互为存在。上下双方都处于流动液化状态。在下者不能聚合有常,只能街头暴起暴落,成者为王,败者为寇。在上者不能落地生根,落实为制度性的安排,随时有颠仆之危险……"①因此,要保证社会道德意识得到普遍养成和社会道德规范得到共同遵守,就必须在道德教化的基础上强化制度的规约,以制度的合理性谋求道德的社会认同,来提高人们遵循道德规范的自觉性。堪称"亚洲花园"之国的新加坡,在道

① 朱学勤:《道德理想国的覆灭——从卢梭到罗伯斯庇尔》,上海三联书店 2003 年版,第 92 页。

德建设上的一条成功经验，便是道德立法。对于不文明或破坏文明的行为，轻则罚款，重则起诉，法庭很快依法作出判决，加以执行。严密的道德立法和严格的执法使新加坡的道德建设有了强大的后盾和有力的保证，不仅形成了具有较高水平的法治环境，也大大地推动了整个社会道德建设的进程。再如欧美一些国家中，设有"道德立法委员会"，并有"道德法"规范人们的行为。美国法律早已把某些人"不救助危难"、"不报告危难"的行为，定为犯罪；把向慈善机构捐助不仅当做一种德行，而且可当成免税依据，鼓励人们更多地参与。法国、德国、瑞士、波兰、挪威等国家不仅法律有明确规定，而且有很缜密的措施。道德的制度建设是世界各国的一种普遍现象，也是各国道德建设所走的一条成功路子，这些国家的做法很值得我们借鉴。

近代以来，西方社会在特定的政治与文化环境下，逐步走上了一条通过健全权力监督制衡机制来控制公共权力运作的道路，发展出了以现代宪政体制为核心的政治制度结构，完成了人类政治文明史上一次革命性变革。而中国以儒家为主干的政治思想传统基于对人性完善的理想主义期待，则长期致力于"内圣"之道，期望通过培养道德来建立权力运作的内在约束机制。杜维明认为孔儒传统与科学和民主有天壤之别："你要想以民主与科学的标准来衡量儒家的传统，那么它的精华非常少，糟粕非常多"①。孔子思想的精华是"哲学的人

① 杜维明：《儒家传统的现代转化》，中国广播电视出版社1992年版，第137页。

学的精华,有修身养性的精华,有天人合一、情景交融等很多伦理学和美学思想的精华。它们既非民主,也非科学"①。法治之路和制度正义是现实的最佳选择而非终极的完善选择,最终我们要实现的是人的彻底解放和自由(这一点或许已接近了孔子的心性之学?),但目前我们只能依据现实的社会生产力和社会发展的阶段来选择我们的切合实际的社会治理方式,也许目前的法治社会并不是最好的理想的,却是唯一可行的,在目前的社会条件下只能采用和它相适应的手段。孔儒传统提倡的人类社会的终极理想只有等到社会发展进一步现代化、法治社会进一步完善、人的道德素养进一步提高的时候才能发挥它的作用。杜维明认为儒学得以复兴"大概至少也得一百年后才能看出些比较明显的迹象"②正是对这种可能的预言。在那时倡导"华族文化注重五伦,也就是:父子有亲,君臣有义,夫妇有别,长幼有序,朋友有信。这是一个社会应保留的核心价值观"③可能更有效果更有意义。

二、当代中国人的发展现状

(一)当代中国人的发展现状

首先,人的依赖、物的依赖和能力依赖并存。韩庆祥认

① 杜维明:《儒家传统的现代转化》,中国广播电视出版社1992年版,第87页。

② 杜维明:《儒家传统的现代转化》,中国广播电视出版社1992年版,第29页。

③ [新加坡]李光耀:《在北京国际儒学联合会成立仪式上的致词》,《光明日报》1994年10月16日。

为:“从总体来讲,当代中国人的发展状况基本上处于人的依赖、物的依赖和能力依赖三种形态并存的阶段,尤其是正处在逐渐走出人的依赖而走向物的依赖阶段,‘物的依赖’呈现实形态,人受物支配的物化现象较为突出,而能力依赖初见端倪”①。依附于血亲、“人情关系”、共同体和权力,是中国传统社会中人的存在和发展的基本形态。人们仍比较注重“人情关系”和权力,存在着权大于法、情大于理、关系大于能力和依附大于独立的现象。社会主义市场经济体制建设,正在逐渐冲破人的依赖,然而,市场经济又突出“物”(物质利益、商品、资本、设备和自然资源等)在社会发展过程中的作用,使人陷入对物的依赖之中,就是说人通过物来表现、实现和确证自己的存在和价值。“物的依赖”正成为中国人的一种存在和发展形态。在现实生活中出现的淡化神圣强化世俗的倾向,以及物欲横流、贪欲膨胀和拜金主义,充分反映了人处在这种物的依赖之中。随着社会主义市场经济体制的不断成熟和完善,市场经济的基本原则如平等竞争、优胜劣汰等在社会经济生活中逐渐占据主导地位,它内在地要求淡化非能力因素如血统、出身、身份、门第、“人情关系”、特权和等级等,而更加强调能力因素如努力奋斗、知识素质、能力发挥和业绩贡献等在社会历史发展过程中的作用,今天不少中国人也开始逐渐重视知识和能力了,一种对能力依赖的人的存在和发展方式,已开始慢慢地显现出来。

---

① 韩庆祥:《马克思开辟的道路——人的全面发展研究》,人民出版社2005年版,第248页。

其次,物的依赖显现、能力依赖初见端倪。韩庆祥认为:"当代中国人的需要、活动、能力、社会关系和个性,基本上处在逐渐走出人的依赖进入物的依赖阶段,对能力的依赖具有初步的表现。"①1. 从当代中国人的需要状况看,当代中国人对"人情关系"、组织和权力的需要是比较看重的。其具体表现是办事拉关系求人情、"单位人"情结、拜权主义等现象;同时许多人对物质利益和金钱的崇拜也开始突显出来,甚至成为某些人追求的价值取向;过分开发物质资源和自然资源,表现出对物的需要的极度膨胀;一部分人开始注重知识、素质和能力的追求。2. 从当代中国人的活动状况看,不少中国人比较注重利用人情关系进行各种活动;活动的目的要么满足生存需要(如农民),要么获取权位(如部分领导干部),要么为了赚钱(如商人),虽然也有人把活动看做是自己能力的发挥,但没有成为主流;大部分人的活动依然被限制在特定范围之内,分工对人的活动的制约是一种普遍现象。3. 从当代中国人的能力状况看,一是人的能力片面发展与专门化发展成为大多数人的发展形态,注重专业技能依然是当今中国社会所倡导的。二是一些人发展自己能力的目的,首先是为了获得权位,为了获得更多的物质利益。虽然有少部分人把充分发挥自己能力当做目的本身,但没有成为主流。4. 从当代中国人的社会关系发展状况看,当今不少中国人非常注重亲情关系、人情关系和权力关系,营造关系是为了有利于获取权

① 韩庆祥:《马克思开辟的道路——人的全面发展研究》,人民出版社 2005 年版,第 249 页。

位，这是社会关系方面的“人的依赖”；市场经济又把人和人的关系变成一种金钱关系，人们看重金钱关系，营造关系是为了获取更多的物质利益，金钱成为连接人们之间关系的纽带，这是社会关系方面的“物的依赖”；一部分人已开始注重人们之间的能力关系，即注重能力交往，通过能力发生关系，发生关系是为了进一步提高能力，人们之间的社会关系的“能力依赖”初见端倪，但还没有成为主导形态。5. 从当代中国人的个性发展状况看，当代中国人的个性特征是：缺乏独立人格，缺乏自主性与责任感。许多人在人格上还依附于“关系”、组织和权力，也受物或金钱的支配，个人的独立人格并没有真正确立起来。

（二）当代中国人的发展的制约因素

1. 生产力不发达和劳动性质的制约。目前我国的一个现实国情是仍属于经济欠发达的发展中国家。和发达国家在经济上有很大差别，因此，我国仍实行按劳分配的原则，劳动在很大程度上也只能是谋生的手段；城乡居民的职业生活缺少足够的流动性和自主性；实行多种的分配形式，分配结构还不尽合理；人民生活质量不高，广大人民面临着居住、就业、求学、家务等多种问题，限制了现代人的生活方式、生活态度向健康、文明方向发展。

2. 生产关系不发达和旧的分工格局未能真正突破的制约。在社会主义初级阶段，脑力劳动与体力劳动、工业与农业、城乡之间、各个民族和各种职业之间的重大差别远未消除，人们的社会流动和职业流动还受到传统体制的多重限制，影响了人的多种才华和潜能的发挥。社会经济结构中的二元性,现代人中的先进思想意识与陈腐观念、落后意识同时并存,马克思主义是意识形态的主流,但封建宗法观念、等级观念、特权思想等封建残余仍然存在;损人利己、金钱至上等资产阶级思想和行为仍然存在;安贫乐道、不思进取、害怕改革、轻视知识和人才等小生产的传统观念也仍有市场。

3. 多元体制结构和文化冲突等因素造成的个体和群体发展不平衡的制约。不平衡发展是欠发达国家的共同特征,而对于我国这样一个人口多、底子薄、幅员辽阔的大国来讲,不平衡的色彩以及所导致的矛盾更为突出。目前我国城乡之间居民受教育的条件和文化生活消费的环境存在较大差距。农村居民文化教育程度普遍低于城市人口,文化生活的内容也较单一,缺乏创新;沿海和内地以及东中西部地区之间因工业化发展层次不一,对外开放程度差异明显,居民收入和消费水平差距较大,各种社会观念更新的快慢不一。

4. 文化教育的发展滞后对人的发展的制约。目前的文化教育体制和环境都还不完全适应人的发展的需要,生产劳动和家务劳动仍然是沉重的负担。缺乏良好的闲暇生活环境和组织引导,多方面制约着人的个性成长和完善。

三、加强制度公正建设,实现人的全面发展

当前我国社会变革主要表现在两个大方面:一是社会结构转型,即由传统农业社会向现代工业社会转型,同时又通过信息革命向信息社会跃进。二是社会体制转轨,即由高度集中的社会主义计划经济体制向新型的社会主义市场经济体制转轨、由传统的社会主义政治体制向新型的社会主义民主政

治体制转轨。这两个方面的变革交织在一起，相互制约又相互促进，必然会引起人们的思想观念、价值取向、道德准则和生活方式等一系列的变化，这就必然带来第三个转变，即活动规则的转变。制度变迁和社会转型意味着活动规则的转变。随着全球化、信息化时代的到来，特别是我国已经加入 WTO 这样的组织，标志着我国将要融入世界体系，很多活动都要按照国际规则办事，这就要求人们在进行一切活动的时候，自觉地超越地域的、民族的界限，而站在经济全球化的高度，用世界性眼光、寰宇性胸怀、战略性思维来思考问题，来进行决策。

（一）加强经济制度公正建设，促进人的全面发展

我国经过二十多年的经济体制改革，破除了日益僵化的既没有带来效率又没有解决公正问题的计划经济体制，逐步建立起社会主义市场经济体制。实践证明，和计划经济相比，这是一条能够推进人的全面发展的有效制度模式。

其主要表现如下：第一，为实现人与人之间的平等竞争和人格独立创造良好条件和环境。市场经济的基本要素有三：参与竞争并对价格信号作出灵活反映的企业；自由竞争能够提供正确价格信号的市场；通过市场中介的以间接调控为主的宏观调控体系。市场经济的主要特征就是靠市场配置资源，比较注重平等的市场竞争。“市场竞争实质上是能力竞争，这意味着有为才有位，实力影响地位（包括硬实力和软实力）。这就应该进一步强调人应凭其后天努力奋斗和能力发挥而自立，应注重人的个性、独立自主以及人的素质和业绩。由此，市场经济既有利于反对封建专制文化，又内在要求确立

以'能力本位'为核心价值的现代价值体系"①。这种价值观有利于培育人的实力、自立、民主、创造个性、主体性和业绩意识。这种意识和人格有助于推进人的全面发展。第二,市场经济必然要求生产出新的消费需求,创造新的丰富的需要,进而促进社会生产的不断扩大,这种生产不仅使人在改造自然的同时,发展了自己的多方面能力,而且也必然带来社会交往和社会联系的不断丰富。这必将逐步建立起人的多方面需求、社会流动、多方面的能力体系和丰富的社会交往关系,进而推进人的全面发展。第三,市场经济主要是靠提高人的素质和开发人力资源而促进社会生产力发展的。而生产力的发展既可以增加自由时间,也可以为人的全面发展奠定物质基础。社会生产力发展是推进人的全面发展的根本条件。这对推进我国现阶段人的全面发展来说,是迫切需要的。第四,随着市场经济的逐步确立,必然带来分配制度的创新和改革。改革开放二十多年来,我国已经初步建立和完善按能力贡献大小进行分配的制度。因为建立市场经济的目的在于通过开发人来发展生产力,提高生产效率,把"蛋糕"做大。而确立按能力贡献进行分配的制度的目的,主要在于通过公平合理分割"蛋糕"来激励人。"既然人力资本(包括人的创新能力和劳动能力)在知识经济时代对经济发展具有关键作用,那么,我们就不能仅仅满足于按劳分配,而同时应实行按能绩分配。其实质目的,就是建立一个能使人'各尽所能'的激励机

① 韩庆祥:《马克思开辟的道路——人的全面发展研究》,人民出版社2005年版,第285页。

制，使一切社会成员尽可能全面正确发挥其能力”①。因此，“完善现行的按劳分配制度，实行按能绩分配的制度，不仅符合知识经济发展的必然趋势，而且有助于抑制和消除权力、‘关系’、‘亲情’、等级和平均主义等对我国分配制度的侵扰和危害”②。分配制度改革的最终目的是建立一个逐步消灭剥削、消除两极分化的理想社会。因为只有这样，才能使每个人都有相对平等的权利、机会和条件来全面发展自己，也就是使人能获得平等的发展，实现人的全面发展。

（二）加强政治制度公正建设，促进人的全面发展

韩庆祥认为：“从人的全面发展的角度看政治体制改革，主要涉及三方面内容：维护和保障人的权利；推进民主与法制化进程；完善国家与个人之间关系。这三个方面都应把解放人和开发人作为重要的价值取向。只有这样，才能促进人的全面发展”。③

第一，维护和保障公民或者人的基本权利，是促进人的全面发展的一个重要条件。无论是罗尔斯的制度正义论还是诺齐克的权利正义论，其中一个共同的东西就是对权利的尊重和保障，其主要区别无非是多数人的权利还是少数人的权利而已。如果公民的基本权利得不到应有的保障，就会丧失许

---

① 韩庆祥：《马克思开辟的道路——人的全面发展研究》，人民出版社2005年版，第286页。

② 韩庆祥：《马克思开辟的道路——人的全面发展研究》，人民出版社2005年版，第286页。

③ 韩庆祥：《马克思开辟的道路——人的全面发展研究》，人民出版社2005年版，第286—287页。

多全面发展的机会和条件,人的发展就会遇到这样或那样的障碍。反之,如果公民的基本权利能得到应有的保障,他就有机会、条件来发展自己的需求、能力、社会关系和个性。而这些权利的维护和保障是政治制度公正的基本要求。

第二,通过推进民主与法制化进程促进人的全面发展。民主是政治制度公正的价值取向和基本目标。民主能使公民有更多的机会和条件参与社会的公共生活和政治生活。民主所要求的公民积极自觉地参与社会管理和公共管理,一定意义上有利于公民的个性发挥,同时也意味着尊重公民的独立人格、基本需求和创造个性,这些都有利于促进人的全面发展。法治是政治制度公正的主要标志,是一种政治制度公正与否的主要标准。法治优于人治,这是千百年来人类社会政治活动的经验总结和智慧结晶。“人治,表现为权大于法,情大于理,关系大于能力,依附大于独立,身份大于实力。这样的人治是不利于人的全面发展的”①。而“法治,表现为法理高于权力,制度高于‘人情’,能力高于‘关系’,独立高于依附,实力高于身份,这就把人的能力、实力和独立人格的尊重突出出来了”②。所以,法治内在要求促进人的全面发展,也有利于促进人的全面发展。

第三,处理好国家与个人之间的关系,促进人的全面发展。在思想史上,关于国家与个人之间的关系主要有三种价

① 韩庆祥:《马克思开辟的道路——人的全面发展研究》,人民出版社2005年版,第287页。

② 韩庆祥:《马克思开辟的道路——人的全面发展研究》,人民出版社2005年版,第287页。

值取向:一是国家至上主义。用马克思恩格斯的话来说,这就是“虚幻的集体”。在这种集体中,个人得不到自由发展。二是个人至上的个人主义。用马克思的话来说,这种个人主义离开了集体,而离开集体,个人就失去全面发展自己的条件。三是马克思主义所主张的,就是要建立真实的集体,塑造健全的个人。在这种真实的集体中,个人可以获得自由发展的条件。这种真实的集体至少应具有以下特点:1. 个人的政治权利受到国家保障;2. 国家为个人充分发挥自己的能力,提供并建立一种相对平等竞争的机会和规则,使自己的努力和能力会得到公正回报;3. 在国家的政治生活中,人们政治行为的理性自觉程度较高,注重使自己的政治行为受法制、制度和程序约束;4. 国家相对尊重个人在政治生活中的独立人格、主体性以及民意。在这种国家与个人关系中,个人能力的自由、平等和全面发展问题,在国家构架及其发展过程中具有十分重要的地位。

(三)加强文化制度公正建设,促进人的全面发展

“文化就其本质来讲,有三种基本涵义:它既是一种生活方式和思维方式,又是一种价值观,还是人格和个性的培育过程”①。因此,文化对人的影响是根本的和长远的,其实质是塑造人格,改造人的内在精神世界。因而,文化制度建设是推进人的全面发展的深层条件。在我国现阶段,文化制度建设应该落实到提高人的素质和推进人的全面发展上来。社会主

---

① 韩庆祥:《马克思开辟的道路——人的全面发展研究》,人民出版社2005年版,第299页。

义精神文明建设的主要目标是培育"有理想,有道德,有文化,有纪律"的"四有新人"。

一个理想人格的塑造离不开一个好的文化制度,当前就要大力加强文化制度的改革,具体措施是:第一,要广泛深入地进行教育、科学、文化体制的改革;第二,要坚持贯彻"百花齐放,百家争鸣"的方针,努力创造一个宽松的文化氛围;第三,要尊重知识,尊重人才;第四,要实施科教兴国战略,大力发展教育和科学。通过加强文化制度公正建设提高人的素质,推进人的全面发展,就现阶段来讲,主要就是推进素质教育。我国传统教育模式主要是重知识灌输的知识教育,而21世纪我国现代化建设以及市场经济、知识经济迫切需要的是具有综合素质和实践能力、创新能力的人才。所谓中国传统教育模式,是指一味注重由教师向学生单向灌输知识、以考试分数和升学率作为衡量学生质量和教育成果的唯一标准的教育教学制度。在这种教育制度模式下培养出来的学生具有如下局限性:保守有余而创新不足;依附人格有余而自主人格不足;重书本理论而轻实践能力;重"名"而轻"实"(实际、实践、实效和实力)等。① 造成这些局限性的直接原因,是我国传统的教育观、教育模式和教育制度;而深层原因,则是我国传统的计划经济体制、"权本位"的政治体制和具有"等级"色彩的纵向型社会关系所形成的价值取向、社会心理和思维方式。②

① 韩庆祥:《马克思开辟的道路——人的全面发展研究》,人民出版社2005年版,第301页。

② 韩庆祥:《马克思开辟的道路——人的全面发展研究》,人民出版社2005年版,第300—301页。

因此，要克服我国传统教育模式的历史局限，就必须改革我国传统的经济体制、政治体制和社会关系，就必须变革我国传统的文化价值观、社会心理和思维方式，只有这样，才能为人的全面发展创造一个良好的“前提”、“基础”和“环境”。

结　语

制度一旦产生和形成，既成为人的发展的社会客观条件，又成为实现主体运用社会客观条件的主要形式，为此，制度的建立与选择、变革与创新是否与人的发展的根本目的——人本身全面而自由的发展相一致，即制度是否有利于调动主体的积极性、主动性、创造性，是否有利于人的个性解放，是否有利于培养和提高人的素质，就成为制度公正存在的目的和意义，也是衡量制度是否公正的根本尺度。制度与人的发展关系问题是制度公正的逻辑根据和历史基础，是制度公正研究首先要回答和解决的基本问题。制度公正研究的问题归根结底是人的发展问题。制度公正问题的实质就是制度与人的生存和发展的关系问题。制度公正的研究内在地包含了关于人的发展的研究，它要追究人的行为规范性的客观根源及其他经济的、政治的和文化的保障因素。制度公正研究中的诸多重要问题，如人的本质问题、人与社会存在的关系问题、人的行为问题，无一不是人的发展的核心问题。只有将制度公正深深植根于马克思主义的人学视野当中，才能为制度公正找到深远的源头和深刻的基础。

制度公正问题从来没有像今天这样重要，这是社会生产、人类交往和人的进步的表现。在多数情况下，人类不再是靠武力、战争来解决问题，而是靠制度的公正来解决问题。具有中国特色的当代中国制度公正建设实践贯穿于二十多年的改革实践中，制度公正每前进一步都是以人的发展为基础的；反之，制度公正的每一个进步都是对人的发展的一次促进。伴随着改革的发展，中国人的全面发展的状况：从生产实践的能力到经济生活的水平、从基本的人权状况到政治的民主进程、从交往关系的改善到思想文化的进步，无不为世人所注目。由此我们可以看到，我国的制度公正和人的发展是两个密切联系、不可分割的问题。在制度公正研究的过程中，结合我国现实的经济、政治和文化状况以及现实的人的状况，对这些问题作出探讨和解答，无疑会对我国人的全面发展起到积极的推动作用。制度公正的发展程度体现了人对客观现实的认识程度和对自身本质及其行为的认识程度。在马克思看来，人的认识水平并不取决于认识本身，而是取决于实践的深度和广度。在此意义上，制度公正的发展水平体现了人的实践水平、认识水平以及人自身行为的水平等总体发展状况。

人的本质在其现实性上是一切社会关系的总和。制度公正的发展直接建立在人们对制度认可程度发展的基础之上，在社会关系领域，最终建立在制度的主体和客体不断统一的基础之上——即社会关系不断改善的基础之上。因为社会关系中的制度公正既是一定社会关系及其秩序的保证，又是必然建立在这些关系的基础之上的。按照历史唯物主义的观点，一定的社会关系包含经济的关系、政治的关系和思想文化的关系三个基本层次和内容。制度公正的发展与社会经济关系、政治关系和思想文化关系的发展是根本一致的。制度公正作为维护一定社会的制度规范体系，从而维护一定社会现实的社会关系的形式，必然随着社会关系，归根结底是社会经济关系的发展而不断发展与演变。一定社会的经济关系构成了制度公正的现实基础，经济关系的发展导致制度公正内容的发展。社会政治关系的发展主要表现在人们之间平等状态的发展、民主程度的提高和非人身依附关系的发展。政治关系中，从人的独立性到人的平等性再到政治民主化的过程，是制度公正逐渐摆脱人的依附、物的依赖，并最终使人的主体性占主导形式的发展过程。

生产力是社会发展的最终决定因素，但生产力的发展要求直接通过人的活动、人的发展要求体现出来。人的活动的主体自觉性和社会关系的丰富全面性是具体的、不断发展的，人的需要、利益追求和自由个性总是随着社会实践水平的提高而不断发展，人的全面发展必然要求为之服务的制度不断得到优化和发展，由此推动制度的变革和发展。制度是人对自我行为的规定，制度公正直接表现为人们对自我规定的制度规范的服从和遵循。在这一意义上，制度公正的发展内在地包含了人脱离动物界的程度和人从自然界中不断提高其主体地位的程度。人的主体地位的提高是生产实践能力和认识能力提高的必然结果，归根结底是社会生产力发展的必然结果。人类认识能力的提高是制度公正不断发展演变的基本前提和内在动因。人类对自然界本质和规律认识的提高，不断将自然界客观规范性要求升华为自身的行为规范，并将这种行为规范与自然界的本质和规律相适应；人类对社会本质和规律认识的提高，不断将社会关系客观规范性要求升华为自身的行为规范，并将这种行为规范与社会的本质和规律相适应；人类对自身认识的提高，不断促进着自律意识的发展，实现着人的制度化和制度的人化的统一。制度使人人化，而不是动物化，它使人成为人，实现人的本质，进而把人与动物区别开来，把人从动物中提升出来。

人的全面发展是古今中外许多思想家追求的理想目标，是马克思主义的终极关怀，从某种意义上说，马克思主义学说就是关于人的发展的学说。但究竟如何实现人的全面发展？人的全面发展的现实途径是什么？这是许多思想家面临的重大问题和难题。在马克思之前，历史上许多思想家曾经提出人的全面发展的理想，然而他们往往都是把人抽象化，找不到从理想通往实际生活的现实道路。马克思将人的全面发展这一理想奠基于人的社会实践活动基础之上，主要从生产力、社会关系也即制度等维度出发看待人的全面发展的条件，为人的全面发展寻找到一条现实道路。

生产力是人的全面发展的客观条件。人的全面发展是历史的产物，归根结底是社会生产力的产物。如果没有生产力的巨大增长和高度发展的前提，人的全面发展的思想尽管可以表述千百次，但对于实际发展没有任何意义。发展社会生产力，不仅可以保证一切社会成员有富足的和充裕的物质生活，而且还可以保证他们的体力和智力获得充分的自由发展和运用。人的发展表现为人的社会关系的发展，生产力是交往关系、生产关系以及全部社会关系的基础，正是生产力的发展变化引起了交往关系、生产关系从而全部社会关系的变化。只有生产力的普遍发展，人们之间的普遍交往才能建立起来，过去那种地方的和民族的自给自足和闭关自守，被各民族的各方面的互相往来和各方面的互相依赖所代替，历史才能转化为世界历史，狭隘地域性的个人才能转化为世界历史性的、真正普遍的个人。也只有通过生产力的发展才能促进生产关系的调整和变革，实现社会制度、社会形态的完善和更替。

社会制度是人的全面发展的客观条件。制度对于生活在其中的人来说，是一种既定的力量，它构成人的发展的现实空间，形成人的现实生活世界。人发展什么，怎样发展，根本上是由生产力决定的，直接的则是由社会关系即制度来决定的。既然制度构成人发展的现实空间，直接决定着人的发展，因此，要促进人的全面发展，我们就必须充分考虑制度因素和制度路径。离开制度这一路径去探索促进人的全面发展的现实道路几乎是不可能的。我们进行制度建设就是实现旨在保证良治的制度条件、制度环境和制度功能，实现社会的和谐发展，其最终目标是实现最广大人民利益的最大化、每个人的自由而全面的发展。同时，制度的性质、结构和内容的不同，它所构成的人的发展空间便不同，对人的发展的作用也不同。好的制度能有效地促进人的发展，坏的制度则限制、妨碍人的发展，甚至使人性扭曲和变形。马克思主义的共产主义学说就是对未来社会的美好希冀和对未来人的自由而全面发展的构想，体现了对人的终极关怀，目的是为了把人从旧制度下解放出来,实现人的自由、发展和幸福。在社会主义初级阶段的历史背景下,应该大力提倡和高扬制度公正的理念和价值。制度公正是实现人的全面发展的现实路径。

主要参考文献

（一）著作类

1.《马克思恩格斯选集》第1—4卷，人民出版社1995年版。

2.《马克思恩格斯全集》第1、2、3、4、7、16、18、20、23、26、42、46卷，人民出版社1956、1957、1960、1958、1959、1964、1964、1971、1972、1974、1979、1979年版。

3.《邓小平文选》第1、2、3卷，人民出版社1994、1994、1993年版。

4.［美］凡勃伦:《有闲阶级论——关于制度的经济研究》，蔡受百译，商务印书馆1964年版。

5.［美］康芒斯:《制度经济学》（上卷），于树生译，商务印书馆1962年版。

6.［美］道格拉斯·诺思:《制度、制度变迁与经济绩效》，上海三联书店1994年版。

7.［美］约翰·罗尔斯:《正义论》，何怀宏等译，中国社会科学出版社1988年版。

8.［美］汉密尔顿:《联邦党人文集》，程逢如译，商务印书馆 1980 年版。

9. [德]柯武刚、史漫飞:《制度经济学》,韩朝华译, 商务印书馆 2003 年版。

10. [美]莱茵霍尔德·尼布尔:《道德的人与不道德的社会》,蒋庆译,贵州人民出版社 1998 年版。

11. [英]亚当·斯密:《道德情操论》,余涌译, 中国社会科学出版社 2003 年版。

12. [英]亚当·斯密:《国富论》(上、下), 商务印书馆 1972 年版。

13. [古希腊]亚里士多德:《政治学》,吴寿彭译, 商务印书馆 1983 年版。

14. [法]孟德斯鸠:《论法的精神》,孙立坚等译,陕西人民出版社 2001 年版。

15. [英]哈耶克:《致命的自负》,冯克利、胡晋华等译,中国社会科学出版社 2000 年版。

16. [荷兰]伯纳德·曼德维尔:《蜜蜂的寓言》,肖聿译,中国社会科学出版社 2002 年版。

17. [美]丹尼尔·贝尔:《资本主义文化矛盾》,赵一凡等译, 三联书店 1989 年版。

18. [法]卢梭:《社会契约论》,何兆武译, 商务印书馆 1982 年版。

19. [英]帕斯卡尔:《思想录》,何兆武译, 商务印书馆 1985 年版。

20. [意大利]马基雅维利:《君主论》,潘汉典译, 商务印书馆 1985 年版。

21. [英]卡尔·波普:《猜想与反驳——科学知识的增长》,傅季重译,上海译文出版社 1986 年版。

22. [英]卡尔·波普:《开放社会及其敌人》(第 1 卷),陆衡等译,中国社会科学出版社 1999 年版。

23. [英]詹姆士·哈灵顿:《大洋国》,何新译,商务印书馆 1983 年版。

24. [法]托克维尔:《论美国的民主》(上、下),董果良译,商务印书馆 1988 年版。

25. [英]史蒂文·卢克斯:《个人主义》,阎克文译,江苏人民出版社 2001 年版。

26. [英]米塞斯:《自由与繁荣的国度》,韩光明译,中国社会科学出版 1995 年版。

27. [美]麦特·里德雷:《美德的起源》,刘珩译,中央编译出版社 2004 年版。

28. [美]黄仁宇:《万历十五年》,中华书局 1982 年版。

29. [英]莱斯利·史帝文森:《人性七论》,赵汇译,商务印书馆 1988 年版。

30. [法]爱尔维修:《十八世纪法国哲学》,商务印书馆 1963 年版。

31. [美]查尔斯·霍顿·库利:《人类本性与社会秩序》,包凡一、王源译,华夏出版社 1999 年版。

32. [英]戴维·米勒:《社会正义原则》,应奇译,江苏人民出版社 2001 年版。

33. [法]泰·德萨米:《公有法典》,黄建华等译,商务印书馆 1982 年版。

34. [英]欧文:《欧文选集》(第 3 卷),马清槐译, 商务印书馆 1984 年版。

35. [美]米尔顿·弗里德曼:《自由选择》,胡骑译,商务印书馆 1982 年版。

36. [美]保罗·萨缪尔森:《经济学》(17 版),萧琛译,人民邮电出版社 2004 年版。

37. [美]阿瑟·奥肯:《平等与效率》,王奔洲译,华夏出版社 1999 年版。

38. [英]F. A. 冯·哈耶克:《自由秩序原理》,三联书店 1997 年版。

39. [美]诺齐克:《无政府、国家与乌托邦》,中国社会科学出版社 1991 年版。

40. [美]詹姆斯·M. 布坎南:《自由、市场和国家》,吴良健等译,北京经济学院出版社 1988 年版。

41. [美]文森特·奥斯特罗姆:《复合共和制的政治理论》,毛寿龙译,上海三联书店 1999 年版。

42. [英]约翰·洛克:《政府论》(上、下),叶启芳等译,商务印书馆 1964 年版。

43. [美]艾德勒:《六大观念》,郗庆华译, 三联书店 1991 年版。

44. [美]乔·萨托利:《民主新论》,冯克利译, 东方出版社 1998 年版。

45. [英]休谟:《休谟政治论文选》,张若衡译, 商务印书馆 1993 年版。

46. [英]休谟:《休谟经济论文选》,陈玮译,商务印书馆

1984 年版。

47.［美］斯蒂芬·L. 埃尔金等编:《新宪政论——为美好的社会设计政治制度》,三联书店 1997 年版。

48.［德］黑格尔:《历史哲学》,王造时译,上海书店出版 2001 年版。

49.［日］加藤节:《政治与人》,唐士其译,北京大学出版社 2003 年版。

50.［法］皮埃尔·罗桑瓦隆:《乌托邦资本主义——市场观念史》,杨祖功、晓宾等译,中国社会科学出版社 2004 年版。

51.［日］河野真:《人与恶——东西方恶论面面观》,王永昌译,中国人民大学出版社 1992 年版。

52.［英］A. J. M. 米尔恩:《人的权利与人的多样性——人权哲学》,夏勇、张志明译,中国大百科全书出版社 1995 年版。

53.［美］道格拉斯·诺斯、罗伯斯·托马斯:《西方世界的兴起》,厉以平、蔡磊译,华夏出版社 1999 年版。

54.［法］路易斯·博洛尔:《政治的罪恶》,蒋庆译, 改革出版社 1999 年版。

55.［英］迈克尔·欧克肖特:《政治中的理性主义》,张汝伦译,上海译文出版社 2003 年版。

56. 卢现祥:《西方新制度经济学》, 中国发展出版社 1996 年版。

57. 黎鸣:《中国人性分析报告》, 中国社会出版社 2003 年版。

58. 慈继伟:《正义的两面》, 三联书店 2001 年版。

59. 姚洋:《自由公正和制度变迁》,河南人民出版社 2002 年版。

60. 周辅成:《西方伦理学名著选辑》(上下卷),商务印书馆 1964 年版。

61. 王海明:《伦理学原理》,北京大学出版社 2001 年版。

62. 朱学勤:《道德理想国的覆灭——从卢梭到罗伯斯庇尔》,上海三联书店 2003 年版。

63. 盛洪:《为什么制度重要》,郑州大学出版社 2004 年版。

64. 朱学勤:《书斋里的革命》,长春出版社 1999 年版。

65. 张明澍:《中国政治人——中国公民政治素质调查报告》,中国社会科学出版社 1994 年版。

66. 郑也夫:《代价论——一个社会学的新视角》,三联书店 1995 年版。

67. 方江山:《非制度政治参与》,人民出版社 2000 年版。

68. 张立文:《新人学导论》,广东人民出版社 2000 年版。

69. 薛德震:《人的哲学论说》,中国社会科学出版社 2004 年版。

70. 陈小鸿:《论人的自由全面发展》,人民出版社 2004 年版。

71. 李德顺:《价值学大词典》,中国人民大学出版社 1995 年版。

72. 邱少全:《人及其世界》,上海人民出版社 2000 年版。

73. 阮青:《中国个性解放之路——20 世纪中国个性解放思潮研究》,华东师范大学出版社 2004 年版。

74. 李松玉:《制度权威研究》,社会科学文献出版社 2005 年版。

75. 潘一禾:《观念与体制》,学林出版社 2002 年版。

76. 陈惠雄:《快乐原则——人类经济行为分析》,经济科学出版社 2003 年版。

77. 王海明:《公正平等人道》,北京大学出版社 2000 年版。

78. 宋惠昌:《政治哲学》,中共中央党校出版社 2003 年版。

79. 茅于轼:《给你所爱的人以自由》,中国文联出版社 2003 年版。

80. 谭希培、高帆:《超越现存——制度创新论》,湖南大学出版社 2002 年版。

81. 胡海鸥:《道德行为的经济分析》,复旦大学出版社 2003 年版。

82. 陈忠武:《人性的烛光》,云南人民出版社 2004 年版。

83. 唐代兴:《公正伦理与制度道德》,人民出版社 2003 年版。

84. 韩庆祥:《马克思的人学思想研究》,河南人民出版社 1996 年版。

85. 张桂琳:《西方政治哲学》,中国政法大学出版社 1999 年版。

86. 薄一波:《若干重大决策和事件的回顾》(下卷),人民出版社 1997 年版。

87. 周叶中:《代议制比较研究》,武汉大学出版社 1995

年版。

88. 周天玮:《法治理想国——苏格拉底与孟子的虚拟对话》，商务印书馆2004年版。

89. 任建东:《道德信仰论》，宗教文化出版社2004年版。

90. 亨廷顿:《变革社会中的政治秩序》，三联书店1989年版。

91. 王伟光:《利益论》，人民出版社2001年版。

92. 吴忠民:《社会公正论》，山东人民出版社2004年版。

93. 薛汉伟、王建民:《制度设计与变迁》，山东大学出版社2003年版。

94. 鲁鹏:《制度与发展关系研究》，人民出版社2002年版。

95. 秦德君:《政治制度设计》，上海社会科学院出版社2000年版。

96. 肖群忠:《道德与人性》，河南人民出版社2003年版。

97. 韩庆祥、亢安毅:《马克思开辟的道路——人的全面发展研究》，人民出版社2005年版。

98. 齐延平:《人权与法治》，山东人民出版社2004年版。

99. 贺培育:《制度学:走向文明与理性的必然审视》，湖南人民出版社2004年版。

100. 刘明华:《大同梦》，上海文艺出版社1999年版。

101. 熊芳、雍涛:《毛泽东眼中的人》，人民出版社2003年版。

102. 王人博、程燎原:《法治论》，山东人民出版社1998年版。

103. 扈中平:《人的全面发展——历史、现实与未来》,四川人民出版社 1988 年版。

104. 邹铁军:《自由的历史建构》,人民出版社 1994 年版。

105. 何怀宏:《公平的正义——解读罗尔斯〈正义论〉》,山东人民出版社 2002 年版。

106. 贺麟:《文化与人生》,商务印书馆 1988 年版。

107. 程立显:《伦理学与社会公正》,北京大学出版社 2002 年版。

108. 唐正东:《斯密到马克思——经济哲学方法的历史性诠释》,南京大学出版社 2002 年版。

109. 刘再复、林岗:《传统与中国人》,三联书店 1988 年版。

110. 周其仁:《产权与制度变迁》,社会科学文献出版社 2002 年版。

111. 王景伦:《毛泽东的理想主义和邓小平的现实主义——美国学者论中国》,时事出版社 1996 年版。

112. 唐晓、王义、王春英:《当代西方国家政治制度》,世界知识出版社 1996 年版。

113. 李君如:《社会主义和谐社会论》,人民出版社 2005 年版。

114. 席恒:《公与私:公共事务运行机制研究》,商务印书馆 2003 年版。

115. 董郁玉、施滨海:《政治中国——面向新体制选择的时代》,今日中国出版社 1998 年版。

116. 戴文礼:《公平论》,中国社会科学出版社 1997 年版。

117. 许明达:《第三个台阶》,中国社会科学出版社 2005 年版。

118. 文清源:《自私论》,中南工业大学出版社 1997 年版。

119.《主客体关系学系列丛书》撰写组:《经济是什么》,商务印书馆 1999 年版。

120. 杨俊一:《制度哲学导论——制度变迁与社会发展》,上海大学出版社 2005 年版。

121. 韦森:《经济学与哲学——制度分析的哲学基础》,上海人民出版社 2005 年版。

122. 武经纬、方盛举:《经济人道德人全面发展的社会人》,人民出版社 2002 年版。

123. 高兆明:《制度公正论》,上海文艺出版社 2001 年版。

124. 宋全成:《社会生产力理论研究》,安徽人民出版社 2000 年版。

125. 易中天:《美国宪法的诞生和我们的反思》,山东画报出版社 2005 年版。

126. 易中天:《帝国的惆怅——中国传统社会的政治与人性》,文汇出版社 2005 年版。

127. 周少来:《人性政治与制度》,中国社会科学出版社 2004 年版。

128. 胡鞍钢:《国家制度建设》,清华大学出版社 2003

年版。

（二）论文类

1. 李志江:《制度公正与社会和谐》,《道德与文明》2006年第1期。

2. 冉新、刘明金:《和谐社会与制度公正的伦理意蕴》,《湖北经济学院学报》2005年第3期。

3. 程寿:《论制度正义与道德自觉》,《四川行政学院学报》2004年第1期。

4. 马俊峰:《以制度创新来保障社会公正》,《天津社会科学》2004年第4期。

5. 沈慧芳:《道德需要与制度公正》,《福建农林大学学报》2003年第6期。

6. 高慧珠:《经济制度伦理与制度公正》,《中国社会科学文摘》2003年第1期。

7. 霍秀媚:《制度公正与民主政治》,《探求》2003年第2期。

8. 麻宝斌:《政治正义的历史演进与现实要求》,《江苏社会科学》2003年第1期。

9. 彭定光:《论制度正义的两个层次》,《道德与文明》2002年第1期。

10. 徐斌:《人的发展:制度变革的价值目标》,《理论前沿》2006年第4期。

11. 陈纯仁:《制度与人的发展关系论略》,《社会科学战线》2006年第1期。

12. 徐斌:《制度变革与人的全面发展》,《毛泽东邓小平理论研究》2006 年第 1 期。

13. 陈孝兵:《论“经济人”行为的制度建构》,《中州学刊》2005 年第 2 期。

14. 李宇飞:《论基于人性分析的管理制度设计》,《求索》2005 年第 1 期。

15. 王彩云:《“无赖假设”与宪政设计》,《社会科学》2005 年第 1 期。

16. 吴向东:《制度与人的全面发展》,《哲学研究》2004 年第 8 期。

17. 陈福胜:《法治人性基础的二个视域》,《北方论丛》2004 年第 6 期。

18. 王海传、周文升:《论制度的人性基础》,《山东师范大学学报》2004 年第 5 期。

19. 王志红:《人性假设与制度伦理的公正价值诉求》,《河北学刊》2004 年第 4 期。

20. 胡承槐:《体制的道德性与目前道德伦理格局》,《哲学研究》1997 年第 8 期。

21. 吴向东:《论马克思人的全面发展理论》,《马克思主义研究》2005 年第 1 期。

22. 徐显明:《何谓司法公正》,《文史哲》1999 年第 6 期。

23. 褚海燕:《论社会正义的制度安排》,《理论学刊》2002 年第 4 期。

24. 贺来:《人学研究的三个辩证层次》,《求是学刊》2001 年第 1 期。

25. 辛鸣:《制度研究的哲学视野选择及其问题梳理》,《哲学动态》2005 年第 10 期。

26. 茅于轼:《制度经济学在中国的应用》,《河北经贸大学学报》2002 年第 1 期。

27. 张玉:《论“尚公重私”的公私观在当代社会治理中的作用》,《天津社会科学》2005 年第 6 期。

28. 张锡勤:《论传统公私观在近代的变革》,《求是学刊》2005 年第 3 期。

29. 赵江安:《好制度造就“好人”》,《企业管理》2003 年第 7 期。

30. 薛艳丽:《人性与制度》,《理论月刊》2004 年第 1 期。

31. 魏长领:《自我利益追求的“致恶”与“致善”》,《郑州大学学报》2001 年第 1 期。

32. 龚虹波:《“制度中人”与制度的较量》,《浙江学刊》2002 年第 6 期。

33. 郝铁川:《“性善论”对中国法治的若干消极影响》,《法学评论》2001 第 2 期。

34. 宋增伟:《制度公正与人性制约》,《南京师范大学学报》2005 年第 5 期。

35. 宋增伟:《制度公正与人性假设》,《社会科学》2005 年第 8 期。

36. 龚廷泰:《生产力理论的主体性特征》,《江海学刊》1999 年第 6 期。

37. 许全兴:《人的自由全面发展与现代性》,《江苏社会科学》2005 年第 1 期。

38. 陈跟法:《论道德建设中的公正原则》,《伦理学研究》2004 年 3 期。

39. 吴忠民:《论机会平等》,《江海学刊》2001 年第 1 期。

40. 胡海波:《正义追求的人的价值》,《东北师范大学学报》1997 年第 2 期。

后　记

本书是在我的博士论文《制度公正问题研究——从人的发展视角分析》的基础上修改、补充而成的。

提起笔来，我从内心深处涌出一种对母校的感激之情。1981 年我以全县文科第 1 名的身份迈进了山东大学校园，从此就和山东大学结下了不解之缘。26 年前，我还只是一个年仅 16 岁的懵懂青年，而今已过不惑之年。2003 年 9 月我又荣幸地成为这所百年名校的一名博士生。寒来暑往，春华秋实，一转眼已经三年多了，这期间我几乎把所有的时间和精力都投入到了博士论文的思考和写作上面，就像关注一个婴儿一样，从孕育、出生到渐渐长大，既有思考的痛苦，又有灵感迸发的喜悦，酸甜苦辣唯有自知。自从进校的第一天起，我就暗下决心，一定要把博士论文写好，这是我一生中最重要也是值得把它做好的一件事情。这几年也是我看书最多的时期，我前后共阅读了近 200 本书籍，看了数千篇学术论文，记下了 23 本读书笔记。3 年时间如白驹过隙，如飞而过，留下许多值得回忆的事情。

论文的选题经历了一个曲折的过程，先是准备把“社会主义价值问题”作为论文选题，并发表了几篇文章，进一步研究发现该问题抽象而又空洞，又转而关注社会公正问题，把论文题目确定为“当代中国制度公正问题研究”，并最终把题目进一步确定为《制度公正问题研究——从人的发展视角分析》。通过选题到最终确定论文题目，我就好像蝉脱茧一样，经历了一个痛苦的过程，深深感谢导师们对我的帮助和指导。世间诸多甘苦事，莫过于读书与求真。

“感谢”对于我来讲，不是一句套语，而是有着丰富内涵的语言。对于“感谢”二字，我有自己独特的感悟和注解。首先，要感谢生活，就是以乐观的精神去笑对人生，用感恩的心态对待生活中的人和事。我爱太阳，它温暖我的身体；我爱雨水，它洗净我的灵魂；我爱光明，它为我指引道路；我爱黑夜，它让我看到星辰；我迎接快乐，它使我心胸开阔；我忍受悲伤，它升华我的灵魂；我不怕困难，是它们给我挑战。其次，要敬畏科学。马克思在《资本论》中写道：“在科学上面是没有平坦的大路可走的，只有那在崎岖小路的攀登上不畏劳苦的人，有希望到达光辉的顶点”。科学求真，伦理学求善，美学求美。作为一个学者，提出真正的问题，用心研究，诚实探讨，这是学术的真本色。学术的生命来自于研究者对问题的真诚与激情，而不是来自问题本身的号召力。也许我们做不出最好的学术，但是，我们必须为作出最好的学术而努力。再次，难忘师恩。读博士期间，欣逢科学社会主义 81 级毕业 20 周年聚会，同学们为院里送去了一个“一言九鼎，一诺千金”的大鼎，还雕刻了四个大字：“师恩难忘”。聚会期间，我们见到了 24 年前的大学老师，许多同学都流下了激动的眼泪。我的导师张锡恩教授也是我大学时的任课教师。3 年来，导师从论文构思、选题、框架甚至标点符号等细节问题都给予我很大的帮助，导师崇高的人品，严谨的治学风范，一丝不苟的作风，都给我留下了很深的印象，使我终生受益。在此向张锡恩老师表示诚挚的敬意和感谢！我还要衷心感谢王建民教授、王绍兴教授、周向军教授、孔令栋教授和包心鉴教授对我的悉心指导和关怀，他们通过电子邮件给我的建议和意见我将好好珍藏。感谢师母梁桂莲老师对我的关怀和厚爱。

在山东大学的日日夜夜，我利用多种机会请教各方面专家和教授，如郇庆治教授、何中华教授、刘陆鹏教授、刘京希教授、方雷教授、楚成亚副教授、吕连仁副教授等，感谢他们对我论文的指教和帮助。在攻读博士学位期间，我还荣幸地参加了由山东大学主办的 2005 年全国博士生学术论坛，我的论文《制度公正与人性假设》被录用并在大会分论坛发言，在会议期间，我有幸得到了全国著名专家中央党校的许全兴教授、中国人民大学的焦国成教授对我论文的意见和建议，在此一并表示感谢！

对我的学习和博士论文写作给予指教和帮助的还有中山大学魏长领博士、北京大学郭根山博士、中共中央党校牛先锋博士、中国人民大学赵海立博士；还有我的同事吕未林副教授、邵兴国副教授等，在攻读博士学位期间，我们经常彻夜长谈，对有些问题进行交流和争论，他们智慧的火花激发了我的灵感和思想；还有孔德永、姜志强等博士生同学给予我的帮助和鼓励；感谢河南师范大学外国语学院耿静先教授给我仔细地核对和修改英文摘要；感谢我的爱人葛蔚莉，她是我们学院的资料员，在写作论文期间，常常帮我查阅资料、核对引文，她默默无闻的无私奉献使我的论文能够顺利完成；最后要特别感谢人民出版社政治编辑室陈光耀老师的辛勤劳动，是他的敬业精神才使我的书能够顺利出版。

最后，还要特别指出的是，本书的出版得到了河南师范大学学术著作出版基金和河南省哲学社会科学基金项目的资助。

由于笔者水平所限，加之本课题难度较大，书中许多问题并没有得到真正解决，错误与不足之处在所难免，诚望得到读者和学界同仁的批评指教。

责任编辑:陈光耀
封面设计:肖　辉

图书在版编目(CIP)数据

制度公正与人的全面发展/宋增伟著.
-北京:人民出版社,2008.1
ISBN 978-7-01-006788-9

Ⅰ.制…　Ⅱ.宋…　Ⅲ.制度-研究　Ⅳ.D033

中国版本图书馆 CIP 数据核字(2008)第 002598 号

制度公正与人的全面发展

ZHIDU GONGZHENG YU REN DE QUANMIAN FAZHAN

宋增伟　著

人民出版社 出版发行
(100706　北京朝阳门内大街 166 号)

北京市文林印务有限公司印刷　新华书店经销

2008 年 1 月第 1 版　2008 年 1 月北京第 1 次印刷
开本:880 毫米×1230 毫米 1/32　印张:10.625
字数:216 千字　印数:0,001-3,000 册

ISBN 978-7-01-006788-9　定价:26.00 元

邮购地址 100706　北京朝阳门内大街 166 号
人民东方图书销售中心　电话 (010)65250042　65289539